KB259763

후삼국 통일의 또다른 주인공 - 김부대왕 연구

● 지은이

남무희 _ 南武熙

경북 영주 출생.
국민대학교 국사학과 및 대학원 석 · 박사과정 졸업.
「원측의 생애와 유식사상 연구」로 박사학위 취득.
주요 저서로는 『고구려 승랑 연구』(2011), 『신라 자장 연구』(2012),
『주제별로 접근한 한국 고대의 역사와 문화』(공저, 2006)와 여러편의 논문이 있다.
국민대 · 을지대 · 안동대 · 시민대학 · 불교대학 및 방송통신대 강사로 출강하였다.
국민대학교 박물관의 『동두천시 문화유적분포지도』(2006) 사업에 불교분야 책임조사원으로 참여하였으며, 고려대학교 아세아문제연구소에서 디지털 '삼국유사' 개발팀의 연구원(2009~2011) 및 단국대학교 영화콘텐츠전문대학원의 '아리랑로드 사업; 2012 아리랑로드' 대상의 역사적 정보 고증 의뢰에도 참여하였다.

후삼국 통일의 또다른 주인공

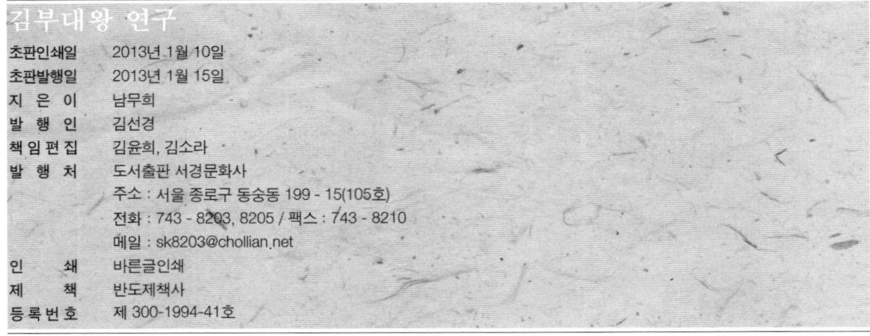

김부대왕 연구

초판인쇄일	2013년 1월 10일
초판발행일	2013년 1월 15일
지 은 이	남무희
발 행 인	김선경
책 임 편 집	김윤희, 김소라
발 행 처	도서출판 서경문화사
	주소 : 서울 종로구 동숭동 199 - 15(105호)
	전화 : 743 - 8203, 8205 / 팩스 : 743 - 8210
	메일 : sk8203@chollian.net
인 쇄	바른글인쇄
제 책	반도제책사
등 록 번 호	제 300-1994-41호

ISBN 978-89-6062-103-9   93910

정가 11,000원

후삼국 통일의 또다른 주인공

김부대왕 연구

남 무 희 지음

서 경 문 화 사

　　신라 말기 후삼국의 혼란기를 극복하고 고려 왕조가 우리 민족을 다시 통일하는 과정에서 활약했던 대표적인 인물로는 후고구려를 건국한 궁예와 후백제를 세운 견훤 및 고려의 태조 왕건이 크게 주목을 받아 왔다. 하지만 후삼국이 통일되는 과정에서 활약한 또다른 주인공으로 신라의 마지막 왕이었던 김부대왕의 역할도 가볍게 보아서는 안될 것이라고 저자는 생각하였다.

　　그럼에도 불구하고 후삼국이 다시 통일되는 과정을 검토한 대부분의 지금까지 연구에서 김부대왕을 정당하게 제대로 평가한 연구 성과는 거의 없었다고 생각된다. 김부대왕과 관련된 자료 가운데에서 가장 오래된 기록으로는 고려시대에 김부식이 편찬한 『삼국사기』의 관련 기록 및 일연이 편찬한 『삼국유사』 「왕력」편의 ‘신라’ 조 및 「기이」편의 ‘김부대왕’ 조가 있다. 이외에 조선왕조 초기에 편찬된 『고려사』와 『고려사절요』에도 관련 기록이 실려 있다. 이러한 여러 자료 가운데에서 김부대왕과 관련된 중요한 사실을 알려주는 특별한 기록은 『삼국유사』의 ‘김부대왕’ 조라고 생각된다.

　　『삼국유사』 「기이」편의 ‘김부대왕’ 조에는 고려의 제 4대 황제인 광종이 재위 26년 5월에 돌아가시고 경종이 즉위한 해(975) 10월에 김부대왕을 상보도성령으로 책봉한 사실을 전하는 한편의 귀중한 문서가 제시되어 있다. 그러면서 김부대왕의 딸인 헌승황후와 경종이 결혼하였다는 사실도 함께 전하고 있다.

　　고려의 제 4대 황제인 광종이 재위 26년 5월에 돌아가시고 경종이 즉위하면서, 고려 황실은 국상(國喪)을 치루고 있었을 것이다. 이처럼 엄숙한 사회 분위기임에도 불구하고, 10월의 어느 날에 신라의 마지막 왕이었던 김부대왕의 환갑을 축하하면서 그를 상보(尙父)로 책봉하는 교서를 반포하고 있다. 『삼국유사』「기이」편의 '김부대왕' 조에 전하는 교서의 작성 경위 및 그 내용에 담겨져 있는 역사적 의미는 다양한 측면에서 새롭게 검토할 필요가 있다고 생각된다.

또한 태조 왕건의 외손녀이기도 하였던 김부대왕의 딸인 헌승황후와 제5대 황제인 경종이 결혼하고 있음은 매우 주목할만한 역사적 사건이었다고 생각된다. 이 시기에 태조의 손자인 경종과 그의 외손녀인 헌승황후가 결혼하였다는 사실이 갖는 역사적 의미는 다양한 시각에서 좀더 깊이 있게 검토되어야 할 부분이라고 생각된다.

이에 본고에서는 후삼국 통일의 또다른 주인공이라는 새로운 관점에서 김부대왕에 대한 정당한 평가를 시도하였다. 이를 위해 우선 제Ⅰ장에서는 김부대왕의 생애를 복원하였다. 이를 통해 신라 말기의 정치상황뿐만 아니라 고려왕조에 의한 후삼국 통일의 과정을 좀더 명확하게 설명하려고 하였다. 이러한 사실을 토대로 제Ⅱ장에서는 김부대왕의 연보를 자세하게 제시하였다. 나아가 제Ⅲ장에서는 조선시대 이후부터 새롭게 부활하는 김부대왕에 어떤 역사적인 의미가 담겨 있는지를 나름대로 제시해보고자 하였다. 그 결과 김부대왕은 조선시대에 민간신앙으로 되살아나면서 백성들의 생명과 재산을 소중하게 여긴 대왕으로 재평가되고 있다는 사실도 알 수 있었다.

2009년부터 고려대학교 아세아문제연구소에서 디지털 '삼국유사' 개발팀의 연구원으로 활동하면서, 저자는 중국의 여러 지역 및 『삼국유사』와 깊은 관련이 있는 국내의 유적지를 두루 답사할 기회를 가질 수 있었다. 저자에게 이처럼 소중한 기회를 갖도록 해준 최광식·박대재 교수님과 개발팀의 일원으로 함께 했던 많은 분들의 고마움은 잊을 수 없다.

하지만 좀더 일찍부터 위의 사업에 참여하지 못한 관계로 현재 전하고 있는 신라 왕릉을 모두 참배하지 못한 점은 커다란 아쉬움으로 남는다. 본고를 집필하면서 저자는 김부대왕과 관련된 유적지가 전국적으로 폭넓게 분포하고 있다는 사실을 알게 되었다. 그런데 저자가 답사한 곳은 경기도 연천의 김부대왕릉과 충청도 일대의 몇몇 유적지뿐이었다.

앞으로 충분한 시간을 두고 김부대왕과 관련이 깊은 유적지를 답사할 기회를 가져볼 계획이다. 또한 금석문 자료나 각종 문집류 또는 관련 유적지에 전해지는 다양한 문헌기록과 구전자료도 폭넓게 수집해서 꼼꼼하게 검토해 보도록 하겠다. 이러한 연구 검토 과정을 통해, 한국사 전반에서 김부대왕을 어떻게 평가할 것인지의 문제를 정리하면서 『김부대왕 평전』도 내년에 출간해 볼 예정이다.

지금까지 제대로 된 자식 노릇을 하지 못하였음에도 불구하고 항상 너그러운 마음으로 기다려주시는 부모님의 사랑은 저자가 계속 학문의 길을 걸을 수 있도록 하는 커다란 버팀목이 되어 주었다. 부모님의 만수무강을 기원하면서, 이 책의 출간이 조금이라도 위안이 되었으면 하는 마음 간절하다.

또한 여러 모로 부족하지만 이 책을 출간하도록 아낌없는 격려를 해준 인생의 친구인 아내에게 감사드린다. 만약 사랑스러운 아내가 없었다면 부족한 이 글을 감히 책으로 펴낼 생각은 하지도 못했을 것이다. 아울러 이 책의 출간이 귀엽게 방긋 방긋 웃는 우리 딸의 미래에 조금이라도 도움이 되었으면 하는 작지만 소박한 바람도 함께 가져본다.

세계경제의 불황과 출판시장의 극심한 침체에도 불구하고 이 글의 출판을 기꺼이 허락해준 서경문화사의 김선경 사장님께도 다시 한번 깊이 감사드린다. 아울러 이 글이 아담한 한 권의 책으로 태어날 수 있게 정성들여 편집해준 김윤희·김소라 두 분 선생님에게도 감사의 마음을 전하고 싶다.

2013. 1

상계동 마들서재에서 저자 남 무 희

머리말

고구려와 백제 및 신라가 서로 각축하던 삼국시대는 신라의 태종무열왕(김춘추)과 문무왕(김법민) 및 김유신과 강수 등의 활약에 의해 하나의 민족으로 통일되었다. 하지만 신라의 삼국통일은 외국 세력인 당나라의 군사적 지원을 받으면서 백제와 고구려를 멸망시켰다는 한계를 갖고 있었다. 뿐만 아니라 고구려가 차지하고 있던 광대한 영토를 상실하였다는 측면에서 많은 비판을 받으면서 미완성의 통일로 이해되기도 한다.

이에 비해 태조 왕건에 의한 고려의 후삼국 통일은 발해 유민을 적극적으로 포용하는 내부의 자체 역량에 의해 우리 민족을 다시 통일시켰다는 측면에서 높은 평가를 받았다. 이처럼 신라 말기 후삼국의 혼란기를 극복하고 고려왕조가 우리 민족을 다시 통일하는 과정에서 활약했던 대표적인 인물로 궁예와 견훤 및 왕건이 주목되었다. 이들은 당시의 사회변동 속에서 새로운 변화를 주도한 전환기의 영웅들이었다고 할 수 있다.

우선 후삼국이라는 혼란기에 등장해서 후고구려를 건국하였지만 가장 먼저 사라진 궁예가 한반도 중부 지역 일대를 장악할 수 있었던 무기는 강력한 힘과 추진력이었다. 반면에 견훤은 기민한 판단력과 지략을 갖고 있었다. 이와 달리 왕건은 자신의 위치를 낮추고 상대를 받들어 대접하는 중폐비사重幣卑辭의 포용정책을 선택하였다. 이런 속에서 왕건은 당시의 사회 혼란이 새로운 정치·경제적 질서의 수립을 요구하는 사회전환의 흐름이라는 것을 명확하게 인식하였던 것으로 보인다. 말하자면 왕건은 당시의 문제를 해결할 수 있는 희망의 비전을 제시하였던 것이다.[1]

이렇게 볼 때, 궁예와 견훤 및 왕건은 후삼국의 혼란을 극복하는 과정에서 활약한 대표적인 주인공이라고 할 수 있다. 하지만 후삼국이 통일되는 과정에서 활약한 또다른 주인공으로 신라의 마지막 왕이었던 김부대왕의 역할도 빼놓을 수 없다고 생각된다.

말하자면 후삼국의 혼란기에 등장한 영웅으로 궁예와 견훤 및 왕건을 빼놓을 수 없다. 이들은 민족의 재통일을 위해 나름대로의 역할을 다하였다. 그런 속에서 후삼국은 고려 태조 왕건에 의해 다시 통일되었다.

그런데 후삼국이 통일되는 과정에서 활약한 또다른 주인공인 신라의 마지막 왕을 두고, 『삼국사기』와 『고려사』 및 『고려사절요』에서는 경순왕이라고 하였다. 이에 반해 『삼국유사』에서는 김부대왕이라고 하였다. 하지만 지금까지의 연구에서는 후삼국 통일의 또다른 주인공인 김부대왕을 제대로 평가한 연구성과는 거의 없었다고 생각된다.[2]

---

1) 이순근, 「힘인가? 지략인가? 민심인가? - 궁예·견훤, 그리고 왕건」 『삼국시대부터 해방 공간까지 전환기의 인물들; 역사의 길목에 선 31인의 선택』, 푸른역사, 1999, pp.46~61.
2) 최근의 연구로는 김복순(「나말여초 전환기와 경순왕」 『석문이기동교수정년기념논총; 한국고대사연구의 현단계』, 주류성, 2009)의 논문이 주목된다.

　　그럼에도 불구하고 김부대왕은 민간신앙으로 전승되면서 백성들의 생명과 재산을 소중하게 여기는 대왕으로 평가되었다. 그러면서 김부대왕과 관련된 이야기가 전해지거나 김부대왕을 모시는 신앙은 조선시대에 오면서부터 전국적으로 나타나고 있다. 이렇게 볼 때, 일반 백성들은 삼국을 통일한 전쟁 영웅인 태종무열왕과 문무왕보다도 오히려 백성들의 생명과 재산을 소중히 여긴 김부대왕을 더 높이 평가하였다고 볼 수 있다.[3]

　　이에 본고에서는 후삼국 통일의 또다른 주인공이라는 새로운 관점에서 김부대왕에 대한 정당한 평가를 시도하였다. 하지만 신라 하대 및 고려 초기의 전반적인 역사에 대한 이해가 부족한 저자의 능력으로 인해 논지 서술에 다소 무리가 있는 부분도 많이 있을 것이라고 생각된다. 앞으로 공부를 계속해 나가면서, 이러한 부분은 수정하고 보완해 나갈 예정이다. 강호제현의 아낌없는 질정을 바랄 뿐이다.

---

3) 신종원, 『한국 대왕신앙의 역사와 현장』, 일지사, 2008.

Ⅰ
김부대왕의 생애

　　신라 말기와 고려 초기의 혼란기를 극복하고 태조 왕건에 의해 민족이 재통일되는 사회변동에서 호족세력이 역사의 전면에 등장하였다. 이러한 호족세력의 유형으로는 낙향호족落鄕豪族,[1] 지방토착호족,[2] 해상군진세력이 보이고 있다.[3] 이들 호족세력은 점차 궁예와 왕건 및 견훤을 중심으로 통합세력을 형성하면서 후삼국을 다

---

1) 신라 중대 무열왕계가 추구했던 중앙집권적인 전제정치는 진골 귀족세력의 반발을 받으면서 실패하게 되었다. 특히 혜공왕대에는 다양한 세력집단으로 생각될 수 있는 96 각간이 서로 다투는 혼란이 계속되었다. 이런 와중에 신라 중대가 막을 내리고 신라 하대에는 서로 왕위를 차지하려는 권력쟁탈전이 더욱더 치열해졌다. 이러한 싸움에서 패배한 중앙 귀족세력이 자신과 연고가 있던 지방으로 내려와 정착하면서 낙향호족이 성립된 것으로 보인다(김두진, 「나말려초 선종산문의 성립과 사상」『버달문화』 9, 1993, pp.12~13).
2) 신라 중대 이래로 촌장(村長) 세력으로 있던 촌주(村主)들은 신라 중앙정부의 통제력이 약해지는 속에서 꾸준히 자신들의 지위를 향상시켜 왔다. 그런데 신라 하대의 혼란기에 이들은 하나의 성(城) 또는 여러 개의 성을 다스리는 세력으로 성장하여 성주(城主)나 장군을 자처하면서 역사에 등장하였는데, 이들을 지방토착호족세력이라고 할 수 있다. 이러한 예로는 왕건의 선대세력을 들 수 있다(김두진, 「통일신라의 역사와 사상」『전통과 사상』(Ⅱ), 한국정신문화연구원, 1986, pp.507~510 및 위의 논문, pp.12~13).

시 통일하려는 방향으로 나아갔다. 이런 속에서 신라 말기와 고려 초기 사회변동의 주역으로 호족세력이 주목을 받아왔다.[4] 또한 이러한 혼란기에 등장했던 인물 가운데 궁예와 견훤 및 왕건에 대한 연구는 다각도로 진행되어 왔다.[5]

하지만 후삼국의 혼란을 잠재우면서 고려에 의한 민족의 재통일에 기여한 인물로 신라의 마지막 왕인 김부대왕의 역할도 무시할 수 없을 정도로 중요하였다고 생각된다. 그럼에도 불구하고 지금까지 김부대왕을 주목한 연구는 거의 없었다.[6]

이에 본고의 제Ⅰ장에서는 후삼국의 혼란을 잠재우면서 우리 민족이 다시 통일되는 과정에서 커다란 영향력을 행사했다고 생각되어지는 김부대왕의 생애를 새로운 시각에서 복원하고자 한다. 이를 통해 신라 말기의 정치상황뿐만 아니라 고려왕조에 의한 후삼국 통일의 과정이 좀더 명확하게 설명되어질 수 있을 것이라고 생각된다. 나아가 김부대왕이 우리 민족의 재통일과정에서 어떠한 역할을 하였는지도 보다 자세하게 밝혀질 수 있을 것이라고 생각된다.

---

3) 해상군진세력은 해상무역으로 부(富)를 축적하여 경제적·군사적으로 지방에서 강력한 세력 기반을 가졌을 뿐만 아니라 지방민과 친밀하게 결합하면서, 지방에서 사회의 명망과 권력을 잡고 있었던 세력으로 이해된다. 여기에 해당하는 경우로는 장보고의 청해진세력, 김해지역을 중심으로 세력을 떨친 왕봉규 세력 및 고려 태조 왕건의 외가(外家)와 연결되어 있던 예성강의 해상세력 등을 들 수 있다(김두진, 「통일신라의 역사와 사상」『전통과 사상』(Ⅱ), 한국정신문화연구원, 1986, pp.507~510 및 위의 논문, pp.12~13).
4) 이 시기에 등장했던 다양한 호족세력의 유형은 낙향귀족 출신의 호족, 군진세력 출신의 호족, 해상세력 출신의 호족, 촌주 출신의 호족으로 나누어 보기도 한다(정청주, 『신라말 고려초 호족 연구』, 일조각, 1996, pp.14~36).
5) 이와 관련된 연구는 뒤에 제시한 참고문헌을 참조하기 바란다.
6) 최근의 연구로는 김복순(「나말여초 전환기와 경순왕」『석문이기동교수정년기념논총; 한국고대사연구의 현단계』, 주류성, 2009)의 논문이 주목된다.

그런데 김부대왕과 관련된 가장 기본적인 자료는 『삼국유사』 「기이」편의 '김부대왕'조 및 『삼국사기』·『고려사』·『고려사절요』에 실려 있다. 하지만 전하는 내용이 워낙 소략하기 때문에, 김부대왕의 진면목을 확연하게 드러내기는 쉽지 않다. 또한 신라 하대사 및 고려 전기사 전반에 대한 공부가 충분하지 않은 저자의 능력 부족으로 인해, 본고의 제Ⅰ장은 논리 전개에 있어서 미숙한 부분이 많이 있을 것이라고 생각된다. 이러한 부분은 앞으로 공부를 계속하면서, 수정 보완된 개별 논문으로 꾸준히 발표해 나가도록 하겠다. 강호제현의 끊임없는 지도편달을 바랄 뿐이다.

1. 김부대왕의 생몰년 추정

한국 고대사 및 중세사에서 가장 획기적인 사건 가운데 하나는 후삼국의 혼란을 내재적으로 극복하면서, 우리 민족이 다시 통일을 이룬 사실이라고 생각된다. 이때 신라 하대 및 후삼국의 혼란기를 잠재우면서 우리 민족을 다시 통일한 주인공으로 궁예와 견훤 및 왕건이 주목을 받아 왔다. 하지만 후삼국의 통일과정에서 일정한 역할과 기여를 한 인물로 신라의 마지막 왕으로 재위했던 김부대왕의 존재도 빼놓을 수 없다고 생각된다. 그럼에도도 불구하고 지금까지의 연구에서는 이러한 부분에 대한 심도있는 연구가 진행되지 못하였다.

이에 본고의 제Ⅰ장에서는 우선 신라의 마지막 왕인 김부대왕의 생애를 가능한 한 복원해보고자 한다. 김부대왕이 언제 세상을 떠났는지는 아래의 자료를 통해 파악이 가능하다.

(1) (김부대왕은) 태평흥국 3년 무인戊寅년에 돌아가셨다[훙薨]. 능은 □ □□ 동향東向의 골짜기에 있다.[7]

(2) (신라의 마지막 왕인 김부대왕이) 태평흥국 3년 무인년에 돌아가시니 [붕崩], 시호를 경순敬順이라고 하였다.[8]

(3) 경종 3년(978) 4월에 정승政丞 김부金傅가 돌아가시니[졸卒], 시호를 경순이라고 하였다.[9]

위의 기록을 통해 볼 때, 신라의 마지막 왕인 김부대왕은 고려 경종 3년(978) 4월에 세상을 떠났음을 알 수 있다. 그런데 김부대왕의 죽음을 두고 (1)에서는 '훙薨'이라 하였으며, (2)에서는 '붕崩'이라고 표현하였다. 한편 (3)에서는 '졸卒'이라고 기록하였다.

일반적으로 황제 또는 천자天子의 죽음은 하늘이 무너지는 것과 같다고 비유하면서 붕崩이라고 표현하였고, 제후의 죽음은 이와 구

---

7) 『삼국유사』 권1, 「왕력」 1, 신라조에는, "太平興國三年 戊寅薨 陵在□□□ 東向洞"이라고 하였다. 김부대왕릉은 현재 경기도 연천군 장남면 고랑포리에 위치하고 있다. 『삼국유사』에 있는 내용을 번역할 때에는, 한국정신문화연구원에서 펴낸 강인구 · 김두진 · 김상현 · 장충식 · 황패강, 『역주 삼국유사』 I ~ V (이회문화사, 2002~2003)을 참고하였다.

8) 『삼국유사』 권2, 「기이」 2, 김부대왕조에는, "太平興國三年 戊寅崩 諡曰敬順"이라고 하였다. 한편 『삼국사기』 권12, 「신라본기」 12, 경순왕 9년조에는, "공은 대송 흥국 4년 무인년에 이르러 돌아가셨는데, 시호를 경순[또는 효애라고 하였다]이라고 하였다; 公至大宋興國四年戊寅薨 諡曰敬順[一云孝哀]"라고 하였다. 『삼국사기』에서는 태평흥국 4년이라고 하면서도 간지는 무인(戊寅)이라고 하였다. 이렇게 볼 때, 1년의 착오가 있었다고 보여지며 3년이 옳음을 알 수 있다. 『삼국사기』에 있는 내용을 번역할 때에는, 한국정신문화연구원에서 펴낸 정구복 · 노중국 · 신동하 · 김태식 · 권덕영, 『역주 삼국사기 1~5』(1996~1997)을 참고하였다.

9) 『고려사』 1 권2, 「세가」 2, 경종 3년조에는, "三年夏四月 政丞金傅卒 諡敬順"이라고 하였다. 『고려사절요』 권2, 경종 3년조에도 같은 기사가 실려 있다. 『고려사』에 있는 내용을 번역할 때에는, 『국역 고려사 세가』 1(동아대학교 석당학술원, 경인문화사, 2008)을 참고하였다. 또한 『고려사절요』에 있는 내용을 번역할 때에는, 『신편 고려사절요 상』(민족문화추진회 옮김, 신서원, 2004)를 참고하였다.

김부대왕 연구

분하기 위해 훙薨이라고 하였다. 그리고 일반 관료의 죽음은 졸卒이라고 서술하였다. 이러한 측면은 사료를 기록하는 입장의 차이로부터 비롯되었다고 볼 수 있다.

『고려사』와 『고려사절요』는 조선시대에 편찬되었기 때문에, 김부대왕의 죽음을 '졸卒'이라고 서술할 수밖에 없었다. 하지만 이전 시기에 편찬된 『삼국유사』에서는 좀더 자유롭게 '훙薨' 또는는 '붕崩'으로 표현할 수 있었다고 생각된다.[10]

그런데 위의 기록만으로는 김부대왕의 생몰년을 전체적으로 알 수는 없게 되어 있다. 그렇다면 김부대왕은 언제 태어났을지 궁금하다. 이러한 문제를 해결하기 위해서는 일단 아래의 자료가 참고된다.

(4)-① 상보尙父로 책봉하는 고명을 내린다. "조칙을 내리노라. (중략) 비록 자신이 임금으로서는 무능했지만, 신하로서는 도리를 다하였다. 관광순화 위국공신 상주국 낙랑왕 정승 식읍 8천호 김부는 대대로 계림에 살고 있어서 벼슬은 왕의 작위를 받았고, 영특한 기상은 하늘을 업신여길 만하고 문장은 땅을 진동시킬 만한 재주가 있었다. (중략) 『육도삼략六韜三略』은 가슴 속에 들어 있고, 칠종오신七縱五申을 손바닥으로 잡아 쥐었다.

(4)-② 우리 태조는 비로소 이웃 나라와 화목하게 지내는 우호를 닦으시니, 일찍이 전해 내려오는 풍도를 알아서 이내 부마駙馬의 인의를 맺어 안으로 큰 절의에 보답하였다. 이미 나라가 통일되고 군신이 완전히 삼한으로 합쳤으니, 아름다운 이름은 널리 퍼지고 올바른 규범은 빛나고 높았다. 상보도성령의 칭호를 더해 주고 추충신의승덕수절공신의 호를 주니, 훈봉은 전과 같고 식읍은 전후를 합쳐서 1만 호가 되

---

10) 『삼국사기』 권12, 「신라본기」 12, 경순왕 9년조에는, "公至大宋興國四年戊寅[薨] 諡曰敬順[一云孝哀]"라고 하였다.

었다. 유사有司는 날을 가려서 예를 갖추어 책명할지니 일을 맡은 자
는 시행하도록 하라. 개보開寶 8년 10월 일. (중략)[11]
(5) 태조의 손자 경종 주伷는 정승공의 딸을 맞아 왕비를 삼으니, 이가 헌
승황후憲承皇后이다. 이에 정승공을 봉해서 상보로 삼았다.[12]

위에 제시한 자료 (4)와 (5)에서는 신라의 마지막 왕이었던 김부
대왕이 상보尙父로[13] 책봉되었다는 고명을 받은 사실을 알려주고
있다. 그런데 위의 사건이 있었던 시기는 개보 8년 10월이었다
(975). 이 당시는 광종 재위 26년이었으며, 경종이 즉위한 해이기
도 하였다.

또한 (5)의 자료에 의하면, 이때 즉위한 경종은 김부대왕의 딸을
자신의 왕비로 삼았음도 알 수 있다. 경종은 고려 태조 왕건의 손자
였다. 그런데 그의 왕비가 되는 헌승황후는 김부대왕의 딸로써, 그
의 어머니는 고려 태조 왕건의 장녀였던 낙랑공주였다. 그렇다면
헌승황후는 태조 왕건의 외손녀이기도 하였다. 이 당시 경종은 즉
위하면서, 태조 왕건의 외손녀와 결혼하고 있음이 주목된다.

널리 알려져 있듯이, 광종은 후주後周로부터 귀화한 쌍기의 건의

---

11) 『삼국유사』 권2, 「기이」 2, 김부대왕조에는, "册尙父誥曰 勅 (중략) 雖自無爲之主 亦
   開致理之臣 觀光順化衛國功臣上柱國樂浪王政承食邑八千戶金傅 世處鷄林 官分王爵
   英烈振凌雲之氣 文章騰擲地之才 (중략) 六韜三略 恂入胸襟 七縱五申 撮歸指掌 我太
   祖始修睦隣之好 早認餘風 尋時頒駙馬之姻 內酬大節 家國旣歸於一統 君臣宛合於三韓
   顯播令名 光崇懿範 可加號尙父都省令 仍賜推忠愼義崇德守節功臣號 勳封如故 食邑通
   前爲一萬戶 有司擇日備禮册命 主者施行 開寶八年十月日"이라고 하였다.
12) 『삼국유사』 권2, 「기이」 2, 김부대왕조에는, "太祖之孫景宗伷 聘政承公之女爲妃 是
   爲憲承皇后 仍封政承爲尙父"라고 하였다.
13) 지금까지의 연구 논문을 검토해보면, '상부(尙父)'는 상부라 하지 않고 '상보'로 읽
   고 있다. 이에 본고에서도 '상보'라고 읽는 입장을 따랐다.

김부대왕 연구

로 과거제도를 실시하였다. 또한 노비안검법을 시행하면서 고려의 후삼국 통일과정에서 성장한 호족세력에 대한 과감한 숙청을 단행하였다. 하지만 아들인 경종이 자신의 뒤를 이어 다음의 왕위를 계승할 경우, 그를 지지해줄 세력이 필요하였다. 이에 광종은 김부대왕을 따르는 신라계 세력의 도움이 절실하였을 것으로 보여진다. 이런 배경 속에서 태조의 손자인 경종과 태조의 외손녀인 김부대왕의 딸이 서로 결혼할 수 있었다고 볼 수 있다.

그렇다면 위의 기록에서 상보尙父에는 어떤 의미가 담겨 있는지를 살펴볼 필요가 있다. 우선 상보라는 용어의 사전적 의미를 찾아보면 다음과 같이 요약된다.

> 상보尙父; 상보는 아버지와 같이 여긴다는 것이다. 또는 아버지처럼 여기는 사람에 대한 존칭이다. 예를 들면, 주周나라 무왕武王이 태공망太公望 여망呂望에게 올린 호이다.[14]

위의 기록에 의하면, 상보라는 호칭의 유래는 주나라 무왕의 시대까지 올라감을 알 수 있다. 주나라 무왕은 강태공을 존경하는 의미로 상보라는 존칭을 사용하였음을 알 수 있다. 그렇다면 이 당시 김부대왕에게 상보라는 호칭을 내려준 의미는 무엇인지를 밝혀볼 필요가 있다. 우선 아래의 자료가 참고된다.

> (6) 태조 8년(925) 10월 을해일에 왕이 친히 군사를 거느리고 견훤과 조물군에서 전투를 벌이자 유금필이 군사를 이끌고 와서 합세했다. 겁을 낸 견훤이 화친을 요청하면서 사위인 진호를 인질로 보내자 왕도 사촌동

---

14) 제교철차(諸橋轍次), 『대한화사전(大漢和辭典)』 4, 대수관서점(大修館書店), 1957, p.3510을 참고.

생인 원윤 왕신을 인질로 교환하고, 견훤이 10살 연상이라고 하여 상
보라고 존칭했다.[15]

(7) 태조 13년(930) 정월에 재암성 장군 선필이 와서 의탁하였다. 예전에
왕이 신라와 통호하려 할 때에 도둑이 일어나 길이 막히자 왕이 걱정하
고 있었는데, 선필이 기이한 계책을 써서 인도하여 통호하게 하였다.
그런데 이때에 그가 와서 항복하니 후한 예를 갖추어 대접하고 그의 나
이가 많다고 하면서 상보라고 일컬었다.[16]

(8) 이미 도착하자 견훤이 10살이 많다고 하여 존경하면서 상보라고 불렀
다.[17]

위에 제시한 자료에 의하면 상보는 10살 연상이거나 나이가 많
은 인물을 존경해서 부를 때에 사용되고 있음을 알 수 있다. 그렇다
면 이 당시 김부대왕에게 상보라는 호칭을 준 것도 같은 의미로 볼
수 있을 것이다.

그런데 이 당시 (4)와 (5)의 기록에서 김부대왕에게 상보라는 호
칭을 수여한 주체가 누구인지 궁금하다. 이 당시 고려의 제4대 왕
인 광종은 51세였으며,[18] 광종의 다음 왕위를 계승한 경종은 21세

---

15) 『고려사』 1 권2, 「세가」 1, 태조 8년조에는, "乙亥 王自將及甄萱 戰于曹物郡 黔弼引
   兵來會 萱懼乞和 以外甥眞虎爲質 王亦以堂弟元尹王信交質 以萱十年之長 稱爲尙父"
   라고 하였다. 『고려사절요』 권1, 「세가」 1, 태조 8년조에도 비슷한 내용이 서술되어
   있다.

16) 『고려사절요』 1, 태조 13년조에는, "春正月 載巖城將軍 善弼來投 初王欲通新羅 而賊
   起道梗 王患之 善弼導以奇計 使得通好 故今其來朝 厚禮待之 以其年老 稱爲尙父"라
   고 하였다. 『삼국사기』 권12, 「신라본기」 12, 경순왕 4년조에도 비슷한 내용이 서술
   되어 있다.

17) 『삼국유사』 권2, 「기이」 2, 후백제 견훤조에는, "旣至 以萱爲十年之長 尊號爲尙父"
   라고 하였다. 『고려사절요』 1, 태조 18년조에는 좀더 상세한 내용이 서술되어 있다.

18) 『고려사』 1 권2, 「세가」 2, 광종 26년조에는, "5월에 왕은 병이 나서 갑오일에 정침
   에서 죽었다. 26년 동안 재위했으며 나이는 51세였다; 夏五月 王不豫 甲午薨 于正寢
   在位二十六年 壽五十一"이라고 하였다.

였다.[19] 그렇다면 이 당시 김부대왕에게 상보라는 호칭을 수여한 인물은 광종이라고 봐야 할 것이라고 생각된다. 이와 곤련해서는 아래의 자료를 좀더 검토해볼 필요가 있다.

> (9) (고려 경종 즉위년) 10월 갑자일에 정승 김부의 관작을 올려 상보로 삼고, 다음과 같은 조서를 내렸다. "(중략) 칭호를 더하여 상보도성령으로 삼고 추충순의숭덕수절공신의 칭호를 내려주며 훈봉은 종전대로 두되 식읍은 이전 것을 통합하여 1만 호로 하노라"라고 하였다. 이 달에 6대 조상의 존호를 덧붙였다.[20]
>
> (10) (광종 26년) 10월에 정승 김부의 벼슬을 더하여 상보도성령 식읍 1만 호로 삼았다. 6대의 존호를 더하여 올렸다.[21]

위에 제시한 자료 (9)에서는 경종이 즉위년에 김부대왕을 상보로 임명한 것으로 서술되어 있다. 그런데 (10)에서는 광종 26년의 일로 기록하고 있어 차이를 보이고 있다. 위의 자료에서 살펴 보았듯이, 김부대왕을 상보로 책봉한 시기는 경종이 즉위한 해임을 알 수 있다.

하지만 저자가 판단하기로는, 이 당시 김부대왕을 상보로 책봉

---

19) 『고려사절요』 2, 「세가」 2, 경종조에는, "경종지인성목명혜헌화대왕은 이름이 왕주이고 자가 장민이며 광종의 맏아들로 모친은 대목왕후 황보씨이다. 광종 6년(955) 을묘 9월 정사일에 태어나 16년(965)에 태자가 되었으며 26년(975) 5월 갑오일에 광종이 죽자 왕위에 올랐다; 景宗至仁成穆明惠獻和大王 諱伷 字長民 光宗長子 母曰 大穆王后皇甫氏 光宗六年乙卯 九月丁巳生 十六年立爲太子 二十六年 五月甲午 光宗 薨 王卽位"라고 하였다. 이로 볼 때, 경종은 21세에 왕위에 올랐음을 알 수 있다.

20) 『고려사』 1 권2, 「세가」 2, 경종즉위년조에는, "冬十月甲子 加政丞金傅爲尙父 制曰 (중략) 可加號尙父都省令 仍賜推忠順義崇德守節功臣號 勳封如故 食邑通前爲一萬戶 是月加上六代考妣尊號"라고 하였다.

21) 『고려사절요』 2, 광종대성대왕 을해 26년조에는, "冬十月 加政丞金傅爲尙父都省令 食邑一萬戶 加上六代尊號"라고 하였다.

한 주체는 역시 돌아가신 광종으로 봐야 할 것이라고 생각된다. 이 당시 즉위한 경종은 21세였고, 돌아가신 광종은 51세였다. 21세의 나이로 즉위한 경종이 김부대왕을 상보로 임명했다고 보기는 어려울 것이라고 생각된다.

고려시대와 조선시대에 왕의 재위기간을 표시할 때에는 즉위년과 원년을 구분하였다. 말하자면 선왕이 돌아가신 해는 즉위년이 되고, 다음 해를 원년이라고 하였다. 그러면서 즉위년에 있었던 주요 사건들은 선왕의 업적으로 돌리는 것이 보통의 관례였다. 그렇다면 김부대왕을 상보로 책봉한 진정한 주체는 광종이었다고 봐야 할 것이다. 이렇게 볼 때, 당시 김부대왕을 상보로 임명할 수밖에 없었던 배경이 무엇이었는지 궁금해진다.

광종은 26년 동안 왕위에 있으면서 기존 호족세력에 대한 과감한 숙청을 단행하였다. 이러한 광종은 재위 말년에 다음의 왕위를 계승할 자신의 아들 경종을 지지해줄 후원세력이 필요함을 절감하였을 것이다. 이 당시 고려 정계에서 세력을 온전하게 보전하고 있던 정치 집단은 신라계 호족이었다. 그런 이유로 광종은 김부대왕에게 상보라는 존호를 더해주고 싶었을 것이다. 하지만 살아서 이러한 일을 실행하지는 못하였다고 보여진다.

이러한 당시의 배경과 상황을 살펴보면 김부대왕을 상보로 임명한 주체는 당시 51세였던 광종으로 볼 수 있다. 설령 경종이 김부대왕을 상보로 임명하였다고 하더라도, 그 임명의 주체는 돌아가신 선왕인 광종으로 하였을 것이다. 이렇게 볼 때, 당시 김부대왕의 나이는 61세였음을 알 수 있다. 이를 통해 경종 3년에 김부대왕은 64세의 나이로 세상을 떠났다는 사실도 함께 알 수 있다.

그렇다면 지금까지의 검토 결과를 토대로 김부대왕의 생몰년을 전체적으로 파악할 수 있게 되었다. 이러한 사실을 근거로 살펴볼

김부대왕 연구

때, 김부대왕은 915년에 출생하였음을 알 수 있다. 김부대왕이 태
어나던 915년은 신라 53대 신덕왕 재위 4년으로, 궁예의 후고려와
견훤의 후백제가 이미 건국되어 있었던 시기였다. 이러한 사실을
통해 김부대왕이 태어나던 당시 신라사회가 당면한 현실이 어떠하
였는지를 알 수 있다.

　　다음 장에서는 김부대왕이 태어나서 성장하는 과정을 살펴보면
서, 당시 신라뿐만 아니라 한반도 전체의 사회적인 현실이 어떠하
였는지를 좀더 구체적으로 밝혀보도록 하겠다.

2. 김부대왕의 성장 과정

　　앞에서는 김부대왕의 생몰년을 밝혔다. 그 결과 김부대왕은 신
덕왕 4년(915)에 태어났으며, 고려 경종 3년(978) 4월에 돌아가셨
다는 사실을 알 수 있었다. 이렇게 볼 때 김부대왕은 대체로 64년
을 살았음을 알 수 있다. 그렇다면 김부대왕이 태어나서 성장하던
당시의 사회 분위기는 어떠하였는지를 좀더 세밀하게 살펴볼 필요
가 있다. 우선 아래의 자료가 참고된다.

　(11) 신덕왕 4년(915) 6월에 참포의[22] 물과 동해의 바닷물이 서로 부딪쳐
　　　 높이가 20장 가량 되었는데 3일만에 그쳤다.[23]

---

22) 참포(槧浦)는 현재 경북 포항시 흥해읍(興海邑) 곡강천(曲江川)에 있는 포구(浦口)로
　　추정되고 있다. 위치 비정과 관련해서는, 한국정신문화연구원에서 펴낸 정구복 · 노
　　중국 · 신동하 · 김태식 · 권덕영, 『역주 삼국사기』 1~5(1996~1997)을 참고하였다.

(12) 52대 효공왕대(897~912년 재위)인 광화 15년 임신년[사실은 주량의
건화 2년(912)]에 봉성사 바깥에 있는 문의 동쪽과 서쪽의 21칸에 까
치가 집을 지었다. 또 신덕왕 즉위 4년인 을해년에는[고본에는 천우
12년이라고 했으나 정명 원년(915)이라고 해야 마땅하다] 영묘사 안
의 행랑에 까치집이 34개나 되고, 까마귀집이 40개나 되었다. 또 3월
에는 서리가 두 번이나 내렸으며, 6월에는 참포의 물이 바닷물과 3일
동안 서로 싸웠다.[24]

(13) 정명 원년(915)에 (궁예의) 부인 강씨康氏가 왕이 옳지 않은 법을 많
이 행하자 정색으로 간하니 왕이 미워하여 말하기를, "네가 다른 사람
과 간통하고 있으니 어찌된 일인가"라고 하였다. "어찌 그런 일이 있
겠습니까"라고 강씨가 말하였는데, 궁예는, "나는 신통력으로 보아
알 수 있다"라고 하면서 뜨거운 불에 쇠절구공이를 달구어서 죽였다.
자신의 두 아들에 대해서도 이후 더욱 의심을 많이 하고 성을 급하게
내니 모든 관료와 장수 및 아전들로부터 아래의 백성에 이르기까지
죄없이 죽임을 당하는 경우가 자주 있었다. 이에 부양과 철원 사람들
은 이러한 해독을 견딜 수가 없었다.[25]

신라의 마지막 왕인 김부대왕이 태어나던 915년에 어떠한 일이
있었는지를 알기 위해 관련 자료를 조사해보면 대체로 위의 내용들
이 찾아진다. 우선 (11)과 (12)의 기록이 구체적으로 어떠한 사실을

---

23) 『삼국사기』 권12, 「신라본기」 12, 신덕왕 4년조에는, "夏六月 槧浦水與東海水相擊
浪高二十丈許 三日而止"라고 하였다.

24) 『삼국유사』 권2, 「기이」 2, 효공왕조에는, "第五十二孝恭王 光化十五年壬申[實朱梁
乾化二年也] 奉聖寺外門 東西二十一間鵲巢 又神德王卽位四年乙亥[古本云 天祐十二
年 當作貞明元年] 靈廟寺內行廊 鵲巢三十四 烏巢四十 又三月 再降霜 六月 斬浦水與
海水波 相鬪三日"이라고 하였다.

25) 『삼국사기』 권50, 「열전」 10, 궁예전에는, "貞明元年 夫人康氏 以王多行非法 正色諫
之 王惡之曰 汝與他人姦何耶 康氏曰 安有此事 王曰 我以神通觀之 以烈火熱鐵杵 撞
其陰殺之 及其兩兒 爾後多疑急怒 諸寮左將吏 下至平民 無辜受戮者 頻頻有之 斧壤鐵
圓之人 不勝其毒焉"이라고 하였다.

의미하고 있는지는 자세하게 알 수 없다. 하지만 효공왕과 신덕왕 대에 어떤 군사적인 변란의 조짐이 있었던 것을 상징적으로 표현한 것이 아닐까라는 생각을 해본다. 또한 이 시기에는 서리가 거듭해서 내리는 자연재해도 있었음을 알 수 있다.

또한 효공왕대에는 세력이 강성해진 궁예가 신라를 강하게 밀어붙이자, 효공왕은 나가 싸우지 말고 수비에 치중하라고 지시할 정도로 신라의 세력은 약화되고 있었다.[26) 그러한 궁예가 이 시기에 이르면 점차 포악해지면서 자신의 부인과 두 아들을 무참하게 살해하는 상황에까지 이르렀음을 알 수 있다. 이처럼 후삼국이 서로 각축하는 가운데, 신라 내부의 전반적인 사회상황도 정상적으로 운영되지 않던 시절에 김부대왕이 태어났음을 알 수 있다.

한편 김부대왕이 태어난 다음 해인 신덕왕 5년 8월에는 견훤이 대야성을 공격하였으나 이기지는 못하였다.[27) 이 당시 신라는 후고구려 궁예로부터의 침략에 대해 소극적으로 대응하고 있었는데, 후백제 견훤도 신라의 중심부로 군사력을 집중시키고 있었음을 알 수 있다.

이런 와중에 신덕왕이 죽고 신라 54번째 왕으로 경명왕이 즉위하였다. 이 당시 김부대왕은 3세의 어린 나이였으므로 왕위계승에 개입할 수 있는 위치는 아니었다고 보여진다. 또한 막연한 추측이긴 하지만, 이 당시 김부대왕의 아버지인 김효종은 세상을 떠난 뒤였을 것으로 생각된다. 만약 김효종이 살아 있었다고 하더라도, 신덕왕의 뒤를 이어 경명왕이 즉위하는 것을 반대할 수 있는 확실한

---

26) 『삼국사기』 권12, 「신라본기」 12, 효공왕 5년조(905)가 참고된다.
27) 『삼국사기』 권12, 「신라본기」 12, 신덕왕 5년조에는, "秋八月 甄萱攻大邪城 不克"이 라고 하였다.

명분을 갖고 있었다고는 보여지지 않는다. 이 당시 경명왕대의 주요 사건들을 정리해보면 대체로 아래와 같이 정리된다.

> (14) 신덕왕 6년 7월에 왕이 죽었다. 시호를 신덕이라 하고 죽성에 장사지냈다. 경명왕(917~924년 재위)이 왕위에 올랐다. 이름은 승영昇英이고 신덕왕의 태자로, 어머니는 의성왕후義成王后이다. 원년 8월에 왕의 동생 이찬 위응魏膺을 상대등으로 삼고, 대아찬 유렴裕廉을 시중으로 삼았다.[28]

> (15) 제54대 경명왕은 박씨로 이름은 승영이다. 아버지는 신덕왕이고, 어머니는 자성왕후이다. 왕비는 장사댁으로 대존각간으로 추봉된 성희대왕의 자식이며, 대존은 곧 수종이간의 아들이다. 정축년에 즉위하여 7년간 나라를 다스렸다. 황복사에 화장하여 뼈를 성등잉산의 서쪽에 뿌렸다.[29]

> (16) 제54대 경명왕대에 이르러 김유신을 추봉하여 흥무대왕이라고 하였다. 흥무대왕릉은 서산 모지사의 북쪽에서 동쪽으로 뻗은 봉우리에 있다.[30]

> (17) 제54대 경명왕은 매사냥을 즐겨 일찍이 이 산에 올라 매를 놓았다가 잃어버리고 신모에게 기도하기를, "만약에 매를 찾게 되면 봉작해 드리겠습니다"라고 하였다. 조금 있다가 매가 날아와서 궤 위에 앉으므로 대왕으로 봉하였다.[31]

---

28) 『삼국사기』 권12, 「신라본기」 12, 신덕왕 6년조에는, "春正月 太白犯月 秋七月 王薨 諡曰神德 葬于竹城 景明王立 諱昇英 神德王之太子 母義成王后"라고 하였다. 또한 경명왕 원년조에는, "元年 配王弟伊湌魏膺爲上大等 大阿湌裕廉爲侍中"이라고 하였다.

29) 『삼국유사』 권1, 「왕력」 1, 신라조에는, "第五十四景明王 朴氏 名昇英 父神德 母資成 妃長沙宅 大尊角干 追封聖僖大王之子 大尊卽水宗伊干之子 丁丑立 理七年 火葬皇福寺 散骨于省等仍山西"라고 하였다.

30) 『삼국유사』 권1, 「기이」 2, 김유신조에는, "至五十四景明王 追封公爲興武大王 陵在西山毛只寺之北 東向走峰"이라고 하였다.

31) 『삼국유사』 권5, 「감통」 7, 선도성모수희불사조에는, "第五十四景明王 好使鷹 嘗登此放鷹而失之 禱於神母曰 若得鷹 當封爵 俄而鷹飛來止机上 因封爵大王焉"이라고 하였다.

경명왕대(917~924년 재위)에 김부대왕은 3~10세의 어린 나이였다. 경명왕은 아버지인 신덕왕의 뒤를 이어 왕위를 계승하였다. 경문왕가의 최후 왕위계승권자였던 효공왕이 후사없이 죽자 신덕왕이 그 뒤를 이어 왕위를 계승할 수 있었다. 당시 김부대왕도 왕위계승이 가능한 위치에는 있었지만, 나이가 어렸을 뿐만 아니라 자신의 아버지인 김효종이 돌아가신 뒤였다고 보여지기 때문에 자연스럽게 경명왕으로 왕위가 계승될 수 있었다고 생각된다.

이에 경명왕은 밖으로 궁예와 견훤의 침입을 효과적으로 막기 위해서, 국내 정치세력을 다방면으로 포용하는 정책을 폈다고 보여진다. 이러한 이유로 경명왕은 이미 흥덕왕대에 흥무대왕으로 추봉되었던[32] 김유신을 또다시 대왕으로 추봉하는 조치를 취하였다고 보여진다. 또한 잃어버렸던 매를 되찾게 해준 선도성모를 대왕으로 책봉하기도 하였다.

경명왕이 즉위한 뒤에 반신라적인 입장을 취하고 있던 궁예가 제거되고, 친신라적인 성향을 가진 왕건의 고려왕조가 성립되었다. 이 시기에 경명왕은 친고려정책을 펴면서 후백제의 견훤세력을 견제하는 정책을 주로 사용하였다. 이에 잠시나마 경명왕의 백제 통제책은 어느 정도 성공을 거둔 것으로 보여진다. (17)의 기록은 이러한 사실을 은유적으로 표현한 것이라고 생각된다.

한편 김부대왕이 4세가 되던 해에, 후고려에서는 궁예가 제거되고 왕건의 고려왕조가 성립되었다. 지금까지의 연구에 따르면, 대체로 태조 왕건은 궁예의 반신라정책을 포기하고 친신라정책으로 국가운영의 방향을 바꾸었다고 알려져 있다. 그런 속에서 경명왕대

---

32) 『삼국사기』 권43, 「열전」 3, 김유신 하에는, "후에 흥덕대왕이 (김유신) 공을 흥무대왕으로 책봉하였다; 後興德大王 封公爲興武大王"이라고 하였다.

에는 대체로 신라가 효과적으로 견훤의 후백제를 견제하는데 일정 정도는 성공하였다고 보여지기도 한다.

하지만 이러한 친고려정책이 반드시 성공을 거두었다고 보기 힘든 부분도 있다고 생각된다. 아무래도 신라 자체의 힘으로 문제를 해결하지 못하고, 외부의 세력에 의존하는 모습은 많은 한계를 가질 수밖에 없었다고 생각된다. 이와 관련해서는 아래의 자료를 참고할 필요가 있다.

(18) 무인년(918) 6월에 궁예가 죽으니 태조가 철원경에서 즉위하였다.[33]

(19) 정명 4년 무인년에 철원경의 민심이 홀연히 변하여 우리 태조를 추대하여 즉위하였다. 견훤은 이 소식을 듣고 사자를 보내 경하하면서 공작선과 지리산의 대화살 등을 바쳤다.[34]

(20) 제54대 경명왕대인 정명 5년 무인년(918)에 사천왕사 벽화 속의 개가 짖으므로, 3일 동안 불경을 강설하여 물리쳤다. 하지만 반나절이 지나자 또 짖었다.[35]

---

33) 『삼국유사』 권1, 「왕력」 1, 후고려조에는, "太祖 戊寅六月裔死 太祖卽位于鐵原京"이라고 하였다.

34) 『삼국유사』 권2, 「기이」 2, 후백제견훤조에는, "貞明四年戊寅 鐵原京衆心忽變 推戴我太祖卽位 萱聞之遣使稱賀 遂獻孔雀扇 地理山竹箭等"이라고 하였다.

35) 『삼국유사』 권2, 「기이」 2, 경명왕조에는, "第五十四景明王代 貞明五年戊寅 四天王寺壁畫狗鳴 說經三日壤之 大半日又鳴"이라고 하였다. 그런데 『삼국사기』 권12, 「신라본기」 12, 경명왕 3년조에는, "경명왕 3년 사천왕사의 흙으로 만든 상(像)이 쥐고 있던 활시위가 저절로 끊어지고, 벽에 그려진 개가 마치 개짖는 것과 같은 소리를 내었다. (중략) 우리 태조가 송악군으로 도읍을 옮겼다; 四天王寺塑像 所執弓弦自絶 壁畫狗子 有聲若吠者 (중략) 我太祖移都松岳郡"이라고 하였다. 이로 볼 때 『삼국사기』에서는 경명왕 3년(919)에 있었던 일로 기록하였음을 알 수 있다. 그런데 『삼국유사』에서는 경명왕 2년(정명 4년)이라고 하면서도, 간지는 '무인(戊寅)년'이라고 하였다. 『삼국유사』를 편찬하는 과정에서 무언가 착오가 있었다고 생각된다. 그렇다면 위의 사료는 919년에 있었던 일을 기록했다고 보는 것이 옳다고 생각된다.

김부대왕 연구

위에 제시한 자료 (18)과 (19)에서는 궁예정권이 붕괴되면서, 태조 왕건이 즉위하는 과정을 설명하고 있다. 또한 이러한 과정에서 왕건과 견훤이 서로 교류하고 있었다는 사실도 함께 전하고 있다. 그런데 (20)에서는 신라 경명왕대의 상황을 설명하고 있다. 구체적인 사실로 설명하고 있지는 않지만, 신라 정부의 군사적인 통제체제가 붕괴되었음을 은유적으로 표현한 것이라고 생각된다.

한편 이 무렵 궁예정권의 몰락과 왕건이 고려 태조로 즉위하는 과정에서 왕창근의 거울 사건이 대서특필되고 있다. 이러한 부분도 유념해서 살펴봐야할 것이라고 생각된다. 우선 아래의 자료가 참고된다.

(21)-① 이보다 앞서 상인 왕창근이 후당으로부터 와서 철원의 시전에 임시로 거처하고 있었다. 정명 4년 무인년(918)에 저자에서 모습이 걸출하게 크고 머리카락이 온통 희며 옛 의관을 입은 사람을 보았다. 그는 왼손에는 옹기 사발을 들고 오른 손에는 옛 거울을 가지고 있었는데 창근에게 말하기를, "내 거울을 사겠는가"라고 하니 창근이 곧 쌀을 주고 바꾸었다. (중략) 창근이 거울을 벽 위에 걸어두니 햇빛이 거울에 비치자 가늘게 쓴 글자가 있었다. 이를 읽어보니 옛 시 같은데 그 대강은 다음과 같았다. "상제가 진마辰馬에 아들을 내리니 먼저 닭을 붙들고 후에 오리를 잡을 것이다. 사년巳年 중에 두 마리의 용이 나타나 한 마리는 청목靑木 중에 움츠리고 한 마리는 흑금黑金의 동쪽에 나타날 것이다"라고 하였다.
　창근이 처음에는 글자가 있는 것을 알지 못하였다가 이를 발견하고는 보통 것이 아니라 하여 왕(필자주; 궁예를 말함)에게 이러한 사실을 아뢰었다. (중략) 왕이 한참 동안 이상하다고 여기다가 문인 송함홍과 백탁 및 허원 등에게 명하여 이를 해석하도록 하였다. 함홍 등이 서로 말하였다. "상제가 아들을 진마에 내렸다는 구절에서 진마는 진한과 마한을 말하고, 두 용이 나타나 한 마리는 청목靑木에 감추었고 한 마리는 흑금黑金에 나타났다는 구절에서 푸른 나무는 소나무

이니 송악군 출신으로 용자를 이름으로 하고 있는 사람의 자손이니,
지금 파진찬 시중(필자주; 왕건을 말함)을 가리키는 것이다. 검은 쇠
는 철鐵이니 지금 도읍한 철원을 말함이다. 지금 임금이 처음 이곳에
서 일어났으나 마침내 이곳에서 멸망할 징험이다. 먼저 닭을 잡고 후
에 오리를 잡는다는 것은 파진찬 시중이 먼저 계림을 얻고 후에 압록
을 수복한다는 뜻이다"라고 하였다. (중략)

(21)-② 6월에 장군 홍술, 백옥, 삼능산, 복사귀[이는 홍유, 배현경, 신숭
겸, 복지겸의 어릴 때의 이름이다] 네 사람이 몰래 모의하고 밤중에
태조의 집에 찾아가 말하기를, "지금 임금께서 음란한 형벌을 마음대
로 써서 자신의 처자를 살육하고 신료를 목베이며, 백성을 도탄에 빠
뜨려 살아갈 길이 막연합니다. 옛날부터 어리석은 임금을 폐위시키
고 지혜가 밝은 임금을 세우는 것은 천하의 큰 의리입니다. 청컨대
공께서는 탕왕과 무왕의 일을 행하십시요"라고 하였다. (중략) 여러
장수들이 말하였다. "(중략) 지금 정치가 어지럽고 나라가 위태로우
며, 백성들이 모두 왕을 미워하기를 원수같이 하니, 지금 덕망이 공
보다 더할 사람이 없습니다. 하물며 왕창근이 얻은 거울의 글이 저와
같은데 어찌 감히 가만히 엎드려 있다가 포악한 군주의 손에 죽임을
당하겠습니까"라고 하였다.[36]

---

36) 『삼국사기』 권50, 「열전」 10, 궁예전에는, "先是有商客王昌瑾 自唐來寓鐵圓市廛 至
貞明四年戊寅 於市中見一人 狀貌魁偉 鬢髮盡白 着古衣冠 左手持瓷椀 右手持古鏡 謂
昌瑾曰 能買我鏡乎 昌瑾卽以米換之 (중략) 昌瑾懸其鏡於壁上 日映鏡面 有細字書 讀
之若古詩 其畧曰 上帝降子於辰馬 先操鷄後搏鴨 於巳年中二龍見 一則藏身靑木中 一
則顯形黑金東 昌瑾初不知有文 及見之 謂非常 遂告于王 (중략) 王嘆異久之 命文人宋
含弘 白濁 許原等 解之 含弘等相謂曰 上帝降子於辰馬者 謂辰韓馬韓也 二龍見 一藏
身靑木 一顯形黑金者 靑木 松也 松岳郡人 以龍爲名者之孫 今波珍湌侍中之謂歟 黑金
鐵也 今所都鐵圓之謂也 今主上初興於此 終滅於此之驗也 先操鷄後搏鴨者 波珍湌侍
中先得鷄林 後收鴨綠之意也 (중략) 夏六月 將軍弘述 白玉 三能山 卜沙貴 此洪儒 裴
玄慶 申崇謙 卜智謙之少名也 四人密謀 夜詣太祖私第 言曰 今主上 淫刑以逞殺妻戮子
誅夷臣寮 蒼生塗炭 不自聊生 自古廢昏立明 天下之大義也 請公行湯武之事 (중략) 諸
將曰 (중략) 今政亂國危 民皆疾視其上如仇讐 今之德望 未有居公之右者 況王昌瑾 所
得鏡文如彼 豈可雌伏 取死獨夫之手乎"라고 하였다.

김부대왕 연구

위에 제시한 (21)의 사건이 일어난 시기는 918년으로 궁예가 제거되기 석달 전이었다. 우선 (21)-①에서는 송함홍, 백탁, 허원 등에 의해 왕건이 계림을 얻고 압록까지 세력을 넓힐 것이라는 사실이 설명되고 있다. 이를 통해 왕건이 신라를 상징하는 계림을 먼저 차지하고, 또한 후삼국을 통일한 뒤에 압록강까지 진출할 것이라는 예언이 담겨 있었다는 사실이 부각되고 있다.

그런 다음 (21)-②에서는 홍유와 배현경 및 신숭겸과 복지겸이 왕건에게 궁예를 몰아낼 것을 권유하는 장면이 서술되어 있다. 그런데 여기에서도 왕창근이 얻었다고 하는 거울의 내용이 소개되고 있다. 이를 통해 보면, 이 시기에 궁예를 몰아내고 왕건을 추대하려는 움직임이 광범위하게 진행되고 있었다고 보여진다.

또한 왕창근의 거울 속에 전하는 이야기를 잘 음미해보면, 궁예를 몰아내고 즉위한 고려 태조 왕건도 궁예와 마찬가지로 신라를 병탄하겠다는 의욕을 갖고 있었음을 알 수 있다. 하지만 얼마 지나지 않아서 고려 태조 왕건은 반신라적인 입장을 버리고 친신라적인 입장으로 선회한 것으로 보인다. 이와 관련해서는 아래의 자료를 살펴볼 필요가 있다.

(22) 정월에 처음으로 신라에서 사신을 보내 예물을 가져왔다. 강주의 장군 윤웅이 그 아들 일강을 보내 볼모로 삼게 하니 일강에게 아찬을 임명하고 경 행훈의 누이동생을 아내로 삼게 하였으며 낭중 춘양을 보내서 강주를 위유하였다. (중략) 9월에 견훤이 아찬 공달을 보내 공작선과 죽전을 바쳤다. (중략) 10월에 견훤이 신라를 침공하여 대량과 구사의 두 고을을 빼앗고 진례군에 이르니 신라에서 아찬 김율을 보내 구원을 청하였다. 왕이 군사를 보내 구원하니 견훤이 이를 듣고 물러갔는데 이때부터 우리와 틈이 생겼다.[37]

(23) 경명왕 4년 정월에 왕과 태조가 서로 사람을 보내 우호를 맺었다. 2월에 강주장군康州將軍 윤웅閏雄이 태조에게 항복하였다. 10월에 후

　　백제왕 견훤이 보병과 기병 1만 명을 거느리고 대야성大耶城을 쳐서
　　함락시키고, 진례進禮까지 진군하였으므로, 왕이 아찬 김율金律을
　　보내 태조에게 구원을 청하였다. 태조는 장군에게 명하여 군사를 내
　　어 구원하게 하니 견훤이 듣고서 돌아갔다.[38]

　위에 제시한 자료 (22)와 (23)의 기록에 의하면, 신라와 고려가
이때부터 서로 사신을 교환하였다는 사실을 알 수 있다. 또한 견훤
의 신라 침공을 왕건의 군사력에 의해 물리쳤다는 사실도 알 수 있
다. 김부대왕의 나이 6세였던 이 시기에 신라는 고려 태조의 도움
을 받아서 견훤의 침입을 물리치고 있다. 그렇다면 이 당시 왕건의
신라에 대한 입장이 구체적으로 어떠하였는지도 살펴볼 필요가 있
다. 이와 관련해서는 아래의 자료가 참고된다.

　(24)-① 후에 고려왕이 장차 신라를 치려고 계획하였다.[39]

---

37) 『고려사절요』 권1, 「세가」 1, 태조 3년조에는, "春正月 新羅始遣使來聘 康州將軍閏
　　雄 遣其子一康爲質 拜一康阿粲 以卿行訓之妹妻之 遣郎中春讓慰諭康州 (중략) 秋九
　　月 甄萱遣阿粲功達 獻孔雀扇竹箭 (중략) 冬十月 甄萱侵新羅 取大良仇史二郡 至于進
　　禮郡 新羅遣阿粲金律來救援 王遣兵救之 萱聞之引退 始與我有隙"이라고 하였다.
38) 『삼국사기』 권12, 「신라본기」 12의 경명왕 4년조에는, "春正月 王與太祖交聘修好 二
　　月 康州將軍閏雄 降於太祖 冬十月 後百濟主甄萱 率步騎一萬 攻陷大耶城 進軍於進禮
　　王遣阿飡金律 求援於太祖 太祖命將出師救之 萱聞乃去"라고 하였다.
　　한편 『삼국사기』 권50, 「열전」 10의 견훤조에는, "(정명) 6년에 견훤이 보병과 기병
　　1만 명을 거느리고 대야성을 공격하여 함락시키고, 진례성으로 군대를 이동시켰다.
　　신라왕이 아찬 김율을 태조에게 보내 구원을 요청하니 태조가 군대를 출동시켰다.
　　견훤이 이 소식을 듣고 군대를 이끌고 물러났다; 六年 萱率步騎一萬 攻陷大耶城 移
　　軍於進禮城 新羅王遣阿飡金律 求援於太祖 太祖出命師 萱聞之 引退"라고 하였다.
39) 『삼국사기』 권12, 「신라본기」 12의 경명왕 5년조(921) 기사에는, 전년에 고려에 사
　　신으로 갔던 김율(金律)이 고려태조 왕건과 신라삼보에 대한 이야기를 주고 받은 사
　　실을 기록하고 있다. 이로 볼 때, 고려태조 왕건은 일찍부터 신라삼보의 존재를 알
　　고 있었던 것으로 추측된다. 그렇다면 『삼국유사』에서 언급하고 있는 위의 일은 실
　　제로 있었던 사건을 서술하였다고 볼 수 있다.

(24)-② 이에 말하기를, "신라에는 세 가지 보물이 있어서 침범하지 못한
다고 하니 무엇을 두고 하는 말인가"라고 하였다. 황룡사 장육존상
이 하나이고, 황룡사 구층탑이 둘이며, 진평왕 천사옥대가 세 번째였
다. 이에 그러한 계획을 중단하였다. 주나라에 구정이 있어서 초나라
사람이 감히 북방을 엿보지 못하였다고 하니 이와 같은 것이다.[40]

(25) (정명) 7년 경진(920) 2월에 황룡사탑의 그림자가 금모사지의 집 뜰
안에 한달 동안이나 거꾸로 서서 비쳤다. 또 10월에는 사천왕사 오
방신의 활줄이 모두 끊어졌으며, 벽화 속의 개가 뜰로 달려나왔다가
다시 벽속으로 들어갔다.[41]

(26) 제 54대 경명왕의 시대에 흥륜사의 남문과 좌우의 낭무가 불에 탄
상태로 아직 수리를 하지 못하고 있었다. 정화와 홍계라는 두 스님이
시주를 모아 수리하려고 하였다. 정명 7년 신사년(921) 5월 15일에
제석이 절의 왼쪽 경루에 내려와서 10일 동안 머무니 불전과 불탑과
풀 및 나무와 흙 및 돌들이 모두 이상한 향기를 풍기고, 오색구름이
절을 덮었으며 남쪽 못의 어룡이 기뻐서 뛰어놀았다. 나라 사람들이
모여서 보고 전에 없던 일이라고 감탄하면서 옥과 비단과 곡식을 산
더미처럼 시주하였다. 공장이 스스로 와서 며칠이 되지 않아 완성되
었다. 공사가 끝나자 천제가 돌아가려고 하니, 두 스님이 아뢰기를,
"천제께서 만약 환궁하시려거든 성스로운 모습을 그려서 지성으로 공
양하여 천은을 갚게 하시기 바랍니다. 또한 이로 인하여 영상을 남겨

---

40) 『삼국유사』 권3, 「탑상」 4, 황룡사구층탑조에는, "後高麗王將謀伐羅 乃曰 新羅有三
寶 不可犯也 何謂也 皇龍丈六 幷九層塔 與眞平王 天賜玉帶 遂寢其謀 周有九鼎 楚人
不敢北窺 此之類也"라고 하였다. 한편 『삼국유사』 권1, 「기이」 2, 천사옥대조에는,
"후에 고려왕이 장차 신라를 치려고 계획하다가 말하기를, "신라에는 세 가지 보물
이 있어서 침범하지 못한다고 하니 무엇을 두고 하는 말인가"라고 하였다. 황룡사장
육존상이 하나이고, 그 절의 구층탑이 둘이며, 진평왕천사옥대가 세 번째였다. 이에
그러한 계획을 중단하였다; 後高麗王將謀伐羅 乃曰 新羅有三寶不可犯 何謂也 皇龍
寺丈六尊像一 其寺九層塔二 眞平王天賜玉帶三也 乃止其謀"라고 하였다.

41) 『삼국유사』 권2, 「기이」 2, 경명왕조에는, "七年庚辰二月 皇龍寺塔影 倒立於今毛舍
知家庭中一朔 又十月 四天王寺五方神 弓絃皆絶 壁畫狗出走庭中 還入壁中"이라고 하
였다. 왕력을 따른다면 庚辰은 6년이고 7년이 아니다. 그렇다면 1년의 착오가 보이
는데, 여기에서는 920년에 일어난 사건으로 정리하였다.

서 길이 하계를 진호하게 하소서"라고 하였다. 천제가 말하기를, "나의 원력은 저 보현보살이 두루 현화를 펴는 것만 같지 못하니 이 보살상을 그려서 경건하게 공양하여 그치지 않는 것이 좋을 것입니다"라고 하였다. 두 스님은 가르침을 받들어 보현보살을 벽 사이에 공손히 그렸는데, 지금도 그 상이 남아 있다.[42]

위에 제시한 자료 (24)-①에 의하면, 고려 태조는 신라를 침입한 견훤을 물리치면서도 자신이 신라를 병탄하려는 생각을 가졌던 사실을 알 수 있다. 하지만 (24)-②에서 이야기되고 있는 것처럼, 왕건은 신라에 삼보三寶가 있다는 사실을 내세우면서 신라 침공계획을 그만두고 있다. 이때부터 태조 왕건은 친신라정책으로 전환하였다고 보여진다. 이렇게 볼 때, 경명왕의 친고려정책은 후백제 견훤의 침입을 물리치는데는 어느 정도 성공을 거둔 부분도 있었다고 볼 수 있다. 하지만 (25)의 기록에 의하면, 이 시기에 황룡사 탑에 이변이 일어났으며 사천왕사에서도 괴변이 발생하였다. 황룡사와 사천왕사는 모두 신라를 보호하는 대표적인 호국사찰이었는데, 이 두 절에서 괴변이 일어났다는 것은 경명왕의 정책이 결코 성공적이지만은 않았다는 사실을 은유적으로 전해주는 자료라고 생각된다.

그런데 (26)의 기록에 의하면, 즉위 초기에 화재로 불에 탔던 흥륜사의 전각들을 다시 수리하면서 그 결실을 보현보살의 공덕으로

---

42) 『삼국유사』 권3, 「탑상」 4, 흥륜사벽화보현조에는, "第五十四景明王時 興輪寺南門 及左右廊廡 災焚未修 靖和弘繼二僧 募緣將修 貞明七年辛巳五月十五日 帝釋降于寺 之左經樓 留旬日 殿塔及草樹土石 皆發異香 五雲覆寺 南池魚龍喜躍跳擲 國人聚觀 嘆 未曾有 玉帛梁稻施積丘山 工匠自來 不日成之 工旣畢 天帝將還 二僧白日 天若欲還宮 請圖寫聖容 至誠供養 以報天恩 亦乃因玆留影 永鎭下方焉 帝曰 我之願力 不如彼普賢 菩薩 遍垂玄化 畫此菩薩像 虔設供養而不廢宜矣 二僧奉敎 敬畫普賢菩薩於壁間 至今 猶存其像"이라고 하였다.

미루고 있음도 보이고 있다. 이러한 사실로 볼 때, 경명왕대 신라 왕실은 신라가 처해 있던 당면한 문제를 적극적으로 해결하려는 의지가 빈약했다고 보여진다. 말하자면 경명왕대 박씨 왕실은 종교적인 권위에 의지하려는 측면이 강했다고 보여진다.

한편 경명왕 말년의 전반적인 상황은 고려의 태조 왕건에게 유리한 방향으로 전개되었다고 보여진다. 이러한 사실은 아래의 자료를 통해서 살펴볼 수 있다. 우선 아래의 자료가 참고된다.

> (27) 경명왕 7년 7월에 명지성(현재 경기도 포천으로 추정) 장군 성달城達과 경산부(현재 경북 성주준 성주읍 일대) 장군 양문良文 등이 태조 왕건에게 항복하였다. 경명왕이 창부시랑 김락金樂과 녹사참군 김유경을 후당後唐에 보내 조회하고 토산물을 바치니, 장종莊宗이 물품을 차등있게 내려 주었다.[43]
>
> (28) 후당 동광 원년 계미년(923); 본조 태조 즉위 6년에 입조사 윤질이 가지고 온 오백나한상은 지금 북숭산의 신광사에 모셔져 있다.[44]

위에 제시한 자료 (27)과 (28)은 경명왕 말년의 상황을 알려주고 있다. 경명왕 말년에 이르면, 명지성장군 성달과 경산부장군 양문 등이 태조 왕건에게 투항하고 있다. 신라에서 비교적 먼 곳에 위치한 명지성과 왕도에서 멀지 않은 경산부의 장군이 왕건에게 투항하고 있는 것이다. 또한 경명왕은 후당에 사신을 보내고 있다. 하지만 이때 고려의 태조 왕건도 후당에 사신을 보냈음을 알 수 있다. 그런

---

43) 『삼국사기』 권12, 「신라본기」 12의 경명왕 7년조에는, "秋七月 命旨城將軍城達 京山府將軍良文等 降於太祖 王遣倉部侍郎金樂 錄事叅軍金幼卿 朝後唐貢方物 莊宗賜物有差"라고 하였다.

44) 『삼국유사』 권3, 「탑상」 4, 전후소장사리조에는, "後唐同光元年癸未 本朝太祖卽位六年 入朝使尹質 所將五百羅漢像 今在北崇山神光寺"라고 하였다.

데 (28)의 기록에 의하면, 입조사 윤질이 가지고 온 오백나한상은
고려의 영향력하에 있는 북숭산 신광사에 모셔지고 있다. 이렇게
볼 때, 경명왕 말년의 상황은 신라에게 결코 유리하게 전개되지는
않았음을 알 수 있다. 이 당시 김부대왕은 9세의 어린 나이였다.

한편 경명왕의 뒤를 이어 왕위를 계승한 경애왕대의 상황도 그
렇게 좋지많은 않았다고 보여진다. 지금부터는 경애왕대의 상황을
살펴보도록 하겠다. 우선 아래의 자료가 참고된다.

(29) 경명왕 8년 정월에 후당에 사신을 보내 조공하였다. 천주절도사 왕봉
규 역시 사신을 보내 토산물을 바쳤다. 6월에 조산대부 창부시랑 김
악을 후당에 보내 조공하니, 장종이 조의대부 시위위경의 관작을 주
었다. 8월에 왕이 죽었다. 시호를 경명이라 하고 황복사 북쪽에 장사
지냈다. 태조가 사신을 보내 조문하고 제사지냈다.
　경애왕이 왕위에 올랐다. 이름은 위응이고 경명왕의 친동생이다. 원
년 9월에 태조에게 사신을 보내 예방하였다. 10월에 몸소 신궁에 제
사지내고 크게 사면하였다.[45]

(30) 제 55대 경애왕은 박씨로 이름은 위응이다. 경명왕의 동생인데 어머
니는 자성왕후이다. 갑신년에 즉위하여 2년[필자주; 4년의 오기로 보
인다]을 다스렸다.[46]

(31) 제 55대 경애왕이 즉위한 동광 2년 갑신(924) 2월 19일에 황룡사에
서 백고좌회를 열어 불경을 강설하였다. 겸하여 선승 3백명에게 음식
을 대접하고 대왕이 친히 향을 피워 불공을 드렸다. 이것이 백고좌에
서 선교를 함께 설한 시초였다.[47]

---

45) 『삼국사기』 권12, 「신라본기」 12의 경명왕 8년조에는, "八年 春正月 遣使入後唐朝貢
泉州節度使王逢規 亦遣使貢方物 夏六月 遣朝散大夫倉部侍郎金岳 入後唐朝貢 莊宗
授朝議大夫試衛尉卿 秋八月 王薨 諡曰景明 葬于皇福寺北 太祖遣使弔祭"라고 하였
다. 또한 경애왕 원년조에는, "景哀王立 諱魏膺 景明王同母弟也 元年九月 遣使聘於
太祖 冬十月 親祀神宮 大赦"라고 하였다.
46) 『삼국유사』 권1, 「왕력」 1, 신라조에는, "第五十五景哀王 朴氏 名魏膺 景明之母弟也
母資成 甲申立 理二年[필자주; 4년의 오기로 보인다]"이라고 하였다.

김부대왕 연구

위에 제시한 자료는 경명왕의 뒤를 이어 경애왕이 왕위를 계승하는 모습을 보여주고 있다. 경애왕은 경명왕의 동생으로서 순조롭게 왕위를 계승하였다. 또한 경애왕은 (31)의 자료에 보이듯이, 왕위에 오르기 얼마 전에 이미 황룡사에서 백고좌회를 주관하였다. 그렇다면 경애왕이 경명왕의 뒤를 이어 왕위를 계승하는데 큰 어려움은 없었다고 보여진다.

이 당시 김부대왕도 왕위를 계승할 수 있었지만, 나이가 어렸기 때문에 왕위계승에는 거론되지 않았다고 생각된다. 이렇게만 본다면 경애왕으로의 왕위계승은 순조로웠다고 할 수 있다. 하지만 이 당시 신라가 처한 대외적인 상황은 좋지 않았다. 이러한 사실은 아래의 자료를 통해서 살펴볼 수 있다. 관련 자료를 제시하면 아래와 같다.

(32) 태조 7년 7월. 견훤이 아들 수미강과 양검 등을 보내 조물군을 공격하자, (고려의 태조 왕건은) 장군 애선과 왕충을 시켜 구원하게 했다. 애선은 전사하였으나 조물군 사람들이 굳게 지키니 수미강 등이 소득 없이 돌아갔다. 8월에 견훤이 사신을 보내 절영도의 총이말 한 필을 선물로 주었다. 9월에는 신라의 경명왕 박승영이 죽고 그 아우인 경애왕 박위응이 즉위하여 국상國喪을 알려왔다. 왕이 애도하고 재를 지내 명복을 빈 후 사신을 보내 조문하였다. 이 해에 외제석원 구요당 신중원을 창건했다.[48]

---

47) 『삼국유사』 권2, 「기이」 2, 경애왕조에는, "第五十五景哀王卽位 同光二年甲申 二月十九日 皇龍寺設百座說經 兼飯禪僧三百 大王親行香致供 此百座通說 禪敎之始"라고 하였다.

48) 『고려사절요』 1 권1, 「세가」 1, 태조 7년조에는, "秋七月 甄萱遣子須彌康良劍等 來攻曹物城 王遣將軍哀宣王忠救之 哀宣戰死 曹物郡人固守 須彌康等失利而歸 九月新羅王昇英薨 其弟魏膺立 來告喪 王爲之擧哀 設齋追福 遣使弔之 是歲創外帝釋院九曜堂 神衆園"이라고 하였다.

위의 기록에도 보이듯이 경명왕 말년에 신라는 후백제 견훤의 공격에 시달리고 있었다. 이때 견훤이 조물군을 공격하였다. 이에 고려 태조는 견훤의 침략에 직면한 경명왕의 요청으로 진례성進禮城을 구원하면서 신라를 도와주었다. 외형상으로 볼 때, 왕건이 신라와 친신라적인 지방호족들까지 보호하는 형태를 띠면서 견훤의 침략을 저지하는데 효력을 발휘하였다. 그런데 조물성 전투에서는 견훤의 백제군에 맞서 조물성의 군사와 장군 애선 및 왕충의 군사가 싸웠다.

이러한 와중에 경명왕이 죽고 경애왕이 즉위하였다. 이에 고려 태조 왕건은 곧바로 조문사를 파견하면서 친신라정책을 계속 펴나갔다. 한편 태조 왕건은 용주龍州를 친정親征하는 과정에서 경애왕의 직접적인 군사원조를 받았다. 태조 왕건은 이를 통해 신라와 그 주변의 호족들에 대한 영향력을 강화하고, 견훤에 대해서도 더 적극적인 공세를 펼칠 수 있었다. 하지만 이러한 신라의 태도는 필연적으로 견훤의 강한 반발을 불러올 수밖에 없었다.

그렇다면 이 당시 고려 태조와 신라 경애왕의 관계가 어떠하였는지를 살펴볼 필요가 있다. 우선 아래 자료가 참고된다.

(33) 경애왕 2년(925) 10월에 고울부(현재 경북 영천지역으로 추정) 장군 능문이 태조에게 투항하니 위로하고 타일러 돌려 보냈는데, 그 성이 신라의 왕도王都와 가까웠기 때문이다. 11월에 후백제 견훤이 조카 진호眞虎를 고려에 볼모로 보냈다. 왕이 그것을 듣고 사신을 보내 태조에게 이르기를, "견훤은 이랬다 저랬다 하고 거짓이 많으니 친하게 지내서는 안됩니다"라고 하니 태조가 그렇게 여겼다.[49]

---

49) 『삼국사기』 권12, 「신라본기」 12의 경애왕 2년조에는, "冬十月 高鬱府將軍能文 投於 太祖 勞諭還之 以其城迫近新羅王都故也 十一月 後百濟主甄萱 以姪眞虎 質於高麗 王 聞之 使謂太祖曰 甄萱反覆多詐 不可和親 太祖然之"라고 하였다.

(34) 9월에 매조성 장군 능현이 사자를 보내어 항복하겠다고 청하였다. 10월에 고울부 장군 능문이 사졸을 거느리고 와서 의탁하였는데, 왕은 그 성이 신라의 왕도에서 가까우므로 그를 위로하여 돌려보내고 다만 그 휘하의 시랑 배근과 대감 명재·상술·궁식 등만 머무르게 하였다. 정서대장군 유금필을 보내 후백제의 연산진을 쳐서 장군 길환을 죽이고, 또 임존군을 쳐서 3천여 명을 죽이거나 사로잡았다. 조물군에 행차하여 견훤을 만나 싸웠으나 견훤의 군사가 매우 날래 승부를 결단하지 못하였다. 왕이 서로 오래 버텨서 견훤의 군사를 피로하게 하려 하였는데, 유금필이 군사를 이끌고 와 어울려 싸워서 군사들의 기세가 크게 떨쳤다. 그러자 견훤이 두려워서 화친을 청하여 사위 진호를 볼모로 보내니 왕 또한 집안동생 왕신을 볼모로 보냈다. 왕은 견훤의 나이가 10년이나 위이므로 그를 상보라 불렀다. 왕이 견훤을 군영으로 불러오게 하여 일을 의논하려 하니 유금필이 간하기를, “사람의 마음은 알기 어려운 것인데 어찌 가벼이 적과 서로 가까이하겠습니까”라고 하므로 왕이 그만두었다. 신라왕이 이 소식을 듣고 사신을 보내 말하기를, “견훤은 되풀이 해가며 속임수를 많이 쓰니 화친해서는 안됩니다”라고 하였다. 왕이 그 말을 옳게 여겼다.[50]

고려 태조와 신라 경애왕의 관계는 조물성전투를 계기로 해서 다시 가까워졌다. 신라 경애왕은 태조 왕건의 힘을 빌려서 후백제 견훤의 침입을 막는 방책을 사용하였다. 하지만 이러한 방법이 모든 문제를 원만하게 해결해줄 수는 없었다. 고울부 장군 능문과 매조성 장군 능현이 고려로 투항하고 있다. 물론 고울부 장군 능문은

---

50) 『고려사절요』 1 권1, 「세가」 1, 태조 8년조에는, “秋九月 買曹城將軍能玄 遣使乞降 冬十月 高鬱府將軍能文 率士卒來投 王以其城 近新羅王都 勞慰還之 惟留其麾下侍郎 盂近 大監明才 相述 弓式等 遣征西大將軍庾黔弼 攻百濟燕山鎭 殺將軍吉奐 又攻任存郡 殺獲三千餘人 幸曹物郡 遇甄萱與戰 萱兵銳甚 未決勝負 王欲與相持 以老其師 庾黔弼引兵來會 兵勢大振 萱懼乞和 以外甥眞虎爲質 王亦以堂弟王信交質 王以萱十年之長 稱爲尙父 王欲召萱 至營論事 黔弼諫曰 人心難知 豈可輕與敵相狎乎 王乃止 新羅王聞之 遣使曰 甄萱反復多詐 不可和親 王然之”라고 하였다.

신라 왕도와 가깝다는 이유로 그를 타일러 보낸 것으로 되어 있다. 하지만 그의 휘하 인물들은 고려에 남도록 하였다. 이렇게 본다면, 태조 왕건의 영향력이 눈에 띌 정도로 신라 깊숙이까지 미치고 있었음을 알 수 있다. 이런 와중에 후백제 견훤의 강한 반발도 생겨날 수밖에 없었다. 이처럼 신라의 지방 지배력이 와해되어 나가는 가운데 경애왕은 견훤에 의해 시해될 수밖에 없었다고 보여진다.

분노한 견훤의 침입에 의해 경애왕이 시해되는 과정은 다음과 같이 설명되고 있다. 우선 아래의 자료가 참고된다.

(35)-① 경애왕 4년 정월에 태조가 몸소 백제를 정벌했는데, 왕이 군사를 내어 도왔다. (중략)

(35)-② 3월에 황룡사 탑이 흔들려 북쪽으로 기울어졌다. 태조가 몸소 근암성(현재 경북 문경시 산양면 일대)을 깨뜨렸다.

(35)-③ 후당의 명종明宗이 권지강주사 왕봉규를 회화대장군으로 삼았다. 4월에 지강주사 왕봉규가 사신 임언을 후당에 보내 조공하니, 명종이 중흥전에 불러 접견하고 물품을 내려주었다.

(35)-④ 강주 관할의 돌산향突山鄕(현재 전남 여천군 돌산읍으로 추정) 등 4개 향鄕이 태조에게 귀순하였다.[51]

(36) 9월에 견훤이 고울부에서 우리 군사를 공격하였으므로 왕이 태조에게 구원을 요청하였다. (태조가) 장군에게 명하여 굳센 군사 1만 명을 내어가서 구원하게 하였는데, 견훤은 구원병이 미처 이르기 전인 11월에 갑자기 (신라의) 서울로 쳐들어갔다. 왕은 왕비와 궁녀 및 왕실의 친척들과 함께 포석정에서 잔치를 베풀며 즐겁게 놀고 있어, 적의 군사가 닥치는 것을 깨닫지 못하여 허둥지둥하며 어찌해야 할 바

---

51) 『삼국사기』 권12, 「신라본기」 12의 경애왕 4년조에는, "四年 春正月 太祖親征百濟 王出兵助之 二月 遣兵部侍郎張芬等 入後唐朝貢 唐授張芬檢校工部尙書 副使兵部郎中朴術洪 兼御史中丞 判官倉部員外郎李忠式 兼侍御史 三月 皇龍寺塔搖動北傾 太祖親破近巖城 唐明宗以權知康州事王逢規爲懷化大將軍 夏四月 知康州事王逢規 遣使林彦 入後唐朝貢 明宗召對中興殿 賜物 康州所管突山等四鄕 歸於太祖"라고 하였다.

를 알지 못하였다. 왕은 왕비와 함께 후궁後宮으로 달아나 들어가고
왕실의 친척과 공경대부와 사녀士女들은 사방으로 흩어져 도망하여
숨었다. 적병에게 사로잡힌 사람은 귀한 사람이나 천한 사람 할 것
없이 모두 놀라 식은 땀을 흘리며 엉금엉금 기면서 종이 되기를 빌었
으나 화禍를 면하지 못하였다. 견훤은 또 군사들을 풀어 놓아 공사公
私의 재물을 거의 모두 약탈하고, 궁궐에 들어가 거처하면서 좌우의
사람들에게 명하여 왕을 찾도록 하였다. 왕은 왕비와 첩 몇 사람과
함께 후궁에 있다가 붙잡혀 군대의 진영에 이끌려 왔다. (견훤은) 왕
을 핍박하여 자살하도록 하고 왕비를 강제로 욕보였으며, 그 부하들
을 풀어놓아 궁녀들을 욕보였다. 이에 왕의 족제族弟를 세워 임시로
나라 일을 맡아 다스리도록 하니, 이가 경순왕敬順王이다.[52]

위에 제시한 자료 (35)-①에 의하면, 경애왕은 고려 태조가 후
백제를 공격할 때에 군사적인 지원을 하고 있음을 알 수 있다. 이에
대해 (35)-②의 기록은 황룡사 탑이 북쪽으로 흔들리는 괴이한 사
건이 일어나는가 하면, 고려 태조가 신라의 외곽 지역인 근암성 일
대를 차지하고 있음을 보여주고 있다. 또한 이 시기에는 (35)-③에
보이는 것처럼, 지방 호족세력으로 보여지는 왕봉규가 후당에 사신
을 보내서 회화대장군으로 책봉을 받기도 하였다. 이 시기에 이르
면 신라 왕실의 통제를 받지 않는 지방세력들이 자체적으로 중국에
사신을 파견하는 경우가 빈번하게 나타나고 있었다. 그런데 (35)-
④의 기록에 의하면, 왕봉규 세력도 점차 고려 태조의 세력권 속으

---

52) 『삼국사기』 권12, 「신라본기」 12의 경애왕 4년조에는, "秋九月 甄萱侵我軍於高鬱府
　　王請救於太祖 命將出勁兵一萬往救 甄萱以救兵未至 以冬十一月 掩入王京 王與妃嬪
　　宗戚 遊鮑石亭宴娛 不覺賊兵至 倉猝不知所爲 王與妃奔入後宮 宗戚及公卿大夫士女
　　四散奔走逃竄 其爲賊所虜者 無貴賤皆駭汗匍匐 乞爲奴僕而不免 萱又縱其兵 剽掠公
　　私財物略盡 入處宮闕 乃命左右索王 王與妃妾數人在後宮 拘致軍中 逼令王自盡 强淫
　　王妃 縱其下 亂其妃妾 乃立王之族弟 權知國事 是爲敬順王"이라고 하였다.

로 흡수되어 나가고 있음을 알 수 있다. 경명왕과 경애왕의 친고려
정책은 후백제의 견훤 세력을 막아내는데는 어느 정도 효과를 보았
을지라도, 신라의 장래를 위해서 반드시 옳은 선택은 아니었다고
보여진다.

특히 고려 태조가 후백제를 공격할 때에 군사적으로 지원하는
신라 경애왕의 지나친 친고려정책은 후백제 견훤의 극단적인 반
발을 가져왔다. 이런 속에서 (36)에 보이는 것처럼, 경애왕은 견훤
의 침입을 효과적으로 막아내지 못하고 결국 시해되었다고 볼 수
있다.

그런 와중에 김부대왕이 13세의 나이에 신라의 마지막 왕으로
즉위하게 되었다. 김부대왕의 즉위는 자의가 아니었으며, 견훤의
강압에 의한 것이었다. 그렇다고 해서 김부대왕의 왕위계승에 문제
가 있었던 것은 전혀 아니었다. 또한 김부대왕이 비록 견훤에 의해
왕이 되었다고 해서, 친견훤정권이라고 볼 수 있는 근거도 찾아지
지 않는다. 이와 관련해서는 아래의 자료가 참고된다.

> (37)-① 경순왕(927~935년 재위)이 왕위에 올랐다. 이름은 부傅이다. 문
> 성대왕의 후손으로 이찬 효종의 아들이고, 어머니는 계아태후이다.
> 견훤에 의하여 추대되어 즉위하였다.
> (37)-② 앞 왕의 시신을 들어서 서당에 모셔두고 여러 신하들과 함께 통곡
> 하고 시호를 올려 경애왕이라 하였으며 남산 해목령에 장사지냈다.
> 태조가 사신을 보내 조문하고 제사지냈다.[53]

---

[53] 『삼국사기』 권12, 「신라본기」 12의 경순왕 원년조에는, "敬順王立 諱傅 文聖大王之
裔孫 孝宗伊飡之子也 母桂娥太后 爲甄萱所擧卽位 擧前王屍 殯於西堂 與群下慟哭 上
諡曰景哀 葬南山蟹目嶺 太祖遣師弔祭"라고 하였다.

김부대왕 연구

위의 기록 (37)-①에 보이듯이, 김부대왕은 견훤에 의해 추대되어 신라의 마지막 왕으로 즉위하였다. 하지만 (37)-②에서 알 수 있듯이, 김부대왕은 견훤의 군대가 물러가자 곧바로 선왕의 장례를 치르는데 예의를 다하고 있음을 알 수 있다. 이 당시 김부대왕의 나이는 13세였다. 13세의 어린 나이였지만, 김부대왕이 신라의 마지막 왕으로 즉위할 수 있었던 배경으로는 왕위계승의 서열에서 최우선의 위치에 있었기 때문이었다.

그렇다면 견훤의 강압에 의한 것이었지만, 김부대왕이 신라의 마지막 왕으로 즉위하게 된 배경이 어디에 있었는지도 새로운 시각에서 검토해볼 필요가 있다고 생각된다. 이러한 부분은 다음 장에서 좀더 구체적으로 밝혀보도록 하겠다.

3. 김부대왕의 즉위 배경

지금까지 김부대왕의 정확한 생몰년과 그의 성장과정을 밝혔다. 그 결과 김부대왕은 신덕왕 4년(915)에 태어났으며, 고려 경종 3년(978)에 64세의 나이로 돌아가셨음을 알 수 있었다. 또한 김부대왕이 태어나서 성장하던 시기에 신라의 왕위는 신덕왕과 경명왕 및 경애왕으로 이어지는 박씨 왕실에 의해 계승되고 있었다.

그런데 경애왕이 후백제 견훤의 침입으로 인해 비참하게 죽임을 당한 후에, 김부대왕이 신라의 마지막 왕으로 즉위하게 되었다. 비록 견훤에 의한 강압적인 즉위였지만, 김부대왕이 이때 즉위할 수 있었던 배경이 어디에 있었는지는 새로운 시각에서 살펴볼 필요가 있다. 이와 관련해서는 우선 아래의 자료가 참고된다.

(38) 신덕왕(신라 53번째 왕, 912~917년 재위)이 왕위에 올랐다. 성은 박
    씨이고 이름은 경휘景暉이다. 아달라왕의 먼 자손으로[54] 아버지는
    예겸乂謙[또는 예겸銳謙이라고도 하였다]인데, 정강대왕을 섬겨 대아
    찬이 되었다. 어머니는 정화부인이고, 왕비는 김씨로서 헌강대왕의
    딸이다. 효공왕이 죽고 아들이 없었으므로 나라 사람들에게 추대되어
    즉위하였다.[55]

진성여왕의 양위로 12세 정도의 어린 나이에 즉위한 효공왕은
나이 30세를 넘기지 못하고 뒤를 이을 후사없이 생을 마쳤다. 이
당시 효공왕의 왕위를 계승할 인물로는 화랑 출신의 효종랑이 있었
다. 효종랑은 정강왕대에 효녀 지은의 어려움을 구해주면서 두각을
나타냈던 인물이었다. 이에 정강왕은 김효종을 헌강왕의 장녀와 혼
인시켰을 뿐만 아니라 자신의 후계자로 키우고 싶었다고 보여진다.
하지만 정강왕이 재위 1년만에 병으로 돌아가게 되면서 김효종을
적극적으로 키워줄 수 있는 여력이 없었다고 생각된다. 이런 분위

---

54) 아달라왕은 신라 상고기(上古期)의 마지막 박씨왕으로 재위기간은 154~184년이었
    다. 그런데 『삼국사기』 권2, 「신라본기」 2, 벌휴이사금 즉위년조에 의하면, "벌휴 이
    사금이 왕위에 올랐다. (중략) 아달라왕이 죽고 아들이 없었으므로 나라 사람들이
    그를 왕으로 세웠다; 伐休尼師今立 (중략) 阿達羅薨 無子 國人立之"라고 하였다. 그
    럼에도 불구하고 위의 기록에서는 신덕왕이 아달라왕의 먼 후손이라고 하였다. 그
    렇다면 신덕왕은 아달라왕과 모계(母系)로 이어진 자손이었을 것으로 추측된다. 『삼
    국유사』 권1, 「왕력」 1, 신라조에는, "제 53대 신덕왕은 박씨이며 이름은 경휘로 본
    명은 수종이다. 어머니는 정화부인이고, 부인의 아버지는 순홍각간이니 시호를 성
    무대왕이라고 추증하였으며, 할아버지는 원린각간으로 아달라왕의 먼 후손이다.;
    第五十三神德王 朴氏 名景徽 本名秀宗 母貞花夫人 夫人之父 順弘角干 追諡成武大王
    祖元隣角干 乃阿達王之遠孫"이라고 하였다. 이렇게 볼 때, 신덕왕의 외증조부가 곧
    아달라왕의 자손이었다고 한다. 이런 이유로 신덕왕은 자신을 아달라왕의 먼 후손
    이라고 표방하였을 것으로 보인다.
55) 『삼국사기』 권12, 「신라본기」 12의 신덕왕 즉위년조에는, "神德王立 姓朴氏 諱景暉
    阿達羅王遠孫 父乂兼[一云銳謙] 事定康大王 爲大阿湌 母貞和夫人 妃金氏 憲康大王
    之女 孝恭王薨 無子 爲國人推戴卽位"라고 하였다.

기 속에서 당시 정강왕의 뒤를 이을 왕위계승자로 주목받았던 화랑 김효종은, 정강왕의 여동생이 정강왕의 뒤를 이어 진성여왕으로 왕위를 계승하게 됨으로 인해 왕위에 오를 수 없었다고 생각된다.

또한 헌강왕의 숨겨진 아들이며 진성여왕의 이복 동생인 요嶢가 나타나 효공왕으로 즉위함으로 인해, 김효종은 진성여왕의 뒤를 이어 왕위를 계승할 수 없었다. 하지만 김효종은 효공왕대에 시중으로 있었던 것으로 볼 때, 정치적으로 몰락한 것은 아니었다고 보여진다.

그런데 효공왕이 죽었을 때, 김부대왕의 아버지인 김효종이 왕위에 오르지 못하고 박씨인 신덕왕이 즉위한 이유는 김효종에게 후사를 이을 아들이 없었기 때문이었다고 추측된다. 그 당시 효공왕이 후사없이 죽은 상황에서, 뒤를 계승할 아들이 없었던 김효종이 왕위를 계승할 수는 없었다고 생각된다.

또한 앞에서 제시한 자료 (38)에서 언급되고 있듯이, 효공왕의 뒤를 이어 신덕왕으로 즉위한 박경휘도 정강대왕을 섬겨 대아찬이 되었음을 알 수 있다. 이렇게 볼 때, 정강왕은 자신의 후계자로 김효종과 박경휘를 생각하였다고 보여진다. 하지만 정강왕이 재위 1년만에 죽게 되면서, 왕위는 자신의 여동생인 진성여왕이 계승하였다. 그리고 진성여왕은 자신의 배다른 동생인 효공왕에게 왕위를 물려주었다. 이런 이유로 김효종과 박경휘는 왕위에 오를 수 있는 기회가 없었다고 보여진다.

한편 효공왕이 후사없이 죽었을 당시에 김효종은 뒤를 이을 아들이 아직 태어나지 않았다고 보여진다. 이러한 이유로 헌강왕의 차녀와 결혼했던 박경휘가 신덕왕으로 즉위할 수 있었다. 이후부터 신덕왕의 아들이 왕위를 계승하여 경명왕과 경애왕으로 이어지는 박씨왕 시대가 열렸던 것이다.

이렇게 볼 때, 효공왕이 뒤를 이을 후사없이 죽었을 당시에 유력한 왕위계승권자였던 화랑 출신의 김효종은 자신의 뒤를 이을 아들이 없었기 때문에 신덕왕-경명왕-경애왕으로 이어지는 박씨왕 시대에 적극적인 활동을 할 수 없었다고 보여진다. 정강왕 재위시절 다음 왕위를 계승할 인물로까지 두각을 나타냈던 화랑 김효종은, 진성여왕과 효공왕이 즉위하는 속에서 왕위에 오를 수 없었다. 또한 효공왕 사후에는 뒤를 이을 아들이 없었기 때문에 박씨인 신덕왕이 왕위에 오르는 것을 막을 수 없었다고 생각된다. 추측컨대 김효종은 신덕왕이 즉위한 이후인 만년에 이르러서야 김부대왕을 아들로 얻을 수 있었다. 하지만 김부대왕이 태어나서 성장하는 기간에는 나이가 어렸으므로 자연스럽게 신덕왕의 아들인 경명왕과 경애왕으로 왕위가 계승될 수 있었다고 생각된다. 또한 이 무렵에 김효종은 나이 어린 김부대왕을 남겨 두고 세상을 떠났을 것으로 보여진다.

한편 신덕왕의 아들로 왕위를 계승한 경명왕과 그의 동생인 경애왕은 후백제의 견훤을 견제하기 위해 고려의 태조 왕건과 적극적인 동맹관계를 형성하려고 하였다. 이러한 과정을 통해 원하는 목적을 달성하기도 했지만, 견훤의 강한 반발을 가져오기도 하였다. 이런 속에서 김부대왕이 즉위하였던 것이다.

지금부터는 김부대왕이 즉위하는 과정을 살펴보도록 하겠다. 우선 아래의 자료가 참고된다.

(39)-① 경순왕이 왕위에 올랐다. 이름은 부傅이다. 문성대왕의 후손으로 이찬 효종의 아들이고, 어머니는 계아태후이다. 견훤에 의하여 추대되어 즉위하였다. (중략)

(39)-② 원년 11월에 죽은 아버지를 신흥대왕으로 추존하고 어머니를 왕태후로 삼았다.[56]

(40) 제 56대 경순왕: 김씨이며, 이름은 부傅이다. 아버지는 효종 이간이
니, 신흥대왕으로 추봉되었다. 할아버지는 관△官△ 각간이니, 의흥
대왕으로 추봉되었고, 어머니는 계아태후로 헌강왕의 딸이다. 정해
(927)에 즉위하여 8년간 다스렸다.[57]

경명왕과 경애왕의 친고려정책은 견훤의 강한 반발을 가져왔다.
이에 견훤은 신라 왕경에 쳐들어가서 경애왕을 시해한 뒤에, (39)-
①의 자료에 보이는 것처럼 김부대왕을 새로운 신라의 왕으로 즉위
시켰다. 이런 과정에서 927년에 김부대왕은 신라의 마지막 왕으로
즉위하게 되었다. 이 당시 김부대왕의 나이는 13세였다. 또한 (39)
-②의 자료에 보이는 것처럼, 김부대왕의 아버지인 김효종은 이미
돌아가셨음을 알 수 있다. 이에 김부대왕은 헌강왕의 장녀이며 자
신의 어머니인 계아태후를 왕태후로 책봉하였다는 사실도 알 수
있다.

이렇게 볼 때, 김부대왕은 즉위하면서 곧바로 정치 전면에 나서
지 않았을 가능성도 있었을 것으로 추측해볼 수 있다. 자신의 어머
니인 왕태후가 일정 기간 동안 정치에 관여하였을 가능성도 있다고
보여진다. 또한 『삼국사기』와 『삼국유사』에는 보이지 않지만, 이
무렵에 김부대왕은 경명왕계 집안의 박씨와 혼인하였을 것으로 보
인다.

김부대왕 재위 5년 5월 정축일에 고려 태조는, 김부대왕과 왕태

---

56) 『삼국사기』 권12, 「신라본기」 12의 경순왕 원년조에는, "敬順王立 諱傅 文聖大王之
    裔孫 孝宗伊飡之子也 母桂娥太后 爲甄萱所擧卽位 (중략) 元年 十一月 追尊考爲神興
    大王 母爲王太后"라고 하였다.
57) 『삼국유사』 권1, 「왕력」 1, 신라조에는, "第五十六敬順王 金氏 名傅 父孝宗伊干 追封
    神興大王 祖官□角干 追封懿興大王 母桂娥太后 憲康王之女也 丁亥立 理八年"이라고
    하였다.

후 및 죽방부인 박씨, 상국 김유렴과 잡간 예문 및 파진찬 책궁과
윤유 및 한찬 책직·혼직·의경·양여·관봉·함의·희길 등에게
물품을 차등있게 내려주고 있음이 보인다.[58] 이러한 사실을 참고할
때, 김부대왕은 13세의 나이로 즉위하면서 죽방부인 박씨와 혼인하
였을 것으로 보인다.

또한 (40)의 자료에서 설명하고 있듯이, 13세의 어린 나이로 즉
위한 김부대왕은 이후 8년 정도 신라의 마지막 왕으로 있으면서,
견훤과 왕건의 대결 양상을 지켜봐야 했다. 하지만 김부대왕이 선
택할 수 있는 해결책은 거의 찾아지지 않았다.

그렇다면 김부대왕이 신라의 마지막 왕으로 재위하고 있던 시
기의 신라의 현실은 어떠하였는지를 좀더 구체적으로 살펴볼 필요
가 있다. 이러한 부분은 다음 장에서 보다 세밀하게 검토하도록 하
겠다.

4. 김부대왕 재위 기간 신라의 현실

김부대왕의 아버지인 김효종은 가난한 여인의 신분으로 홀어머
니를 봉양하던 효녀 지은을 도와주는 선행을 계기로 정강왕과 진성
여왕의 주목을 받았다.[59] 이에 화랑 김효종은 정강왕의 적극적인

---

58) 『고려사』 권2, 「세가」 2, 태조 2의 14년조에는, "十四年 (중략) 夏五月丁丑 王遣羅王
   太后竹房夫人 與相國裕廉匝干 禮文波珍飡 策宮尹儒韓粲 策直昕直義卿讓餘寬封含宜
   熙吉等 物有差"라고 하였다.
59) 『삼국사기』 권48, 「열전」 8, 효녀지은조 및 『삼국유사』 권5, 「효선」 9, 빈녀양모조
   를 참고하기 바란다.

주선으로 헌강왕의 장녀와 혼인하였다.[60] 이때부터 화랑 김효종은 경문왕계 왕실내에서 정강왕의 왕위를 계승하는데 가장 으뜸한 위치에 서게 되었다고 보여진다. 하지만 정강왕은 재위 1년만에 세상을 떠났으므로, 자신의 후계자로 김효종을 적극적으로 밀어줄 수 있는 시간이 없었다고 보여진다. 이런 와중에 정강왕은 결국 자신의 여동생인 진성여왕에게 왕위를 물려주었다.[61]

하지만 진성여왕이 재위하고 있는 동안 신라는 극심한 혼란을 겪으면서 급격하게 붕괴되어 갔다. 이에 진성여왕은 일찍이 알려지지 않았던 헌강왕의 아들인 요嶢를 궁궐로 불러 들인 후에, 그에게 왕위를 물려주었다. 헌강왕의 알려지지 않았던 아들이 효공왕으로 즉위하게 되면서부터 김부대왕의 아버지인 김효종은 왕위 계승의 서열에서 점차 배제되기 시작한 것으로 보인다.

그런데 효공왕이 30세를 넘기지 못한 나이에 뒤를 이을 아들을 남겨두지 않은 채 세상을 떠났다. 이에 헌강왕의 장녀와 결혼한 김효종은 가장 유력한 왕위계승자였다. 하지만 이 당시 김효종은 뒤를 이을 아들이 없었기 때문에, 효공왕의 뒤를 이어 왕으로 즉위할

---

60) 『삼국사기』 권48, 「열전」 8, 효녀지은조에는, "효종은 당시 제3재상 서발한 인경의 아들로 어려서의 이름은 화달이었다. 정강왕이 말하기를, '그는 비록 어린 나이라고는 하지만 문득 인격이 완성된 어른처럼 보인다' 라고 하면서 곧바로 자신의 형인 헌강왕의 딸을 아내로 삼게 하였다; 孝宗 時第三宰相 舒發翰仁慶子 少名化達 王謂 雖當幼齒 便見老成 即以其兄 憲康王之女 妻之"라고 하였다.

61) 『삼국사기』 권11, 「신라본기」 11, 정강왕 2년조에는, "5월에 왕이 병이 들어 시중 준흥에게 유언하였다. 나의 병이 위중하니 틀림없이 다시는 일어나지 못할 것이다. 그런데 불행하게도 왕위를 이을 자식이 없다. 그러나 누이 만(曼)은 천성이 총명하고 민첩하며 뼈대는 남자와 비슷하니 경들은 마땅히 선덕여왕과 진덕여왕의 옛 일을 본받아 그를 왕위에 세우는 것이 좋겠다라고 하였다. 7월 5일에 왕이 죽었다. 시호를 정강이라 하고 보리사 동남쪽에 장사지냈다; 夏五月 王疾病 謂侍中俊興曰 孤之病革矣 必不復起 不幸無嗣子 然妹曼天資明銳 骨法似丈夫 卿等宜倣善德眞德古事 立之可也 秋七月五日 薨 諡曰定康 葬菩提寺東南"이라고 하였다.

수 없었다고 보여진다. 이런 이유로 헌강왕의 차녀와 결혼했던 박경휘가 신덕왕으로 왕위를 계승하였다. 이후 신덕왕-경명왕-경애왕으로 이어지는 박씨왕 시대가 열리게 되었다. 이후 경명왕과 경애왕은 친고려정책을 통해, 후백제의 견훤을 견제하려고 하였다. 이러한 정책은 일정 정도 효과를 보기도 했지만, 후백제 견훤의 강한 반발 속에 결국 경애왕이 시해되는 결과를 초래하였다. 그런 속에서 김부대왕이 신라의 마지막 왕으로 즉위할 수 있었다고 보여진다.

지금부터는 김부대왕이 신라의 마지막 왕위에 있었던 시기에 신라는 어떤 처지에 있었는지를 살펴보도록 하겠다. 우선 아래의 자료가 참고된다.

> (41) 경순왕이 왕위에 올랐다. 이름은 부傳이다. 문성대왕의 후손으로 이찬 효종의 아들이고, 어머니는 계아태후이다. 견훤에 의하여 추대되어 즉위하게 되었는데, 앞 왕의 시신을 들어서 서당에 모셔두고 여러 신하들과 함께 통곡하고 시호를 올려 경애라 하였으며 남산 해목령에 장사지냈다. 태조가 사신을 보내서 조문하고 제사지냈다.
>
> 원년 11월에 죽은 아버지를 신흥대왕으로 추존하고 어머니를 왕태후로 삼았다.[62]

위에 제시한 자료 (41)에 의하면, 김부대왕은 견훤에 의해 신라의 마지막 왕으로 즉위하였음을 알 수 있다. 하지만 김부대왕은 견훤에 의해 시해된 선왕을 경애왕으로 추존하였을 뿐만 아니라 예를

---

62) 『삼국사기』 권12, 「신라본기」 12의 경순왕 원년조에는, "敬順王立 諱傅 文聖大王之裔孫 孝宗伊湌之子也 母桂娥太后 爲甄萱所擧卽位 擧前王屍 殯於西堂 與群下慟哭 上諡曰景哀 葬南山蟹目嶺 太祖遣師弔祭 元年 十一月 追尊考爲神興大王 母爲王太后"라고 하였다.

다하여 장례를 치루고 있다. 이렇게 볼 때, 김부대왕이 친견훤적인
입장에 있지는 않았다고 보여진다.

김부대왕이 신라의 마지막 왕으로 즉위하였을 당시 나이는 13세
였다. 그리고 김부대왕의 아버지인 김효종은 이미 돌아가셨기 때문
에 신흥대왕으로 추존하였다. 또한 헌강왕의 장녀이고 김부대왕의
어머니인 계아태후는 이 당시 왕태후가 되었다. 이렇게 볼 때, 즉위
당시 김부대왕이 모든 정치를 주관하였다고 보기는 어렵다. 아무래
도 왕태후를 중심으로 해서 정치가 이루어졌을 것으로 추측된다.

지금까지 살펴 보았듯이, 경명왕과 경애왕의 친고려정책은 견훤
의 강력한 반발을 받으면서, 경애왕이 견훤에게 시해되는 결과를
가져왔다. 경애왕이 시해되고 김부대왕이 신라의 마지막 왕으로 즉
위하게 되는 일련의 과정은, 지금까지 고려 태조 왕건에 의해 주도
되던 후삼국의 정세에도 커다란 변화를 가져왔다고 생각된다. 이와
관련해서는 아래 자료가 참고된다.

(42) (고려) 왕이 이 소식을 듣고 사신을 보내 조문하고, 친히 정여 기병 5
천 명을 거느리고 견훤을 팔공산 동수에서 맞아 크게 싸웠으나 이기
지 못하였다. 견훤의 군사가 왕을 포위해 다급한 지경에 이르자 대장
신숭겸과 김락은 힘써 싸우다가 전사하고 전군이 패배했으며 왕은 겨
우 목숨을 건졌다. 승세를 탄 견훤은 대목군을 빼앗고 쌓아 놓은 곡식
을 모조리 불태워 버렸다. (중략) 10월에 견훤이 장수를 보내어 벽진
군을 침략하고 대목군과 소목군의 곡식을 베어갔다. 11월에 견훤군이
벽진군의 벼와 곡식을 불살랐는데 정조 색상이 싸우다가 전사했다.[63]

---

63) 『고려사절요』 권1, 「세가」 1, 태조신성대왕 10년조에는, "王聞之 遣使弔祭 親率精騎
五千 邀萱於公山桐藪 大戰不利 萱兵圍王甚急 大將申崇謙 金樂 力戰死之 諸軍敗北
王僅以身免 萱乘勝 取大木郡 燒盡田野積聚 (중략) 冬十月 甄萱遣將 侵碧珍郡 芟大小
木二郡禾稼 十一月 燒碧珍郡稻穀 正朝索湘 戰死之"라고 하였다.

위에 제시한 자료 (42)에 보이듯이 신라의 경애왕이 시해되자, 고려의 태조 왕건과 후백제의 견훤이 팔공산 일대에서 격렬하게 전투를 벌였다. 하지만 왕건의 군대가 전멸하다시피하면서, 후삼국시대의 주도권은 견훤에게 넘어가는 양상으로 나타나고 있었다. 이런 속에서 신라의 마지막 왕으로 즉위한 김부대왕이 취할 수 있는 선택의 폭은 좁았다고 생각된다. 이후 신라 조정은 후삼국의 전체적인 흐름을 지켜볼 수밖에 없었다. 이와 관련해서는 아래 자료가 참고된다.

(43) (김부대왕) 2년 정월에 고려의 장군 김상이 초팔성草八城(현재 경남 합천군 초계면 일대) 도적 흥종과 싸우다 이기지 못하고 죽었다. 5월에 강주장군 유문有文이 견훤에게 항복하였다. 8월에 견훤이 장군 관흔官昕에게 명하여 양산陽山(현재 충북 영동군 양산면 일대로 추정)에 성을 쌓게 하였다. 태조가 명지성命旨城(현재 경기도 포천으로 추정) 장군 왕충에게 명하여 군사를 이끌고 공격하여 달아나게 하였다. 견훤이 대야성 아래에 나아가 진을 치고 머무르며 군사를 나누어 보내 대목군(현재 경북 칠곡군 약목면 일대)의 벼를 베어갔다. 10월에 견훤이 무곡성武谷城(현재 경북 군위군 의흥면 일대로 추정)을 쳐서 함락시켰다.[64]

(44) 7월에 태조 왕건이 기주(경북 풍기)에 행차하여 주진을 두루 순시하고 돌아왔다. 견훤이 정예병사 5천명으로 의성부를 침구해오자, 성주 장군 홍술이 전사했다. 왕은 자신의 양쪽 팔을 잃었다며 통곡했다. 또 견훤이 순주를 침구해오자 장군 원봉이 도망쳤다. 9월에 왕이 강주(경북 영주)에 행차했다. (중략) 12월에 견훤이 고창군을 포위하였으

---

64) 『삼국사기』 권12, 「신라본기」 12, 경순왕 2년조에는, "春正月 高麗將金相 與草八城賊興宗戰 不克死之 夏五月 康州將軍有文 降於甄萱 六月 地震 秋八月 甄萱命將軍官昕 築城於陽山 太祖命命旨城將軍王忠 率兵擊走之 甄萱進屯於大耶城下 分遣軍士 芟取大木郡禾稼 冬十月 甄萱攻陷武谷城"이라고 하였다.

므로 왕이 가서 이를 구원하려고 예안진에 머무르면서 여러 장수와
의논하기를, "싸우다가 이기지 못하면 장차 어떻게 하겠는가"라고 하
니 대상 공선과 홍유가 아뢰기를, "만약 우리가 이기지 못하면 샛길
로 가야 하고, 죽령으로 가서는 안됩니다"라고 하였다. 유금필이 아
뢰기를, "신이 듣건대 군사는 흉한 것이요, 전쟁은 위태로운 일이라
하였습니다. 죽을 결심을 하고 살려는 생각이 없어야만 최후의 승리
를 얻을 수 있는 것인데, 지금 적군 앞에 나아가 싸워보지도 않고 먼
저 패배하기를 염려함은 무슨 까닭입니까. 만약 급히 구원하지 않으
면 고창군의 3천여 대중을 그냥 적에게 주는 것이니 어찌 원통하지
않겠습니까. 신은 진군하여 급히 공격하기를 원합니다"라고 하니 왕
이 그 말에 따랐다. 유금필이 이에 저수봉에서 힘껏 싸워 크게 이겼
다. 왕이 그 고을에 들어가서 유금필에게 이르기를, "오늘의 일은 경
의 힘이다"라고 하였다.[65]

위에 제시한 (43)과 (44)의 자료에 의하면, 김부대왕이 신라의
왕으로 즉위한 초기에 후백제의 견훤은 친고려적인 입장에 있던 신
라 지역을 거세게 공격하고 있음을 알 수 있다. 이에 고려 태조 왕
건의 반격도 점차 이루어지고 있었다. 이러한 과정을 통해서 후백
제 견훤이 장악하고 있던 신라에 대한 주도권은 점차 고려의 태조
왕건에게로 넘어가고 있음을 알 수 있다. 또한 (44)의 자료에 보이
듯이, 고려의 태조 왕건은 지금의 풍기와 영주 지역을 직접 돌아보
면서, 안동 지역으로의 진출을 꾀하고 있었다. 그런 속에서 왕건과

---

65) 『고려사절요』 1, 태조 12년조에는, "秋七月 幸基州 巡州鎭而還 甄萱以甲卒五千 侵義
城府 城主將軍洪術戰死 王哭之慟曰 吾失左右手矣 萱又侵順州 將軍元奉遁 九月 幸剛
州 (중략) 十二月 甄萱圍古昌郡 王往救之 次禮安鎭 與諸將議曰 戰而不利 將如之何
大相公萱洪儒曰 如我不利 宜從間道 不可從竹嶺而去 庾黔弼曰 臣聞兵凶戰危 有死之
心 無生之計 然後可以決勝 今臨敵不戰 先慮折北何也 若不急救 以古昌三千餘衆 拱手
與敵 豈不痛哉 臣願進軍急擊 王從之 黔弼乃自猪首峰 奮戰大克 王入其郡 謂黔弼曰
今日之事 卿之力也"라고 하였다.

견훤의 극심한 대립은 결국 고창전투로까지 이어지게 되었다. 이러한 상황은 아래 자료가 참고된다.

(45) 정월에 재암성載巖城(현재 경북 청송군 진보면 일대로 비정) 장군 선필善弼이 고려에 항복하니, 태조가 두터운 예로서 대우하고 상보로 칭하였다. 일찍이 태조가 장차 신라와 우호를 통하려 할 때 선필이 그 것을 인도해 주었는데 이때 이르러 항복하였다. 그는 공로가 있었고 또한 나이가 많은 것을 염두에 둔 까닭에 그를 총애하여 포상한 것이다. 태조가 견훤과 고창군古昌郡(현재 경북 안동시) 병산甁山 아래에서 싸워 크게 이겼는데, 죽이고 사로잡은 사람이 매우 많았다. 영안永安(현재 경북 안동시 풍산면 일대), 하곡河曲(현재 경북 안동시 임하면으로 추정), 직명直明(현재 안동시 일직면으로 추정), 송생松生(현재 경북 청송군 부동면 송생리로 추정) 등 30여 군현이 차례로 이어서 태조에게 항복하였다. 2월에 태조가 사신을 보내어 승리를 알리니 왕이 답례答禮로 사람을 보내 방문하고 아울러 서로 만나기를 청하였다. 가을 9월에 나라 동쪽의 바닷가 주군州郡의 마을들이 모두 태조에게 항복하였다.[66]

(46) 정월에 (중략) 태조 왕건이 친히 군사를 지휘해 고창군의 병산에 진을 치고 견훤은 석산에 진을 치니 서로 간의 거리가 5백 보쯤이었다. 전투가 시작되고 저녁 무렵에 견훤은 패주했으며, 시랑 김악을 사로잡았는데 적의 전사자가 8천여 명이나 되었다. 고창군에서 아뢰기를, "견훤이 장수를 보내 순주를 쳐서 함락시키고 인가를 약탈하고 갔습니다"라고 하니, 왕이 바로 순주로 가서 성을 수리하고 장군 원봉에게 죄를 주고 다시 순주를 하지현으로 강등시켰다. 고창군 성주 김선평을 대광으로, 권행과 장길을 대상으로 각각 임명하고, 그 고을을 안

---

66) 『삼국사기』 권12, 「신라본기」 12, 경순왕 4년조에는, "春正月 載巖城將軍善弼降高麗 太祖厚禮待之 稱爲尙父 初太祖將通好新羅 善弼引導之 至是降也 念其有功且老 故寵褒之 太祖與甄萱 戰古昌郡甁山之下 大捷 殺虜甚衆 其永安河曲直明松生等 三十餘郡縣 相次降於太祖 二月 太祖遣使告捷 王報聘兼請相會 秋九月 國東沿海州郡部落 盡降於太祖"라고 하였다.

 김부대왕 연구

동부로 승격시켰다. 이때 영안(경북 영천) 하곡(경북 하양) 직명(경북 안동) 송생(경북 청송군) 등 30여 군현이 차례로 투항하였다. 2월에 신라에 사신을 보내 고창의 승리를 알리자 신라국왕도 사신을 보내어 답례하고 글월을 보내 만날 것을 요청하였다. 이때 신라 동쪽 바닷가 의 주군과 부락들이 모두 투항해왔는데, 명주로부터 흥례부(경북 안 동)에 이르기까지 모두 110여 성에 달했다. 고려 태조 왕건이 일어진 (영일군 신광면)에 행차하여 성을 쌓고 이름을 신광진이라 고치고 백 성을 옮겨서 이곳에 튼실하게 하였다. 남미질부와 북미질부 두 성이 모두 항복하였다.[67]

위에 제시한 (45)와 (46)의 자료에 의하면, 지금의 안동지역에 서 전개되었던 고창군 전투에서 후백제의 견훤은 대패하였다. 이에 인근 지역이 고려 태조에게 투항하면서, 후삼국의 주도권은 다시 왕건에게로 넘어갔음을 알 수 있다. 이에 김부대왕은 사람을 보내 태조와 만나고자 하였다. 하지만 태조 왕건은 일어진까지 진출하면 서 군사적인 시위를 하고 있음이 보인다. 이제 후삼국의 주도권은 점차 왕건에게 넘어가기 시작했다고 볼 수 있다. 이런 분위기 속에 서 태조 왕건은 신라의 왕도를 방문해서 김부대왕과 면담을 하고 있다. 이와 관련된 내용은 아래의 자료가 참고된다.

(47) 2월 정유일에 신라왕이 태수 겸용을 보내어 만날 것을 다시 요청하였
다. 신해일에 태조 왕건이 신라로 갔다. 50여 명의 기병을 거느리고

---

67) 『고려사절요』 권1, 태조 13년조에는, "春正月 (중략) 王自將軍於古昌郡甁山 甄萱軍
於石山 相去五百步許 遂與戰 萱敗走 獲侍郎金渥 死者八千餘人 古昌郡奏 萱遣將攻陷
順州 掠人戶而去 王卽往順州 修其城 罪將軍元奉 復降爲下枝縣 以古昌城主金宣平爲
大匡 權行 張吉 爲大相 陞其郡爲安東府 於是 永安 河曲 直明 松生等 三十餘郡縣 相次
來降 二月 遣使新羅告捷 新羅王 遣使報聘 致書請相見 時新羅國 以東州郡部落 皆來
降 自溟州至興禮府 摠百十餘城 幸昵於鎭 城之 改名神光鎭 徙民實之 南彌秩夫 北彌
秩夫 二城皆降"이라고 하였다.

(신라의) 도성 부근에 이르자, 장군 선필을 먼저 보내어 왕의 안부를 물었다. 신라왕이 백관에게 명하여 교외에서 맞이하게 하고, 사촌 동생인 상국 김유렴 등을 시켜 성문 밖에서 영접하게 하였다. 신라왕 자신은 응문 밖까지 나와 영접하고 절했다. 그러자 왕이 답배한 후 신라 국왕은 왼쪽으로, 왕은 오른쪽으로 계단을 오르면서 서로 양보하는 예의를 표시하면서 전각에 올랐다. 왕건이 호종한 신하들에게 명하여 신라왕에게 절을 하게 하였는데 정성과 예의가 매우 깍듯했다. 임해 전에서 잔치를 벌였는데 술기운이 오르자 신라국왕이 말하기를, “우리나라는 하늘의 버림을 받아 견훤에게 유린을 당했으니 이 원통함을 어찌 하오리까”라고 하며 한없이 눈물을 흘렸다. 좌우의 사람들도 목 메어 울지 않는 이가 없었고 왕도 또한 눈물을 흘리면서 위로하였다. 5월 정축일에 왕이 신라왕과 태후 및 죽방부인, 상국 김유렴과 잡간 예문 및 파진찬 책궁과 윤유 및 한찬 책직·혼직·의경·양여·관봉·함의·희길 등에게 물품을 차등있게 주었다. 계미일에 왕이 돌아올 때 신라왕이 혈성까지 나와 배웅하고 김유렴을 인질로 따라 보냈다. 도성의 남녀들이 감읍하면서 말하기를, “옛날에 견훤이 왔을 때에는 승냥이나 범을 만난 것 같더니, 지금 왕공이 오시니 마치 부모를 뵙는 듯합니다”라고 하면서 기뻐하였다. 8월 계축일에 보윤인 선규 등을 보내어 신라왕에게는 안장을 갖춘 말과 능라 및 채색비단을 선사하고, 아울러 백관들에게는 채색 명주를, 군사와 백성들에게는 차와 복두를, 승려들에게는 차와 향을 각각 차등있게 주었다.[68]

(48) 2월 정유일에 신라왕이 태수 겸용을 보내 귀순할 뜻을 알렸다. (중략)[69]

---

68) 『고려사』권2,「세가」2, 태조 2의 14년조에는, “十四年 春二月丁酉 新羅王 遣太守 謙用 復請相見 亥辛 王如新羅 以五十餘騎 至畿內 先遣將軍善弼 問起居 羅王命百官 迎于郊 堂弟相國金裕廉等 迎于城門外 羅王出應門外迎 拜王答拜 羅王由左 王由右揖 讓升殿 命扈從諸臣 拜羅王情禮備 至宴臨海殿酒酣 羅王曰 小國不天 爲甄萱椓喪 何痛 如之 泫然泣下 左右莫不嗚咽 王亦流涕慰藉之 夏五月丁丑 王遣羅王太后竹房夫人 與 相國裕廉匝干 禮文波珍湌 策宮尹儒韓粲 策直昕直義卿讓餘寬封含宜熙吉等 物有差 癸未王還 羅王送至穴城 以裕廉爲質而從 都人士女 感泣相慶曰 昔甄氏之來也如逢豺 虎 今王公之來 如見父母 秋八月癸丑 遺甫尹善規等 遺羅王 鞍馬綾羅綵錦 幷賜百官綵 帛 軍民茶幞頭 僧尼茶香有差”라고 하였다.

위에 제시한 자료 (47)과 (48)에 의하면, 이 당시에 고려 태조 왕건이 신라의 왕도인 경주를 방문해서 김부대왕을 만났음을 알 수 있다. 그런데 (47)에서는 김부대왕이 태수 겸용을 보내서, 태조 왕건을 만나기를 요청한 것으로 되어 있다. 하지만 (48)에서는 이때 김부대왕이 태조 왕건에게 귀순할 뜻을 알린 것으로 서술하고 있다. 전반적인 분위기로 볼 때, 이 시기에 김부대왕이 태조 왕건에게 고려로의 귀순 의사를 밝히지는 않았다고 보여진다. 하지만 신라가 고려의 영향력 속에 들어간 상황이 (48)에서는 귀순 의사를 밝힌 것처럼 서술되었다고 보여진다. 아무튼 이 시기에 이르면, 신라가 고려와 대등한 관계에 있지는 않았다고 봐도 무방하지 않을까 생각된다. 이처럼 김부대왕이 재위하고 있던 시기에 신라의 상황은 회복하기 어려운 상황으로 흘러가고 있었다고 생각된다. 이러한 상황은 아래 자료를 통해서도 살펴볼 수 있다.

(49) (김부대왕) 6년 정월에 지진이 일어났다. 4월에 사신 집사시랑 김불과 부사 사빈경 이유를 후당에 보내 조공하였다.[70]

(50)-① 3월에 후당에서 태복경 왕경과 태부소경 양소업을 보내와 왕을 책립하여 특진 검교태보사 지절현도주도독 상주국 충대의군사로 삼고 이어 고려국왕으로 봉했으며, 일력 은그릇 피륙을 보냈으며, 조서로써 왕비 유씨를 하동군부인으로 책봉하였다. 또 삼군의 장수와 이졸에게 조서를 내려 왕을 책봉한다는 뜻을 효유하였다. 드디어 역사를 반포하고 비로소 후당의 연호를 시행하였다.

---

69) 『고려사절요』 권1, 태조 14년조에는, "春二月丁酉 新羅王 遣太守謙用 來告歸順 (중략)"이라고 하였다. (중략)의 내용은 대체로 위에 제시한 『고려사』 권2, 「세가」 2, 태조 2의 14년조와 비슷하게 서술되어 있다.

70) 『삼국사기』 권12, 「신라본기」 12, 경순왕 6년조에는, "春正月 地震 夏四月 遣使執事侍郎金昢 副使司賓卿李儒 入唐朝貢"이라고 하였다.

(50)-② 5월에 정남대장군 유금필이 의성부를 지키고 있었는데 왕이 사자
를 보내 이르기를, "나는 신라가 후백제에게 침략당할까 염려하여
일찍이 장수를 보내 지키게 하였는데, 지금 후백제가 혜산성과 아불
진 등을 위협하면서 약탈한다고 하니 만약 신라의 서울까지 침공하
거든 경이 마땅히 가서 구원하라"고 하였다. 유금필이 드디어 장사
80명을 뽑아 달려갔다. 사탄에 이르러 군사들에게 말하기를, "만약
이곳에서 적을 만난다면 나는 결코 살아서 돌아갈 수 없을 것이다.
다만 너희들이 함께 적의 칼날에 죽을까 염려되니 각자가 살아갈 계
책을 세우라"라고 하였다. 사졸들이 말하기를, "우리들이 모두 죽었
으면 죽었지 어찌 장군만 살아서 돌아가지 못하게 하겠습니까"라고
하면서 서로 힘을 다하여 적을 치기로 맹세하였다. 이에 사탄을 건너
자 후백제의 통군 신검 등을 만났는데, 후백제의 군사가 유금필의 군
사들이 날래고 용맹스러움을 보고 싸우지도 않고 저절로 무너졌다.
유금필이 신라에 이르니 늙은이나 어린이나 할 것 없이 성 밖에 나와
서 맞이하여 절하고 울면서 말하기를, "오늘날에 대광을 뵈올 줄은
생각지도 못했습니다. 대광이 아니었다면 우리는 모두 죽임을 당했
을 것입니다"라고 하였다. 유금필이 그 곳에 머무른 지 7일 만에 돌
아오다가 신검을 자도에서 만나 싸워서 크게 이겨 그 장수 7명을 사
로잡고, 매우 많은 수를 죽이거나 사로잡았다.[71]

71) 『고려사절요』 권1, 태조 16년조에는, "春三月 唐遣大僕卿王瓊 大府少卿楊昭業來 册
王爲特進 檢校太保 使持節玄菟州都督 上柱國 充大義軍使 仍封高麗國王 賜曆日 銀器
匹段 詔封妃柳氏 爲河東郡夫人 又詔三軍將吏 諭以册王之意 遂頒曆 始行唐年號 夏五
月 征南大將軍庚黔弼 守義城府 王遣使謂曰 予慮新羅 爲百濟所侵 嘗遣將鎭之 今聞百
濟 劫掠槽山城 阿弗鎭等處 如或侵及新羅國都 卿宜往救 黔弼遂選 壯士八十人赴之 至
槎灘 謂士卒曰 若於此遇賊 吾必不得生還 但慮汝等同罹鋒刃 其各善自爲計 士卒曰 吾
輩盡死則已 豈可使將軍 獨不生還乎 因相與誓以戮力擊賊 既涉灘 而遇百濟統軍神劍
等百濟軍 見黔弼部伍精銳 不戰自潰 黔弼 至新羅老幼 出城迎拜 泣曰 不圖今日 得見大
匡 微大匡吾其爲魚肉乎 黔弼留七日而還 遇神劍於子道大克 檎其將七人 殺獲甚多"라
고 하였다.

김부대왕 연구

위에 제시한 자료 (49)에 보이듯이, 김부대왕은 중국의 후당에 사신을 보내면서 신라왕조가 건재하고 있음을 알렸다. 하지만 (50)-①에 의하면, 이 당시 후당은 고려에 사신을 보내고 있다. 이렇게 본다면, 중국에서도 한반도의 주도권을 고려의 태조 왕건이 잡고 있었던 것으로 파악하였음을 알 수 있다. 또한 (50)-②에 의하면, 고려의 정남대장군 유금필이 의성지역에 주둔하고 있었음을 알 수 있다. 유금필은 이 당시 신라 왕도로 쳐들어오던 후백제 신검의 군대를 궤멸시키면서 신라의 왕도까지 진출하고 있음이 주목된다. 사료에서는 유금필의 군사적인 행동을 좋은 측면에서 부각시키고 있다. 하지만 반대로 생각해보면, 고려의 군대가 마음만 먹으면 언제든지 신라의 왕도를 장악할 수 있음을 보여주는 것이기도 하였다. 이런 상황에서 후삼국의 주도권은 점차 태조 왕건에게 넘어가기 시작하였다. 이러한 상황은 아래의 자료를 통해서도 알 수 있다.

(51) 9월 정사일에 노인성이 나타났다. 왕건이 친히 군사를 거느리고 운주를 정벌하였다. 견훤이 이 소식을 듣고 갑사 5천 명을 뽑아 이르러 말하기를, "양편의 군사가 서로 싸우니 형세가 양편이 다 보전하지 못하겠소. 무지한 병졸이 살상을 많이 당할까 염려되니 마땅히 화친을 맺어 각기 국경을 보전합시다"라고 하였다. 왕이 여러 장수를 모아 의논하니 우장군 유금필이 아뢰기를, "오늘날의 형세는 싸우지 않을 수 없으니 임금께서는 신들이 적군을 무찌르는 것만 보시고 근심하지 마소서"라고 하였다. 저편에서 미처 진을 치기 전에 강한 기병 수천명을 거느리고 돌격하여 3천여 명을 목베고, 술사 종훈과 의사 훈겸과 용맹한 장수 상달과 최필을 사로잡으니 웅진 이북의 30여 성이 소문을 듣고 스스로 항복하였다.[72]

위에 제시한 자료 (51)을 통해 알 수 있듯이, 김부대왕이 신라의 마지막 왕으로 재위한 8년째에 이르면 후삼국의 전반적인 주도권은 태조 왕건에게 넘어갔음을 알 수 있다. 그런 속에서 후백제는 내부에서 권력쟁탈전이 일어나게 되었다. 이러한 사실은 아래의 자료가 참고된다.

(52) 견훤은 아내를 많이 취하여 아들 10여 사람이 있었는데 넷째 아들 금강이 키가 크고 지략이 많아 견훤이 특별히 사랑해 그에게 왕위를 전해주려고 하였다. 이에 그의 형 신검, 양검, 용검 등이 알고서 걱정과 번민을 하였다. 당시 양검은 강주도독, 용검은 무주도독으로 나가 있었고, 신검만이 왕의 옆에 있었다. 이찬 능환이 사람을 강주와 무주에 보내 양검 등과 더불어 몰래 모의하였다. 청태 2년 3월에 이르러 파진찬 신덕과 영순 등이 신검에게 권하여 견훤을 금산사에 유폐시키고 사람을 보내 금강을 살해하였다. 신검이 대왕을 자칭하면서, 국내에 대사면령을 내리고 교서를 반포하였다. (중략) 견훤이 금산에 있은 지 3개월만인 6월에 막내아들 능예, 딸 애복, 총애하는 첩 고비 등과 더불어 금성(필자주; 지금 전라남도 나주를 말한다)으로 도주하여 사람을 시켜 태조에게 만나기를 청하니 태조가 기뻐하여 장군 유금필, 왕만세 등을 보내 수로를 거쳐가서 위로하고 도착함에 이르러 두터운 예로서 대접하였다. 견훤이 10년 연장자라 하여 그를 높여 상보로 삼고 남쪽 궁궐을 주어 유숙하게 하였다. 지위는 백관의 최상위로 하였다. 양주를 식읍으로 주고 겸하여 금과 비단, 장식품, 노비 각각 40구, 내구마 10필을 주었다.[73]

---

72) 『고려사절요』권1, 태조 17년조에는, "秋九月丁巳 老人星見 王自將征運州 甄萱聞之 簡甲士五千至日 兩軍相鬪 勢不俱全 恐無知之卒 多被殺傷 宜結和親 各保封境 王會諸將議之 右將軍庾黔弼曰 今日之勢 不容不戰 願王觀臣等破敵勿憂也 及彼未陣 以勁騎數千突擊之 斬獲三千餘級 擒術士宗訓 醫師訓謙 勇將尙達崔弼 熊津以北 三十餘城 聞風自降"이라고 하였다.

73) 『삼국사기』권50, 「열전」10, 견훤조에서는, "甄萱多娶妻 有子十餘人 第四子金剛 身長而多智 萱特愛之 意欲傳其位 其兄神劍良劍龍劍等知之 憂悶 時良劍爲康州都督 龍劍爲武州都督 獨神劍在側 伊湌能奐 使人往康武二州 與良劍等陰謀 至淸泰二年春三月 與波珍湌新德英順等 勸神劍 幽萱於金山佛宇 遣人殺金剛 神劍自稱大王 大赦境內 其敎書曰 (중략) 萱在金山三朔 六月 與季男能乂 女子哀福 嬖妾姑比等 逃奔錦城 遣人

김부대왕 연구

(53) 처음에 견훤이 아직 잠자리에서 일어나기 전에 멀리 대궐 뜰에서 고함치는 소리가 들리므로, 이게 무슨 소리냐고 묻자 신검이 아버지에게 아뢰기를, "왕께서는 늙으시어 군국의 정사에 어두우시므로 장자 신검이 부왕의 자리를 대신하게 되었다고 해서 여러 장수들이 기뻐하는 소리입니다"라고 하였다. 조금 후에 아버지를 금산의 불당으로 옮기고 파달 등 30여 명의 장사를 시켜서 지키게 하였다.[74]

(54) 3월에 견훤의 아들 신검이 그 아버지를 금산불우에 가두고, 그 아우 금강을 죽였다. (중략) 4월에 왕건이 여러 장수들에게 이르기를, "나주의 40여 군이 우리의 울타리가 되어 오랫동안 풍화에 복종하고 있었는데, 요사이 후백제의 침략을 당하여 6년 동안이나 바닷길이 통하지 않았으니 누가 능히 나를 위하여 이곳을 진무하겠는가?"라고 하니 공경대신들이 유금필을 천거하였다. 왕이 이르기를, "나 역시 그를 생각해 보았다. 그러나 요사이 신라로 가는 길이 막혔던 것을 유금필이 가서 이를 통하게 하였으니 그의 노고를 생각하면 다시 명령하기가 어렵다"고 하였다. 유금필이 아뢰기를, "신이 비록 나이 들어 이미 노쇠하나 이것은 국가의 큰일이니 감히 힘을 다하지 않겠습니까"라고 하였다. 왕이 기뻐서 눈물을 흘리며 이르기를, "경이 만약 명을 받든다면 어찌 이보다 더한 기쁨이 있겠소"라고 하였다. (중략) 6월에 견훤이 막내아들 능예와 나인 애복, 사랑하는 첩 고비 등과 함께 나주로 도망나와 고려에 조회하겠다고 청하므로 장군 유금필과 대광 왕만세, 원보 향예와 오담 능선 충질 등을 보내 바닷길로 그들을 맞이하였다. 견훤이 이르자 다시 견훤을 상보라 하고, 남궁을 사관으로 주었으며, 자리는 백관의 위에 두었다.[75]

請見於太祖 太祖喜 遣將軍黔弼萬歲等 由水路勞來之 及至待以厚禮 以萱十年之長 尊爲尙父 授館以南宮 位在百官之上 賜楊州爲食邑 兼賜金帛繁縟 奴婢各四十口 內廐馬十匹"이라고 하였다.

74) 『삼국유사』권2, 「기이」 2, 후백제 견훤조에는, "初萱寢未起 遙聞宮庭呼喊聲 問是何聲歟 告父曰 王年老暗於軍國政要 長子神劍攝父王位 而諸將歡賀聲也 伐移父於金山佛宇 以巴達等壯士三十人守之"라고 하였다.

Ⅰ. 김부대왕의 생애

위에 제시한 자료 (52)와 (53) 및 (54)에 의하면, 이 무렵에 후백제의 견훤이 자신의 아들인 신검에게 쫓겨나서 고려로 투항하고 있음을 알 수 있다. 그동안 신라 왕조는 후백제의 견훤세력과 고려 태조 왕건의 대립 속에서 나름대로 왕조를 지탱할 수 있었지만, 이제 후백제의 견훤이 고려로 투항한 현실에서 더 이상 왕조를 지탱하기 힘들었다고 생각된다. 이런 속에서 신라의 마지막 왕인 김부대왕이 선택할 수 있는 대안은 그렇게 많지 않았다고 생각된다. 김부대왕은 13세의 어린 나이에 신라의 마지막 왕으로 즉위해서 8년 동안 나름대로 신라왕조를 지탱하려고 노력하였다. 하지만 견훤이 고려로 투항하게 되면서, 김부대왕은 더 이상의 노력을 포기할 수 밖에 없었다고 보여진다.

이런 상황에서 김부대왕은 고려의 태조 왕건에게 귀부할 수밖에 없었다. 다음 장에서는 김부대왕이 어떤 배경에서 고려 태조에게 귀부하였는지를 좀더 구체적으로 살펴보도록 하겠다.

5. 김부대왕의 고려로의 귀부 배경

앞에서 살펴 보았듯이 김부대왕은 13세의 어린 나이에 견훤에

---

75) 『고려사절요』 권1, 태조 18년조에는, "春三月 甄萱子神劍 幽其父於金山佛宇 殺其弟金剛 (중략) 夏四月 王謂諸將曰 羅州四十餘郡 爲我藩籬 久服風化 近爲百濟劫掠 六年之間 海路不通 誰能爲我撫之 公卿薦庾黔弼 王曰 予亦思之 然近者 新羅路梗 黔弼往通之 想念其勞 難以再命 黔弼奏曰 臣雖年齒已衰 然是國家大事 敢不竭力 (중략) 黔弼往羅州 經略而還 又幸禮成江 迎勞之 六月 甄萱與季男能乂 女子哀福 嬖妾姑比等 奔羅州 請入朝 遣將軍庾黔弼 大匡萬歲 元甫香乂 吳淡 能宣 忠質等 由海路迎之 及至 復稱萱爲尙父 授館南宮 位在百官之上"이라고 하였다.

의해 신라의 마지막 왕으로 즉위하였다. 이후 신라를 자신의 영향력 아래에 두려는 견훤과 왕건의 싸움은 더욱더 치열해졌다. 이러한 과정에서 고창군 전투가 일어났다. 이 전쟁에서 왕건이 크게 승리하였고, 아들에게 쫓겨난 견훤이 왕건에게 투항하는 일이 연이어 발생하였다. 이런 속에서 김부대왕은 군신회의를 거치면서 고려로의 귀부를 결정하였다. 이러한 사정은 아래의 기록이 참고된다.

(55) 경순왕 9년 10월에 왕은 사방의 토지가 모두 다른 사람의 차지가 되었고 나라는 약하고 형세는 외롭게 되어 자력으로는 안정시킬 수 없다고 여겨, 여러 신하들과 더불어 도모하여 땅을 들어 태조에게 항복하려고 하였다. 여러 신하들이 의논하기를 어떤 사람은 그렇게 하는 것이 좋다 하였고 어떤 이는 그렇게 해서는 안된다고 하였다. 왕자가 말하기를, "나라가 존속하고 망함에는 반드시 하늘의 명命이 있습니다. 단지 충성스러운 신하와 의로운 선비들과 더불어 합심하여 백성의 마음을 한데 모아 스스로 지키다가 힘이 다 한 이후에 그만둘 일이지, 어찌 천년 사직을 하루 아침에 가볍게 남에게 줄 수 있겠습니까?"라고 하였다. 그러자 왕이 말하기를, "외롭고 위태로움이 이와 같으니 형세를 보전할 수가 없다. 이미 강해질 수도 없고 더 약해질 것도 없으니 죄없는 백성으로 하여금 간肝과 뇌腦를 땅에 바르도록 하는 것은 내가 차마 할 수 없는 일이다"라고 하였다. 이에 시랑侍郎 김봉휴로 하여금 서신을 가지고 가서 태조에게 항복을 청하게 하였다. 왕자는 울면서 왕에게 하직하고 떠나 곧바로 개골산皆骨山(금강산의 다른 이름)에 들어가 바위에 의지하여 집을 삼고 삼베옷을 입고 풀을 먹으며 살다가 일생을 마쳤다.

11월에 태조가 왕의 글을 받고 대상大相 왕철王鐵 등을 보내 그를 맞이하게 하였다. 왕은 백관을 이끌고 서울에서 출발하여 태조에게 귀순하였다. 아름다운 수레와 보배로 장식한 말들이 30여 리에 이어져 뻗쳐 길을 꽉 메웠으며 구경하는 사람들은 담을 두른 듯하였다. 태조가 교외에 나가 맞이하여 위로하고 궁궐 동쪽의 가장 좋은 집 한 채를 내려 주었으며 맏딸 낙랑공주를[76] 아내로 삼게 하였다. 12월에 (김부대왕을) 정승공으로 봉하고 지위를 태자보다 위에 있게 했으며,

봉록俸祿 1천섬을 주었다. 시종한 관원과 장수들도 모두 등용해 썼고 신라를 경주로 고쳐 김부대왕의 식읍으로 삼았다.

처음에 신라가 항복하자 태조가 매우 기뻐하여 두터운 예로써 대우하고 사람을 시켜 고하였다. "지금 김부대왕께서 나라를 나에게 주었으니 이는 큰 것을 주신 것입니다. 바라건대 [김부대왕의] 종실과 혼인을 맺어 장인과 사위의 우호를 영원히 누렸으면 합니다"라고 하였다. (김부대왕이) 대답하기를, "나의 큰아버지 잡간迊干(신라 17관등 가운데 세 번째 관등, 소판이라고도 함) 억렴億廉은 지대야군사知大耶郡事인데, 그의 딸은 덕과 용모 또한 모두 뛰어났으니 이 사람이 아니면 집안 살림을 갖출 수가 없을 것입니다"라고 하였다.

태조가 마침내 그를 아내로 삼아 아들을 낳으니 이가 현종顯宗(고려 제8대 임금, 1010~1031년 재위)의 아버지로, (후에) 안종으로 추봉되었다.[77]

(56) 청태 2년인 을미년 10월에 사방 땅이 모두 남의 나라 소유가 되고 나라는 약하고 형세는 고립되어 스스로 지탱할 수가 없으므로 여러 신

---

76) 신란궁부인(神鸞宮夫人)이라고도 하였는데, 혼인 전에는 안정숙의공주(安貞淑義公主)라고 불렀다. 어머니는 충주지방의 호족인 긍달(兢達)의 딸 신명태후(神明太后) 유씨이다. 태조에게는 9명의 공주가 있었는데 그 가운데 낙랑공주와 성무부인(聖茂夫人) 박씨 소생의 공주가 김부와 혼인하였다.
경순왕은 모두 8남 3녀를 두었는데, 낙랑공주와의 사이에서는 5남 2녀를 두었다고 한다(조범환, 「혼이 되어서도 경주로 돌아가지 못하다; 천년왕국 신라의 마지막 왕, 경순왕」 『왕조의 마지막 풍경』, 사람으로 읽는 한국사 기획위원회, 동녘, 2008, p.131).

77) 『삼국사기』 권12, 「신라본기」 12, 경순왕 9년조에는, "冬十月 王以四方土地盡爲他有 國弱勢孤 不能自安 乃與群下謀 擧土降太祖 群臣之議 或以爲可 或以爲不可 王子曰 國之存亡 必有天命 只合與忠臣義士 收合民心 自固力盡而後已 豈宜以一千年社稷 一旦輕以與人 王曰 孤危若此 勢不能全 旣不能强 又不能弱 至使無辜之民 肝腦塗地 吾所不能忍也 乃使侍郎金封休賷書 請降於太祖 王子哭泣辭王 徑歸皆骨山 倚巖爲室 麻衣草食 以終其身 十一月 太祖受王書 送太相王鐵等迎之 王率百僚 發自王都 歸于太祖 香車寶馬 連亘三十餘里 道路塡咽 觀者如堵 太祖出郊迎勞 賜宮東甲第一區 以長女樂浪公主妻之 十二月 封爲正丞公 位在太子之上 給祿一千石 侍從員將 皆錄用之 改新羅爲慶州 以爲公之食邑 初新羅之降也 太祖喜甚 旣待之以厚禮 使告曰 今王以國與寡人 其爲賜大矣 願結婚於宗室 以永甥舅之好 王曰 我伯父億廉匝干 知大耶郡事 其女子德容雙美 非是無以備內政 太祖遂取之生子 是顯宗之考 追封爲安宗"이라고 하였다.

하들과 함께 국토를 들어 고려 태조에게 항복할 것을 의논하였다. 그러나 여러 신하들의 의논이 분분하여 끝나지 않자 왕태자가 말하기를, "나라의 존망은 반드시 하늘의 명에 있는 것이니 마땅히 충신 의사들과 함께 민심을 수습해서 힘이 다한 뒤에야 그만둘 일이지 어찌 천년의 사직을 경솔하게 남에게 내주겠습니까"라고 하였다. 왕이 말하기를, "외롭고 위태롭기가 이와 같으니 형세는 보전될 수 없다. 이미 강해질 수도 없고 또 약해질 수도 없으니 죄없는 백성들로 하여금 간肝과 뇌腦를 땅에 바르도록 하는 것은 내가 차마 할 수 없는 일이다"라고 하였다.

이에 시랑 김봉휴를 시켜 국서를 가지고 태조에게 가서 항복하기를 청하였다. 그러나 태자는 울면서 왕을 하직하고 바로 개골산으로 들어가서 삼베옷을 입고 풀을 먹다가 세상을 마쳤다. 그의 막내 아들은 머리를 깎고 화엄종에 들어가 중이 되어 승명을 범공이라고 했는데, 그 뒤로 법수사와 해인사에 있었다고 한다.

태조는 신라의 국서를 받자 태상 왕철을 보내 맞게 하였다. 김부대왕이 여러 신하들을 거느리고 우리 태조에게 귀의하니, 향거보마가 30여 리에 이르고, 길은 사람으로 꽉 차고, 구경꾼들이 담과 같이 늘어섰다. 태조는 교외에 나가서 영접하여 위로하고 대궐 동쪽의 한 구역[지금의 정승원]을 주고, 장녀 낙랑공주를 김부대왕의 아내로 삼게 하였다. 왕이 자기 나라를 작별하고 남의 나라에 와서 살았다고 해서 이를 난새에 비유하여 신란공주로 칭호를 고치고, 시호를 효목이라고 하였다.

김부대왕을 봉해서 정승을 삼으니 자리는 태자의 위이며 늑봉 1천 석을 주었다. 시종과 관원 장수들도 모두 채용해서 쓰도록 했으며, 신라를 고쳐 경주라고 하여 이를 김부대왕의 식읍으로 삼았다.

처음에 김부대왕이 국토를 바치고 항복해오자 태조는 무척 기뻐하여 후한 예로 김부대왕을 대접하고 사람을 시켜 말하기를, "이제 김부대왕이 내게 나라를 주시니 주시는 것이 매우 큽니다. 청컨대 김부대왕의 종실과 혼인을 해서 장인과 사위의 좋은 의를 같이 하고 싶습니다"라고 하였다. 김부대왕이 대답하기를, "우리 백부 억렴[김부대왕의 아버지 효종각간은 추봉된 신흥대왕으로 (억렴의) 아우이다]에게 딸이 있는데, 덕행과 용모가 모두 아름답습니다. 이 사람이 아니고

는 내정을 맡을 사람이 없습니다"라고 하였다. 태조가 그에게 장가드
니, 이가 신성왕후 김씨이다.[78]

위에 제시한 자료 (55)와 (56)에서 알 수 있듯이, 신라의 김부대
왕은 군신회의를 통해 고려로의 귀부를 결정하였다. 이때 왕자 또
는 왕태자는 결사항전을 주장하였지만, 김부대왕은 백성들의 생명
과 재산을 소홀히 할 수 없다고 하면서 고려로의 귀부를 최종적으
로 결정하였다. 이때 김부대왕의 나이는 21세였다.

앞에서 살펴 보았듯이, 김부대왕은 13세의 어린 나이에 신라의
마지막 왕으로 즉위하였다. 이때 김부대왕은 즉위하면서 신덕왕-
경명왕-경애왕으로 이어지는 박씨 왕실 출신의 죽방부인과 혼인하
였을 것으로 보았다. 그렇다면 이 당시 결사항전을 주장했던 왕자
또는 왕태자의 나이는 아무리 많아도 8세를 넘기기는 어려웠을 것
으로 보인다. 또한 해인사와 법수사로 출가하여 범공이라는 스님이
된 아들은 더 나이가 어렸을 것이다.

한편 고려 태조 왕건은 21세의 김부대왕을 매우 우대하여, 당시

---

78) 『삼국유사』 권2, 「기이」 2, 김부대왕조에는, "淸泰二年乙未十月 以四方土地盡爲他
有 國弱勢孤 不能自安 乃與群下謀 擧土降太祖 群臣可否 紛然不已 王太子曰 國之存
亡 必有天命 當與忠臣義士 收合民心 力盡而後已 豈可以一千年之社稷 輕以與人 王曰
孤危若此 勢不能全 旣不能强 又不能弱 至使無辜之民 肝腦塗地 吾所不能忍也 乃使侍
郎金封休齎書 請降於太祖 太子哭泣辭王 徑往皆骨山 麻衣草食 以終其身 季子祝髮 隷
華嚴 爲浮圖 名梵空 後住法水海印寺云 太祖受書 送太相王鐵迎之 王率百僚 歸我太祖
香車寶馬 連亘三十餘里 道路塡咽 觀者如堵 太祖出郊迎勞 賜宮東一區[今正承院] 以長
女樂浪公主 妻之 以王謝自國居他國故 以鸞喩之 改號神鸞公主 諡孝穆 封爲正承 位在
太子之上 給祿一千石 侍從員將 皆錄用之 改新羅爲慶州 以爲公之食邑 初王納土來降
太祖喜甚 待之厚禮 使告曰 今王以國與寡人 其爲賜大矣 願結婚於宗室 以永甥舅之好
王答曰 我伯父億廉[王之考 孝宗角干 追封神興大王之弟也] 有女子 德容雙美 非是無以
備內政 太祖娶之 是爲神成王后金氏"라고 하였다.

24세의 나이로 정윤의 자리에 있던 무武(후일 혜종으로 즉위)보다 관직이 위에 있도록 배려하였다. 또한 왕건은 9명의 딸 가운데 장녀인 낙랑공주를[79] 김부대왕과 결혼시켰다. 이 당시 낙랑공주는[80] 정윤인 무보다는 어렸지만 그의 친동생인 요堯(후일 정종으로 즉위)나 소昭(후일 광종으로 즉위) 보다는 나이가 많았다. 그렇다면 대체로 15~16세 정도로 추측할 수 있다. 이러한 추측이 타당하다면 김부대왕과 낙랑공주는 대체로 5~6년 정도의 나이 차이가 있었을 것으로 추측할 수 있다.[81]

앞에서 김부대왕은 13세의 나이에 죽방부인 박씨와 결혼해서, 왕태자와 막내 아들을 두었다는 사실을 지적하였다.[82] 그럼에도 불

---

79) 낙랑공주는 고려 태조의 9명의 딸 가운데 장녀로써, 신라 마지막 왕이었던 김부대왕의 부인이다. 『고려사』 권2, 「세가」 2, 태조 18년(935)조에는, "계축일에 왕이 정전에 나와서 백관을 모아 놓고 의례를 갖추어 왕의 장녀인 낙랑공주를 신라왕에게 시집보냈다; 癸丑 御正殿會百官備禮 以長女樂浪公主歸于羅王"이라고 하는 사실이 전하고 있다.

80) 『고려사』 권91, 「열전」 4, 태조공주조에는, "안정숙의공주는 신명왕태흐 유씨의 소생이니 신라 왕 김부가 고려에 투항하였으므로 공주를 그에게 시집보내고 낙랑공주라고 불렀으며 또 신란궁부인이라고도 불렀다; 安貞淑儀公主 神明王太后 劉氏所生 新羅王金傅入朝 以公主歸之 稱樂浪公主 一云神鸞宮夫人"이라고 하였음이 전하고 있다. 위의 기록을 통해 볼 때, 낙랑공주는 고려 태조의 장녀이고, 어머니는 신명왕태후 유씨이며 안정숙의공주라 불렀음을 알 수 있다. 뒤에 신라 김부대왕과 혼인한 뒤에는 신란궁부인이라고도 불렀음을 알 수 있다.
한편 『고려사』 권91, 「열전」 4, 태조공주조에 의하면, 낙랑공주 외에도 이름이 전하지 않는 성무부인(聖茂夫人) 박씨(朴氏) 소생의 공주도 경순왕과 혼인하였다고 전하고 있다. 고려 왕실에서 공주가 타성(他姓)과 혼인한 예는 극히 드문데, 김부대왕에게는 두 명이나 시집을 갔던 것이다.

81) 고려시대 여성의 결혼 연령은 최고 25세 최저 11세로 나타나며, 전시기에 걸친 평균 연령은 16.3세라고 한다. 그리고 부부의 나이 차이는 평균 4.4세였다그 한다(김영미, 「고려 여성들의 불교 신앙과 수행」 『고려 시대의 일상 문화』, 이화여자대학교출판부, 2009, pp.173~174).

구하고 이 때에 김부대왕은 태조 왕건의 장녀인 낙랑공주와 다시 결혼을 하고 있다. 이러한 부분은 어떻게 이해할 수 있을까. 저자의 막연한 추측으로는 김부대왕이 고려로 귀부할 때, 죽방부인 박씨와 왕태자 및 막내 아들은 고려왕조로 귀부하지 않았다고 보여진다. 그런 속에서 김부대왕과 태조 왕건의 장녀인 낙랑공주가 결혼할 수 있었다고 생각된다. 김부대왕이 고려왕조로 귀부할 때, 이에 찬성하지 않고 개골산으로 들어가 평생을 마친 왕태자 또는 출가하여 해인사와 법수사의 범공 스님으로 살았던 막내 아들이 있었던 것처럼, 김부대왕의 고려 귀부에 찬성하지 않고 경주에 머물렀던 세력도 충분히 있었을 것이다. 이와 관련해서는 아래의 자료가 참고된다.

(57) 신라가 이미 땅을 바쳐 나라가 없어지자 아간 신회는 외직을 내놓고 돌아왔는데 도성이 황폐한 것을 보고 서리리의 탄식을 하면서 이에 노래를 지었으나, 그 노래는 없어져서 알 수가 없다.[83]

김부대왕이 군신회의를 통해 고려로의 귀부를 결정했지만, 이에 반대하는 세력도 충분히 있었을 것이다. 이런 분위기에서 고려 태조 왕건은 김부대왕과 자신의 두 딸을 결혼시켰다. 이러한 사실은

---

82) 기존의 연구에서는 김부대왕의 생몰연대를 정확하게 밝혀내지 못하였다. 단지 927년에 왕위에 오른 이후 무려 51년 동안 생존했다는 사실, 935년 고려로 귀부하기 전에 가진 군신회의에서 그의 아들이 이에 반대하는 의견을 내세울 정도로 장성했던 점 등을 근거로 김부대왕은 대체로 80~90세 정도로 장수했던 것으로 막연하게 추측하였다(조범환, 앞의 글, 2008, p.140).

83) 『삼국유사』 권2, 「기이」 2, 김부대왕조에는, "新羅旣納土國除 阿干神會 罷外署還 見都城離潰 有黍離離嘆 乃作歌 歌亡未詳"이라고 하였다. 위의 사건이 있었던 정확한 시기는 확실하지 않다. 대체로 936년 이후에 있었던 일로 볼 수 있다.

그만큼 고려의 태조 왕건이 신라 세력을 포용하는데 공을 들였음을 알 수 있다. 김부대왕은 본인의 의지와 무관하게 견훤에 의해 13세의 어린 나이에 신라의 마지막 왕으로 즉위하였다. 이후 김부대왕은 신라의 천년 왕조를 유지시키려는 노력을 다각적으로 펼쳤지만, 더 이상 버티기 힘든 상황으로 정치정세는 흘러갔다.

이에 김부대왕은 21세의 나이에 군신회의를 개최하면서 고려로의 귀부를 결정하였다. 물론 일부의 반대도 있었지만, 김부대왕의 고려 귀부는 독단적인 결정은 아니었다. 이렇게 본다면 김부대왕이 신라의 수도였던 경주에서 신라의 왕으로 재위한 기간은 8년 정도였다고 할 수 있다. 고려 태조 왕건에게 귀부한 이후에 김부대왕은 43년 정도를 고려 사람이라는 변화된 환경에서 새로운 삶을 살아가게 되었다. 다음 장에서는 고려로 귀부한 이후 김부대왕의 활동을 살펴보도록 하겠다.

6. 고려 귀부 이후 김부대왕의 활동

앞에서 살펴보았듯이, 김부대왕은 13세의 어린 나이에 신라의 마지막 왕으로 즉위하였다. 재위기간 동안 후백제의 견훤과 고려 태조 왕건이 대립하는 틈새에서 신라 왕조를 유지하기 위해 다방면으로 노력하였다. 태조 왕건을 신라의 왕도로 초빙하는가 하면 중국에 사신을 보내기도 하였다. 하지만 힘의 균형은 점차 태조 왕건에게 치우치게 되었다. 그런 속에서 후백제의 견훤마저 왕건에게 투항하는 현실에서 더 이상 버텨내지 못하고 고려로 귀부하였다. 이러한 김부대왕의 처신을 두고 부정적인 평가를 내릴 수도 있겠지만, 후삼국의 통일을 앞당겼다는 측면에서는 충분히 긍정적인 측면도 갖고 있었다. 지금부터는 고려로 귀부한 이후 김부대왕의 활동을 살펴보도록 하겠다.

1) 태조 왕건대 김부대왕의 활동

21세의 나이에 고려로 귀부한 김부대왕은 고려 태조와 중첩되는 혼인을 통해 더 끈끈한 연합을 이룰 수 있었다. 이후부터 64세까지는 고려 사람으로서의 새로운 인생을 살게 되었다. 그렇다면 고려 왕조에서 김부대왕은 어떤 활동을 하였는지를 살펴볼 필요가 있다고 생각된다. 우선 아래 자료가 참고된다.

(58) 천사옥대; 청태 4년 정유 5월에 정승 김부대왕이 금으로 새기고 옥으로 장식한 허리띠 하나를 바치니, 길이가 10위요 새겨 넣은 장식이 62개였다. 이것을 진평왕의 천사대라고 한다. 고려 태조는 이것을 받아서 내고內庫에 두었다.[84]

(59) 5월 계축일에 김부대왕이 금박을 새겨 넣고 옥으로 장식한 네모꼴 허리띠를 바쳤는데 길이가 열 발이고 대구가 62개였다. 신라는 이를 근 4백년간이나 보물로 간직해 왔는데 세상에서는 성제대聖帝帶라고 불렀다. 이를 받은 왕은 원윤 익훤에게 명하여 물장고에 보관하도록 하였다.[85]

---

84) 『삼국유사』 권1, 「기이」 2, 천사옥대조의 제목에 붙어 있는 세주에는, "天賜玉帶; 淸泰四年 丁酉五月 正承金傅 獻鐫金粧玉排方腰帶一條 長十圍 鐫銙六十二 曰是眞平王 天賜帶也 太祖受之 藏之內庫"라고 하였다.

85) 『고려사』 1 권2, 「세가」 2, 태조 20년조에는, "夏五月癸丑 金傅獻鐫金安玉排 方腰帶 長十圍 六十二銙 新羅寶藏 殆四百年 世傳聖帝帶 王受之命 元尹弋萱 藏于物藏"이라고 하였다.

936년에 후삼국을 통일한 고려 태조 왕건은 다음 해(937)에 김부대왕으로부터 천사옥대를 받아서 개경 황실내의 물장고에 보관하도록 하였다. 앞에서 살펴보았듯이, 태조 왕건은 신라 삼보에 깊은 관심을 갖고 있었다. 신라 삼보는 신라를 지켜주던 호국적인 의미가 강하였다. 이때에 이르러 태조 왕건은 김부대왕으로부터 진평왕의 천사옥대를 개경으로 옮기고 있다. 이를 통해 후삼국이 통일된 이후, 개경을 중심으로 사상적인 통합도 함께 이루어지고 있었음을 알 수 있다.

후삼국이 통일된 이후에 태조 왕건은 재위 23년 3월에 경주를 대도독부로 삼고 여러 주군의 명칭을 고치고 있다.[86] 이러한 개혁은 개경을 중심으로 새로운 왕조의 기틀을 제도적으로 완비하려는 의도로 볼 수 있다. 또한 이 시기에는 고려의 개국공신들의 다수가 삶을 마감하고 있다. 태조 21년(938)에는 벽진군 장군 이총언,[87] 22년(939)에는 좌승 공직,[88] 태조 24년(941)에는 유금필이 삶을 마감하였다.[89]

한편 태조 왕건은 재위 25년에 발해를 멸망시킨 거란과 외교관계를 단절하였으며,[90] 26년 4월에는 대광 박술희를 불러 훈요십조를 내렸다.[91] 후삼국이 통일된 이후 태조대에 김부대왕이 어떤 활

---

86) 『고려사절요』 1, 태조 23년조에는, "春三月 以慶州爲大都督府 改諸州郡號"라고 하였다.
87) 『고려사절요』 1, 태조 21년조에는, "秋七月 碧珍郡將軍 李恩言卒"이라고 하였다.
88) 『고려사』 2, 「세가」 2, 태조 22년조에는, "春三月戊辰 佐丞龔直卒"이라고 하였다. 공직에 대한 자세한 사실들은 『고려사절요』 1, 태조 22년조 기사를 참고하기 바란다.
89) 『고려사절요』 1, 태조 24년조에는, "夏四月 大匡庾黔弼卒"이라고 하였다.
90) 『고려사』 1 권2, 「세가」 2, 태조 25년조에는, "冬十月 契丹遣使 來遺槖駝五十匹 王以契丹 嘗與渤海連和 忽生疑貳 背盟殄滅 此甚無道 不足遠結 爲隣遂絶交 聘流其使三十人于海島 繫槖駝萬夫橋下 皆餓死"라고 하였다.

Ⅰ. 김부대왕의 생애

동을 하였는지를 구체적으로 전하는 기록은 잘 찾아지지 않는다. 대체로 김부대왕은 태조 왕건의 포용적인 후삼국 통일정책에 적극 동조하는 입장에 있었을 것으로 보인다. 다음 장에서는 혜종대 김부대왕은 어떤 정치적 입장에 있었을지를 추론해보도록 하겠다.

2) 혜종대 김부대왕의 활동

후삼국을 통일한 고려 태조 왕건은 재위 26년에 67세의 나이로 세상을 떠났다(943). 이에 태조의 장자인 정윤 무武가 32세의 나이에 혜종으로 즉위하였다. 혜종이 즉위하는 과정은 아래 자료를 통해 알 수 있다.

> (60) 4월에 왕이 내전으로 나가 대광 박술희를 부른 다음 친히 훈요를 내렸다. (중략) 5월에 왕은 병환이 나 정무를 중지했다. 정유일에 재신 염상·왕규·박수문 등이 곁에 모시고 앉아 있었는데 왕이 다음과 같이 말하였다. (중략) 안팎의 중요한 일들 중에서 오랫동안 결정짓지 못한 것은 경들이 태자 왕무와 함께 처결한 후 보고하도록 하라. 병오일에 병이 위독해지자 왕은 신덕전으로 가 학사 김악을 시켜 유조를 기초하게 했다. (중략) 유언에는, 내외의 모든 관료들은 다 태자의 명령을 따르라고 하였다.[92]

---

91) 『고려사』1 권2, 「세가」 2, 태조 26년조에는, "夏四月 御內殿 召大匡朴述希 親授訓要"라고 하였다.

92) 『고려사』1 권2, 「세가」 2, 태조 26년조에는, "夏四月 御內殿 召大匡朴述希 親授訓要 (중략) 五月王不豫 停聽斷 丁酉 宰臣廉相王規朴守文等侍坐 王曰 (중략) 內外機務 久不決者 卿等並與太子武 裁決而後聞 丙午疾 大漸御神德殿 命學士金岳 草遺詔 (중략) 遺命內外庶僚 並聽東宮處分"이라고 하였다.

(61) 왕규가 나와 왕의 유언을 선포하기를, "도성 안팎 여러 신료들은 모두 동궁의 처분을 따르라"라고 하였다. 이에 태자가 왕위에 올라 여러 신하들을 거느리고 통곡하였다.[93]

(62) 혜종인덕명효선현의공대왕은 이름이 왕무이고 자가 승건이며, 태조의 장남으로 어머니는 장화왕후 오씨이다. 후량 건화 2년 임신년(912)에 태어났다. 태조 4년(921) 정윤으로 책봉되고 종군하여 후백제를 토벌할 때 용맹을 떨치며 선봉에 섰으므로 일등공신이 되었다. 태조 26년 5월 병오일에 태조가 죽자 유명을 받들어 즉위했다. 6월 임신일에 태조를 현릉에 장사지냈다.[94]

(63) 혜종의공대왕; 이름은 무이고 자는 승건이니 태조의 맏아들이다. 어머니는 장화왕후 오씨이며, 후량 건화 2년 임신에 태어났다. 오씨가 일찍이 용이 품속에 들어오는 꿈을 꾸었는데, 얼마 안 가서 터조가 나주를 지키러 나갔을 때 오씨를 보고 사랑하여 드디어 아기를 갖게 되었다. 태어나 성장하면서 도량이 넓고 지혜와 용기가 뛰어나서 태조를 따라 후백제를 정벌하는데 공이 있었다.[95]

위에 제시한 (60)~(63)의 자료는 혜종이 고려의 두 번째 황제로 즉위하는 과정이 자세하게 서술되어 있다. 혜종은 10세에 이미 태조의 후계자인 정윤에 책봉되었을 뿐만 아니라 후백제를 정벌하는 일리천전투에서도 큰 공을 세워 일등공신이 되었다. 이러한 혜종은 부왕인 태조 왕건의 유조를 받들어 정상적으로 즉위하였다. 혜종의

---

93) 『고려사절요』 1, 태조 26년조에는, "王規出宣 遺命曰 內外庶僚 並聽東宮處分 於是 太子卽位 率群臣擧哀"라고 하였다.

94) 『고려사』 1 권2, 「세가」 2, 혜종 원년조에는, "惠宗仁德明孝宣顯義恭大王 諱武 字承乾 太祖長子 母曰莊和王后吳氏 後梁乾化二年壬申生 太祖四年 立爲正胤 從討百濟 奮勇先登 功爲第一 二十六年 五月丙午 太祖薨 奉遺命卽位 六月壬申 葬太祖于顯陵"이라고 하였다.

95) 『고려사절요』 2, 혜종의공대왕조에는, "惠宗義恭大王 諱武 字承乾 太祖長子 母莊和王后吳氏 以後梁乾化二年 壬申生 吳氏嘗夢龍入懷 未幾太祖 出鎭羅州 氼而幸之 遂有娠 及壯氣度 恢弘智勇絶倫 從太祖征百濟有功"이라고 하였다.

어머니는 장화왕후 오씨로 태조의 두 번째 부인이었다.

이에 반해 김부대왕은 태조의 또다른 부인인 신명왕후 유씨의 장녀인 낙랑공주와 결혼하였다. 이러한 낙랑공주에게는 동생으로 요堯(정종으로 즉위)와 소昭(광종으로 즉위)가 있었다. 이렇게 볼 때, 김부대왕과 혜종의 정치적인 입장이 반드시 같지는 않았을 것이라고 생각된다. 그렇다고 해서 혜종과 김부대왕이 서로 대립적인 관계였다고 보여지지는 않는다. 이와 관련해서는 아래 자료가 참고된다.

(64)-① 광평시랑 한현규와 예빈경 김렴을 후진에 보내 왕위의 계승을 알리고, 거란을 쳐부순데 대해 하례하였다.

(64)-② 12월에 한림원령 평장사 최언위가 죽었다. 최언위는 신라 사람으로 타고난 천성이 너그럽고 후하며 어릴 때부터 글을 잘 하였다. 나이 18세에 당나라에 들어가서 과거에 오르고 42세에 비로소 본국에 돌아오니 집사시랑 서서원학사로 임명되었다. 뒤에 신라가 귀부하자, 태조가 최언위를 태자사로 삼아 문한의 임무를 맡도록 명하였다. 궁원의 액호는 모두 그가 지어 정한 것이요. 당시의 귀족들이 모두 그를 스승으로 섬겼다. 77세에 죽었으며, 시호를 문영이라 하였다.[96)]

(65)-① 후진이 범광정과 장계응을 보내 왕을 책봉하고 칙서를 내렸다. (중략)

(65)-② 대광 왕규가 왕의 동생 왕요와 왕소를 참소했으나 무고임을 안 왕은 그들에게 더욱 두터운 은총을 베풀었다. (중략) 9월에 왕의 병환이 위독했지만 신하들은 들어가 볼 수 없었고 간사한 아첨배들이 항

---

96) 『고려사절요』 2, 혜종 원년조에는, "遣廣評侍郎韓玄珪 禮賓卿金廉 如晉告嗣位 遂賀破契丹 冬十二月 翰林院令平章事 崔彦撝卒 彦撝新羅人 稟性寬厚 自少能文 年十八 入唐登科 四十二始還國 拜執事侍郎瑞書院學士 及新羅歸附 太祖命爲 太子師 委以文翰之任 宮院額號 皆所撰定 一時貴遊 皆師事之 及卒年 七十七 諡文英"이라고 하였다.

상 곁에서 시중들고 있었다. 무신일에 왕은 중광전에서 죽으니 왕위
에 오른 지 2년이며 나이 34세였다.[97)

(66)-① 후진이 광록경 범광정과 태자세마 장계응을 보내와 왕을 책봉하
여 지절 현도주도독 상주국 충태의군사 고려국왕으로 삼았다. (중략)

(66)-② 9월에 왕의 병환이 위독했는데 신하들은 들어가 뵙지 못하고 간
사한 소인들만 왕의 곁에서 모시고 있었다. 무신일에 왕이 중광전에
서 죽었다. 시호를 올려 의공대왕이라 하고 묘호는 혜종이라 했으며,
순릉에 장사지냈다.[98)

위에 제시한 자료 (64)-①에 의하면, 혜종은 즉위한 뒤에 후진
에 사신을 보내 혜종이 고려의 두 번째 황제로 즉위하였음을 알렸
다. 이에 대해 (65)-①과 (66)-①에 보이듯이, 후진에서도 사신을
보내 혜종의 즉위를 인정하였음을 알 수 있다.

또한 (64)-②에 의하면, 혜종의 스승인 최언위가 이때에 77세의
나이로 세상을 떠났음을 전하고 있다. 최언위는 김부대왕이 고려로
귀부한 뒤에, 태조 왕건에 의해 혜종의 스승으로 등용되었을 것으
로 보인다. 이렇게 볼 때, 최언위는 대체로 김부대왕과 정치적 성향
이 같았다고 할 수 있다.

한편 (65)-②와 (66)-②에서는 혜종이 재위 2년만에 34세의 나
이로 세상을 떠났음을 전하고 있다. 이때에는 대광 왕규와 혜종의
이복동생인 요와 소가 대립하고 있었다. 김부대왕은 대체로 자신의

---

97) 『고려사』 1 권2, 「세가」 2, 혜종 2년조에는, "晉遣范匡政張季凝 來冊王 敎曰 (중략)
　　大匡王規 讒王弟堯及昭 王知其誣 恩遇愈篤 (중략) 秋九月王疾篤 群臣不得入見 憸小
　　常侍側 戊申薨 于重光殿 在位二年 壽三十四"라고 하였다.
98) 『고려사절요』 2, 혜종 2년조에는, "晉遣光錄卿范匡政 太子洗馬張季凝 來冊王爲 持
　　節玄兎州都督 上柱國 充太義軍使 高麗國王 (중략) 秋九月王疾篤 群臣不得入見 憸小
　　侍側 戊申薨于重光殿 上謚曰 義恭大王 廟號惠宗 葬順陵"이라고 하였다.

처남인 요堯나 소昭와 정치적 입장이 같았을 것으로 보인다. 그렇다고 하더라도 이 당시 김부대왕이 민감한 정치적인 문제에 깊이 관여한 흔적은 전혀 보이지 않는다. 최언위의 예를 통해 볼 때, 김부대왕은 대체로 중립적인 자세를 취하였을 것으로 추측된다.

3) 정종대 김부대왕의 활동

혜종이 재위 2년만에 34세의 나이로 돌아가자, 그의 이복동생인 요堯가 고려의 세 번째 황제인 정종으로 즉위하였다. 정종이 즉위하는 과정은 아래의 자료를 통해서 살펴볼 수 있다.

> (67) 정종지덕장경정숙문명대왕은 이름이 왕요이고 자가 천의이며, 태조의 둘째 아들로 어머니는 신명순성왕태후 유씨이다. 태조 6년 계미년(923)에 태어났으며 혜종 2년 9월 무신일에 신하들의 추대를 받아 즉위하였다.[99]

고려의 세 번째 황제인 정종은 혜종이 재위 2년만에 세상을 떠나자 신하들의 추대를 받아 즉위하였다. 이러한 정종은 신명순성왕태후 유씨의 아들이었다. 김부대왕은 신명순성왕태후의 장녀인 낙랑공주와 혼인하였다. 이렇게 볼 때, 정종은 김부대왕의 손아래 처남이었음을 알 수 있다. 당시 김부대왕은 31세였고 정종은 23세였다. 그렇다면 정종과 김부대왕의 정치적 입장이 크게 다르지는 않

---

99) 『고려사』 1 권2, 「세가」 2, 정종 즉위조에는, "定宗至德章敬正肅文明大王 諱堯 字天義 太祖第二子 母曰神明順聖王太后劉氏 以太祖六年癸未生 惠宗二年 九月戊申 群臣奉王卽位"라고 하였다.

앉을 것으로 보인다. 이와 관련해서는 아래의 자료가 참고된다.

(68)-① 봄에 대광 박수문을 보내 덕창진에 성을 쌓았다. 또 서경의 왕성과 철옹(함경남도 영흥)·박릉(평안북도 박천)·삼척·통덕(평안남도 순천) 등의 성을 쌓았다. 가을에 대광 박수경을 보내 덕성진에 성을 쌓았다.

(68)-② 광군사를 설치하였다. 이보다 앞서 최언위의 아들 최광윤이 빈공진사로 유학하여 후진에 들어가다가 거란에게 사로잡혔는데, 재주가 뛰어난 이유로 임용되어 관작을 받았다. 거란의 사신으로 귀성에 왔는데, 거란이 장차 우리나라를 침략할 줄 알고 서신으로 보고하였다. 이에 유사에게 군사 30만 명을 뽑도록 명하여 광군이라 하였다.[100]

위에 제시한 자료 (68)-①에 의하면, 정종은 재위 2년에 박수문가 박수경으로 하여금 북쪽 변방에 성을 쌓도록 하였다. 그런데 (68)-②에 의하면, 정종대에 거란의 침략에 대비하기 위해 광군사를 설치하고 광군 30만을 육성하고 있음을 알려주고 있다. 이렇게 보면 박수문과 박수경이 북쪽 변방에 성을 쌓은 이유도 거란의 침략에 대비하기 위해서였음을 알 수 있다. 그런데 광군사의 설치를 건의한 사람은 최언위의 아들인 최광윤이었다. 최언위와 최광윤은 모두 신라계 출신이므로, 김부대왕과 정치적 입장이 대체로 같았다고 보여진다. 이렇게 볼 때, 김부대왕과 정종의 정치적 입장도 대체로 같았다고 보아도 무방할 것이라고 생각된다.

---

100) 『고려사절요』 2, 정종 2년조에는, "春遣大匡朴守文 城德昌鎭 又築西京王城 及鐵甕 博陵三陟通德等城 秋遣大匡朴守卿 城德成鎭 置光軍司 先是 崔彦撝子光胤 以賓貢進士 遊學入晉 爲契丹所虜 以才見用受官爵 奉使龜城 知契丹將侵我 爲書以報 於是命有司 選軍三十萬 號光軍"이라고 하였다.

4) 광종 및 경종대 김부대왕의 활동

정종이 재위 4년만에 27세의 나이로 세상을 떠나자, 그의 동생인 소昭가 고려의 네 번째 황제인 광종으로 즉위하였다. 광종이 즉위하는 과정은 아래의 기록을 통해 살펴볼 수 있다.

> (69) 정월에 대광 왕식렴이 죽었다. 왕식렴은 태조의 종제이다. 부지런하고 신중하게 오랫동안 서경을 지켰는데 왕규의 난을 평정하자 광국익찬공신의 칭호를 내려주고 대승으로 올렸다. 그가 죽자 위정이라는 시호를 내리고 태사를 증직하고, 뒤에 왕묘에 배향되었다. 3월 병진일에 왕은 병환이 위중해지자 친동생인 왕소를 불러 왕위를 물려주고 제석원으로 옮겨가서 죽었다.[101]
>
> (70) 광종대성대왕의 이름은 소昭이며 자字는 일화이다. 정종의 동모제로 태조 8년 을유(925)에 태어났다. (중략) 왕위에 있은 지는 26년이며 51세를 살았다.[102]

위에 제시한 자료 (69)에 의하면, 정종은 자신의 강력한 지지세력이었던 왕식렴이 죽은 뒤에 병환으로 세상을 떠나면서 자신의 동생인 소昭에게 왕위를 물려주었음을 알 수 있다. 당시 광종은 25세로 김부대왕보다 10세 연하였다. 광종이 고려의 네 번째 황제로 즉위하였을 무렵, 김부대왕과 광종의 정치적 입장은 대체로 같았다고 보여진다. 재위 초기 광종의 주요 활동은 대체로 아래와 같이 정리된다.

---

101) 『고려사절요』 2, 정종 4년조에는, "春正月 大匡王式廉卒 式廉太祖從弟也 以勤恪久 鎭西京 及定王規之亂 賜匡國翊贊功臣號 加大丞 卒諡威靜 贈太師 後配享王廟 三月 丙辰 王疾篤 召母弟昭內禪 移御帝釋院薨"이라고 하였다.

102) 『고려사절요』 2, 광종조에는, "光宗大成大王 諱昭 字日華 定宗母弟 太祖八年乙酉 生 (중략) 在位二十六年 壽五十一"이라고 하였다.

김부대왕 연구

(71) 광덕이라는 연호를 제정하였다.[103]

(72) 대봉은사를 개성의 남쪽에 창건하여 태조의 원당으로 삼았다. 또 불
      일사를 동쪽 교외에 창건하여 모친 유씨의 원당으로 삼았다.[104]

(73) 봄에 숭선사를 창건하고 모친의 명복을 빌었다.[105]

(74) (경종은) 광종의 장자이며, 어머니는 대목왕후 황보씨이다. 광종 6년
      을묘년 9월 정사일에 태어났다.[106]

위의 자료에 보이듯이, 광종은 재위 원년에 광덕이라는 연호를
제정하였다. 또한 재위 2년에는 태조의 원당인 대봉은사와 모친 유
씨의 원당인 불일사를 개성에 창건하였고, 재위 5년에는 모친을 위
해 숭선사를 창건하였다. 그러다가 재위 6년에 자신의 후계자인 경
종을 낳았다. 광종의 모친인 유씨는 김부대왕의 장모이기도 했다.
그렇다면 이 시기까지 김부대왕과 광종의 정치적 입장은 대체로 같
았다고 보여진다.

하지만 광종은 이후부터 과거제와 노비안검법을 실시하면서, 호
족세력에 대해 과감한 숙청을 하고 있다. 이와 관련된 내용은 아래
의 자료가 참고된다.

(75)-① 후주에서 장작감 설문우를 보내 왕을 개부의동삼사 검교태사로
       삼고, 이어 백관의 의관을 중국제도에 따르도록 하였다. 이전 절도순
       관 대리평사 쌍기가 설문우를 따라왔다가 병이 나서 머물러 있었는
       데, 병이 낫자 왕이 불러보니 그가 응대하는 것이 왕의 뜻에 맞았다.

---

103) 『고려사』 1, 「세가」 2, 광종 원년조에는, "建元光德"이라고 하였다.

104) 『고려사절요』 2, 광종 2년조에는, "創大奉恩寺于城南 爲太祖願堂 又創佛日寺于東
      郊 爲先妣劉氏願堂"이라고 하였다.

105) 『고려사』 1 권2, 「세가」 2, 광종 5년조에는, "春 創崇善寺 追福先妣"라고 하였다.

106) 『고려사』 1 권2, 「세가」 2, 경종 즉위년조에는, "光宗長子 母曰大穆王后皇甫氏 光宗
      六年乙卯 九月丁巳生"이라고 하였다.

왕이 그의 재주를 사랑하여 후주에 표문을 올려 쌍기를 요속으로 삼
도록 청하였다. 드디어 발탁해서 임용하고 한 해가 지나기 전에 문병
을 맡기니 당시의 의논이 불만스러워 했다.

(75)-② 노비를 조사하여 시비를 살펴 분별하도록 명하자, 그 주인을 배반
한 노비가 이루 헤아릴 수 없었다. 이로 말미암아 윗사람을 능멸하는
기풍이 크게 유행하니 사람들이 모두 한탄하고 원망하였는데, 왕비
가 간절히 간하여도 듣지 않았다.[107]

(76) 5월에 과거를 처음으로 설치하고 한림학사 쌍기에게 명하여 진사를
선발하게 했다.[108]

위에 제시한 자료 (75)-①과 (76)의 자료에 의하면, 광종은 재위
7년에 후주 출신의 쌍기를 등용하고 재위 9년에 과거제도를 실시
하였음을 알 수 있다. 이러한 광종의 개혁정치는 당시 귀족들이 크
게 환영하지 않았던 것으로 보인다. 또한 (75)-②에는 광종대에 노
비안검법이 실시되었는데, 귀족들의 반발이 매우 심했음을 알 수
있다. 광종의 왕비인 황보씨 대목황후까지 반대하였지만 광종은 노
비안검법을 계속 시행하였다.

광종 즉위 초반에 김부대왕은 대체로 광종과 정치적 입장이 같
았다고 보여진다. 하지만 후주 출신의 쌍기를 등용하고, 노비안검
법이 실시되던 광종 재위 7년 이후부터, 김부대왕과 광종의 정치적
입장이 반드시 일치하지만은 않았을 것으로 보인다.

---

107) 『고려사절요』2, 광종 7년조에는, "臨津縣 獻白雉 周遣將作監薛文遇 來加册王 爲開
府儀同三司 檢太大師 仍令百官衣冠 從華制 前節度巡官 大理評使雙冀 從文遇而來
以病留 及疾愈 引對稱旨 王愛其才 表請爲僚屬 遂加擢用 未踰歲 授以文柄 時議不慍
命按檢奴婢 推辨是非 奴背其主者 不可勝紀 由是陵上之風大行 人皆嗟怨 王妃切諫不
納"이라고 하였다.
108) 『고려사』1 권2,「세가」2, 광종 9년조에는, "夏五月 始置科擧 命翰林學士雙冀 取進
士"라고 하였다.

김부대왕 연구

광종은 이후에도 호족세력에 대한 숙청을 계속하면서, 황제권의 강화를 추구하였다. 광종대에 전개된 호족세력에 대한 숙청 및 황제권의 강화과정이 어떻게 전개되었는지는 아래의 자료를 통해서 알 수 있다.

(77) 백관의 공복을 제정했다. 개경을 고쳐 황도라 하고 서경을 서도라고 칭했다. 평농서사 권신이 대상 준홍과 좌승 왕동 등이 반역을 꾀했다고 참소하자 이들을 유배보냈다. 이로부터 참소하고 아첨하는 무리들이 득세하여 충성스럽고 선량한 사람들을 모함하는 풍조가 일어났다. (중략) 비록 왕의 외아들 왕주조차도 왕의 의심을 받아 곁에서 모시지 못했다.[109]

(78) 이 해에 수영궁궐도감을 설치하고 정광 왕육의 집으로 옮겨 거처했다.[110]

(79) 6월에 궁궐로 돌아온 후 조서를 내렸다. (중략) 7월에 귀법사를 창건하고 제위보를 두었다.[111]

(80) 8월에 사도 박수경이 죽었다. (중략) 정종이 즉위한 초기에 나란을 평정한 것은 대부분 박수경의 공이었다. 그런데 이때에 와서 아들 박승위 · 박승경 · 박승례가 참소를 입어 옥에 갇히니 박수경이 근심하고 분노하여 죽었다.[112]

위에 제시한 (77)의 자료에 보이듯이, 광종은 재위 11년에 백관

---

109) 『고려사』 1 권2, 「세가」 2, 광종 11년조에는, "定百官公服 改開京爲皇都 西京爲西都 評農書史權信 讒大相俊弘 佐丞王同等謀逆貶之 自是讒佞得志誣陷忠良 (중략) 雖一子伷 亦自疑 阻不使親近"이라고 하였다.
110) 『고려사절요』 2, 광종 12년조에는, "是歲 置修營宮闕都監 移御正匡王育第"라고 하였다.
111) 『고려사절요』 2, 광종 14년조에는, "夏六月 還御宮 下詔曰 (중략) 秋七月 創歸法寺 置濟危寶"라고 하였다.
112) 『고려사절요』 2, 광종 15년조에는, "秋八月 司徒朴守卿卒 (중략) 及定宗卽位之初 削平內難 守卿功居多 至是子承位承景承禮 被讒下獄 憂恚而卒"이라고 하였다.

의 공복을 제정하면서 관료제도를 정비하였다. 그런 다음 개경을 황도라고 하고 서경을 서도라고 칭하면서, 개경의 위상을 드높였다. 그러면서 이때부터 호족세력에 대한 광범위한 숙청을 단행하였다. 이러한 광종의 호족숙청에 대해서는 광종의 아들인 왕주조차도 반대의 입장을 취하였던 것으로 보인다. 하지만 광종의 이러한 개혁 정책의 흐름을 막지는 못하였다고 생각된다.

광종은 재위 12년에 황도인 개경의 위상을 실질적으로 드높이기 위해 수영궁궐도감을 설치하면서 황도를 새롭게 정비하였다. 이러한 사업은 (79)의 자료에 보이듯이, 광종 재위 14년에 마무리되었다. 그런 다음에는 (80)의 자료에 보이듯이, 그 당시 최대의 호족세력이었던 박수경 가문에 대한 숙청을 단행하였다. 이 시기에 김부대왕과 광종의 관계가 어떠하였는지를 구체적으로 알려주는 자료는 보이지 않는다. 대체로 김부대왕을 중심으로 한 신라계 세력은 광종의 개혁정치에 적극적으로 참여하지는 않았을 것으로 보인다.

박수경 가문에 대한 숙청이 이루어진 뒤부터 광종의 개혁정치는 점차 자신의 후계자인 경종을 배려하는 방향으로 전개된 것으로 보인다. 이와 관련해서는 아래의 자료가 참고된다.

(81) 2월에 아들인 왕주에게 원복元服을 행한 후 왕태자 내사제군사 내의령 정윤으로 세우고 신하들과 장생전에서 잔치를 베풀었다.[113]
(82) 홍화사 · 유암사 · 삼귀사 등을 창건했다. 승려 혜거를 국사로 삼고 탄문을 왕사로 삼았다. 왕이 참소를 믿고 사람을 많이 죽인 후에 양심의 가책을 받고는 죄를 씻어보려고 재회를 크게 열었다.[114]

---

113) 『고려사』 1 권2, 「세가」 2, 광종 16년조에는, "春二月 加子伷元服 立爲王太子 內史諸軍事 內議令正胤 宴群臣于長生殿"이라고 하였다. 또한 『고려사』 1 권2, 「세가」 2, 경종즉위년조에서는, "十六年立爲太子"라고 하였다.

김부대왕 연구

(83) 8월에 사면령을 내렸다. (중략) 내의시랑 서희 등을 송나라에 보내 토
　　산물을 바치자 황제가 왕에게 식읍을 더해주고 추성순화수절보의공
　　신의 칭호를 내려주었다. 서희에게는 검교병부상서라는 벼슬을 내리
　　고 (중략) 아울러 관고도 내려주었다.[115]
(84) 서경의 거사 연가가 반역을 꾀하다가 처형당했다.[116]

　위에 제시한 (81)의 자료에도 보이듯이, 광종은 재위 16년에 자
신의 아들을 왕태자 내사제군사 내의령 정윤으로 세우고 신하들과
장생전에서 잔치를 베풀고 있다. 이때부터 광종의 개혁정치는 대체
로 온건한 방향으로 전개된 것으로 보인다. 광종은 재위 19년에 이
르면, (82)의 자료에 보이는 것처럼 홍화사와 유암사 및 삼귀사 등
을 창건하고 있다. 또한 참소를 믿고 사람을 많이 죽인 자신의 죄를
씻기 위해 재회를 크게 열기도 하였다.

　나아가 (83)의 자료에 보이듯이, 광종은 재위 23년 8월에 사면
령을 내리기도 하였다. 또한 송나라에 사신을 파견하였다. 그런데
송나라에서는 광종뿐만 아니라 서희에게도 검교병부상서라는 벼슬
을 내리고 있음이 주목된다.

　앞에서 살펴보았듯이 광종은 후주 출신의 쌍기를 등용하고 과거
제도를 실시하였다. 또한 노비안검법을 실시하면서 호족세력을 숙
청하면서 황제권의 강화를 끊임없이 추구하였다. 그런데 이 무렵에

---

114) 『고려사』 1 권2, 「세가」 2, 광종 19년조에는, "創弘化遊巖三歸等寺 以僧惠居 爲國
　　師 坦文爲王師 王信讒多殺 內自懷疑 欲消罪惡 廣設齋會"라고 하였다.
115) 『고려사』 1 권2, 「세가」 2, 광종 23년조에는, "秋八月赦 (중략) 遣內議侍郎徐熙等如
　　宋 獻方物 帝制加王食邑 賜推誠順化守節保義功號 臣授熙檢校兵部尙書 (중략) 並賜
　　官誥"라고 하였다.
116) 『고려사』 1 권2, 「세가」 2, 광종 25년조에는, "是歲 西京居士緣可 謀叛犬誅"라고 하
　　였다.

이르면 자신의 후계자인 경종을 위해 서희와 같은 인물을 적극 육
성하였던 것으로 보인다. 이런 배경에서 서희가 송나라에서 검교병
부상서라는 벼슬을 받은 사실이 갖는 의미가 이해될 수 있다. 하지
만 광종의 이러한 노력에 대해서 일부 세력의 반발도 있었던 것으
로 보인다. (84)의 자료에 의하면, 광종 말년인 재위 25년에 서경
의 거사 연가라는 인물이 반역을 꾀하다가 처형당하고 있다. 이 당
시 서경 출신의 연가라는 인물이 무슨 이유로 처형을 당했는지는
알려져 있지 않다. 막연한 추측이긴 하지만, 서경보다 개경의 위상
을 드높이면서 후계자 경종으로 원만한 왕위계승을 하려고 했던 광
종의 개혁정치에 대한 마지막 반발이었을 것으로 보인다.

광종은 재위 26년에 51세의 나이로 세상을 떠났다. 당시 후계자
인 경종은 21세였으며, 김부대왕은 61세였다. 광종은 세상을 떠나
기에 앞서, 자신의 후계자인 경종의 미래를 걱정하였을 것으로 보
인다. 이런 배경에서 광종이 세상을 떠나고 경종이 즉위한 해에, 김
부대왕을 상보도성령으로 임명하였다. 뿐만 아니라 김부대왕의 딸
인 헌승황후가 경종의 왕비가 되었다. 이 시기에 태조 왕건의 손자
인 경종과 태조 왕건의 외손녀인 헌승황후가 결혼한 배경에는 이러
한 이유가 깊이 깔려 있었다고 봐야 할 것이다.

고려의 다섯 번째 황제로 즉위한 경종은 광종의 개혁정치가 갖
고 있던 휴유증을 극복하려고 노력하였다. 경종 즉위 초기에 있었
던 이러한 노력은 아래의 자료를 통해 알 수 있다.

(85) 집정 왕선을 외직으로 내쳤다. (중략) 이에 왕선을 내쫓고, 제 마음대
　　로 사람을 죽여 원수를 갚는 것을 금지하였다. (중략) 비로소 직관과
　　산관의 각 품계에 따른 전시과를 정하였다.[117]
(86) 개국공신과 귀순한 성주에게 훈전을 차등있게 주었다.[118]

위의 자료에 보이듯이, 경종은 즉위 원년에 왕선을 외직으로 내치면서 자기 마음대로 사람을 죽여 원수를 갚는 것을 금지시켰다. 그러면서 전시과 제도를 시행하였다. 또한 재위 2년에는 개국공신과 귀순한 성주에게 토지를 차등있게 지급하기도 하였다. 즉위 초기 경종의 이러한 노력은 광종대의 가혹한 개혁정치에 따른 후유증을 최소화시키려는 노력 가운데 하나였다고 생각된다. 또한 이러한 노력을 위해 경종은 광종의 뜻을 받들어 김부대왕을 상보도성령으로 임명하였을 것으로 보인다. 뿐만 아니라 김부대왕의 딸이면서 태조 왕건의 외손녀이기도 한 헌승황후와 혼인하였다.

광종은 개혁정치의 마지막 결실로 자신의 아들인 경종과 태조 왕건의 외손녀이면서 김부대왕의 딸인 헌승황후의 결혼을 주선하였을 것으로 보인다. 또한 김부대왕을 상보도성령으로 책봉하도록 경종에게 부탁하였을 것으로 보인다. 하지만 경종은 광종대의 가혹한 개혁정치에 따른 후유증을 제대로 치유하지는 못한 것으로 보인다.

7. 고려 귀부가 갖는 역사적인 의미

지금까지 김부대왕의 생애를 전반적으로 살펴보았다. 그 결과 『삼국사기』와 『고려사』 및 『고려사절요』에서는 신라의 마지막 왕을

---

117) 『고려사절요』 2, 경종 원년조에는, "放執政王詵于外 (중략) 於是貶詵 仍禁擅殺復讎 (중략) 始定職散官 各品田柴科"라고 하였다.
118) 『고려사절요』 2, 경종 2년조에는, "賜開國功臣 及向義歸順城主等 勳田有差"라고 하였다.

경순왕이라고 표현하였다. 이에 반해 『삼국유사』에서는 김부대왕이라고 하였다. 그렇다면 김부대왕이 결사항전의 길을 선택하지 않고 고려의 태조 왕건에게 귀부한 사실이 후대에 어떻게 평가를 받았는지도 살펴볼 필요가 있다. 이와 관련해서는 아래의 자료가 참고된다.

(87) 경순왕이 태조에게 귀순한 것은 비록 마지못해서 한 것이지만 역시 칭찬할 만하다. 그때 만약 결사적으로 지키려고 힘써 싸워 왕의 군사에게 대항하였다가 힘은 꺾이고 세력이 다 되었다면, 반드시 그 종실은 엎어지고 피해가 죄없는 백성에게까지 미쳤을 것이다. 그러나 명을 기다리지 않고 왕실의 창고를 봉인하고 군현을 기록하여 귀순하였으니, 그것은 (고려) 조정에 공로가 있고 백성에게 덕이 있음이 매우 컸다. 옛날에 전씨錢氏가 오월吳越의 땅을 송宋에 바친 것을[119] 소자첨蘇子瞻(당송팔대가의 한 사람인 소식을 말함)이 그를 충신이라 일컬었는데, 지금 신라의 공덕은 그보다 훨씬 넘는다. 우리 태조의 비妃와 빈嬪이 많아 그 자손 또한 번성한데, 현종은 신라의 외손에서 나와 왕위에 올랐으며 그 후에 왕통을 이은 사람은 모두 그 자손이니[120] 어찌 음덕陰德의 보답이 아니겠는가.[121]

---

119) 오월(吳越)은 당말(唐末) 송초(宋初)에 중원에서 할거하던 10국 중의 하나로 전류(錢鏐)가 건국한 나라이다. 전류는 893년에 진해절도사(鎭海節度使)가 되었다가 902년에 월왕(越王), 904년에 오왕(吳王)에 봉해졌으며, 후량(後梁) 태조 즉위 후에 오월왕(吳越王)에 봉해져 칭왕하였다. 그의 사후 원관(元瓘), 좌(佐), 종(倧)이 차례로 왕위를 이어 가다가 978년에 전숙(錢俶)이 토지를 바쳐 송에 귀속하였다.

120) 고려 현종(顯宗)은 왕건과 김억렴(金億廉)의 딸 사이에서 태어난 안종(安宗)의 아들이므로 신라왕실의 외손(外孫)에 해당된다.

121) 『삼국사기』권12, 「신라본기」12, 경순왕 9년조에 실려 있는 김부식(金富軾)의 사론(史論)에는, "若敬順之歸命太祖 雖非獲已 亦可嘉矣 向若力戰守死 以抗王師 至於力屈勢窮 則必覆其宗族 害及于無辜之民 而乃不待告命 封府庫籍郡縣 以歸之 其有功於朝廷 有德於生民甚大 昔錢氏 以吳越入宋 蘇子瞻爲之忠臣 今新羅功德 過於彼遠矣 我太祖 妃嬪衆多 其子孫亦繁衍 而顯宗自新羅外孫 卽寶位 此後繼統者 皆其子孫 豈非陰德之報者歟"라고 하였다.

김부대왕 연구

위의 자료에 보이듯이 김부대왕의 고려 귀부는 대체로 긍정적인 평가를 받았다. 김부대왕의 고려로의 귀부는 민족의 재통일을 앞당겼다는 의미뿐만 아니라 일반 백성들이 더 많은 희생을 치르지 않게 하였다는 측면에서 높게 평가되었다고 보여진다. 나아가 김부대왕의 고려 귀부는 신라가 천년 동안 온축했던 문화유산이 아무런 피해없이 고려왕조의 문화 발전에 기여할 수 있는 토대로 작용하였다. 고려왕조는 몽고 침입으로 황룡사 구층목탑이 불타기 이전까지 수차례에 걸쳐 황룡사 구층목탑의 보수공사를 국가적 차원에서 적극적으로 후원하였다. 이처럼 고려왕조가 황룡사 구층목탑의 보수공사에 적극적이었던 이유는 이러한 측면에서 이해될 수 있다.[122]

고려후기에 편찬된 『삼국유사』에서는 신라의 마지막 왕을 김부대왕으로 평가하였다. 이러한 측면은 조선시대에 민간신앙으로 전

---

122) 『삼국유사』 권3, 「탑상」 4, 황룡사구층탑조에는, "또 『국사』와 절의 『고기』를 살펴보면, 진흥왕 계유년(553)에 절을 창건한 후에 선덕왕대인 정관 9년 을사년(645)에 탑이 처음으로 이루어졌다. 32대 효소왕 즉위 7년인 성력 원년 무술년(698) 6월에 벼락을 맞았다[절의 『고기』에서 성덕왕대라고 한 것은 잘못이다. 성덕왕대는 무술년이 없다] 제 33대 성덕왕대의 경신년(720)에 다시 세웠으며, 제 48대 경문왕대의 무자년(868) 6월에 두 번째 벼락을 맞아 그 임금대에 세 번째 다시 수축하였다. 본조 광종 즉위 5년 계축년(953) 10월에 세 번째 벼락을 맞아 현종 13년 신유년(1021)에 네 번째 다시 수축하였다. 또 정종 2년 을해년(1035)에 네 번째 벼락을 맞아 문종 갑진년(1064)에 다섯 번째로 다시 수축하였다. 또 현종 말년 을해년(1095)에 다섯 번째로 벼락을 맞아 숙종 병자년(1096)에 여섯 번째 다시 수축하였다. 그러나 고종 25년 무술년(1238) 겨울에 몽고의 병란으로 탑과 절의 장육존상과 전각들이 모두 타버렸다; 又按國史及寺中古記 眞興王癸酉創寺 後善德王代 貞觀十九年乙巳 塔初成 三十二孝昭王卽位七年 聖曆元年戊戌六月 霹靂[寺中古記云 聖德王代 誤也 聖德王代無戊戌] 第三十三聖德王代庚申歲 重成 四十八景文王代戊子六月 第二霹靂 同代第三重修 至本朝光宗卽位五年癸丑十月 第三霹靂 現宗十三年辛酉 第四重成 又靖宗二年乙亥 第四霹靂 又文宗甲辰年 第五重成 又憲宗末年乙亥 第五霹靂 肅宗丙子 第六重成 又高宗二十五年戊戌冬月 西山兵火 塔寺丈六殿宇皆災"라고 하였다.

승되면서, 김부대왕은 백성들의 생명과 재산을 소중하게 여긴 대왕으로 새롭게 평가되었다. 그런 속에서 김부대왕과 관련된 이야기가 전해지거나 김부대왕을 모시는 신앙은 전국적으로 나타나게 되었다. 말하자면 김부대왕은 조선시대에 오면서부터 새롭게 부활하였다. 이러한 측면은 제Ⅲ장에서 좀더 구체적으로 살펴보도록 하겠다.

II
김부대왕(915~978) 연보

앞에서 살핀 제 I 장에서는 김부대왕의 생애를 새로운 시각에서 밝혔다. 그 결과 김부대왕은 대체로 신라 신덕왕 4년인 915년에 태어나, 고려 경종 3년인 978년에 돌아가셨다는 사실을 밝힐 수 있었다. 이렇게 볼 때, 김부대왕은 대체로 64세 정도를 살았음을 알 수 있다.

또한 김부대왕은 13세의 어린 나이에 신라의 마지막 왕으로 즉위하였으며, 21세의 나이에 고려 태조에게 귀부하였다. 이후부터 김부대왕은 고려왕조의 태조 왕건과 혜종 및 광종과 경종대까지 고려의 백성으로 살았음도 알 수 있었다.

하지만 김부대왕과 관련된 자료는 그렇게 많이 남아 있지 않은 관계로, 본고에서 그의 생애와 활동 상황을 좀더 구체적으로 밝혀내지 못한 부분도 많았다.

이에 본고의 제 2장에서는 김부대왕의 연보를 연대별로 제시하고자 한다. 이를 위해서는 『삼국사기』와 『삼국유사』뿐만 아니라 『고려사』와 『고려사절요』의 내용도 함께 정리하였다. 그런데 아래의 내용에는, 김부대왕과 직접적인 관계가 없는 사실이 제시된 경

우도 있다. 그럼에도 불구하고 김부대왕의 생애와 활동 전반을 좀
더 구체적으로 밝히려고 할 때에는 반드시 필요한 기초 자료라고
생각된다.

　김부대왕과 관련해서는 이외에도 저자가 미처 확인하지 못한 금
석문 자료라든가 문집 자료가 많이 있을 것이라고 생각된다. 강호
제현의 도움을 받아서 이러한 부분은 앞으로 계속 보완해나가면서,
개별 논문으로 꾸준히 학계에 발표하도록 하겠다.

　일단 본고에서 저자가 정리한 김부대왕의 연보를 제시하면 대체
로 아래와 같다. 이때 『고려사』와 『고려사절요』의 내용이 서로 중
복될 경우는, 좀더 구체적인 자료를 제시하였다. 그런데 경우에 따
라서는 『삼국사기』와 『삼국유사』 및 『고려사』와 『고려사절요』의 내
용을 서로 세밀하게 대조하면서 분석할 필요가 있는 부분도 많이
있었다. 이러한 부분은 앞으로 개별 논문을 작성할 때에 좀더 치밀
하게 검토하도록 하겠다. 많은 양해를 바랄 뿐이다.

(1)　**김부대왕 태어남(915)**; 신라 신덕왕 4년. 후고려 궁예정권 정개政開 2
　　년. 후백제 견훤(49세) 재위 24년.
(1)-① 신덕왕 4년 6월에 참포의 물과 동해의 바닷물이 서로 부딪쳐 높이
　　가 20장 가량 되었는데 3일만에 그쳤다.[1]
(1)-② 제 52대 효공왕대(재위; 897~912)인 광화 15년 임신년[사실은 주
　　량의 건화 2년(912)]에 봉성사 바깥문의 동쪽과 서쪽의 21칸에 까치가
　　집을 지었다. 또 신덕왕 즉위 4년인 을해년에는[고본에는 천우 12년이
　　라고 했으나 정명 원년이라고 해야 마땅하다] 영묘사 안의 행랑에 까

---

1) 『삼국사기』 권12, 「신라본기」 12, 신덕왕 4년조에는, "夏六月 槧浦水與東海水相擊 浪
　　高二十丈許 三日而止"라고 하였다. 『삼국사기』에 있는 내용을 번역할 때에는, 한국정
　　신문화연구원에서 펴낸 정구복 · 노중국 · 신동하 · 김태식 · 권덕영, 『역주 삼국사기
　　1~5』(1996~1997)을 참고하였다.

치집이 34개나 되고, 까마귀집이 40개나 되었다. 또 3월에는 서리가 두 번 내렸으며, 6월에는 참포의 물이 바닷물과 3일 동안이나 서로 싸웠다.[2]

(1)-③ 정명 원년에 (궁예의) 부인 강씨가 왕이 옳지 않은 법을 많이 행하자 정색으로 간언을 하니 왕이 미워하여 말하기를, "네가 다른 사람과 간통하고 있으니 어찌된 일인가"라고 하였다. 강씨가 말하기를, "어찌 그런 일이 있겠습니까"라고 하였다. 왕이 말하기를, "나는 신통력으로 보아 알 수 있다"라고 하면서 쇠절구공이를 뜨거운 불에 달구어서 죽였다. 자신의 두 아들에 대해서도 이후 더욱 의심을 많이 하고 성을 급하게 내니 모든 관료와 장수 및 아전들로부터 아래의 백성에 이르기까지 죄없이 죽임을 당하는 경우가 빈번하게 있었다. 이에 부양과 철원 사람들은 이러한 해독을 견딜 수가 없었다.[3]

(2) <u>김부대왕 2세(916)</u>; 신라 신덕왕 5년. 후고려 궁예정권 정개 3년. 후백제 견훤(50세) 재위 25년.

(2)-① 신덕왕 5년 8월에 견훤이 대야성을 공격하였으나 이기지 못하였다. 10월에 지진이 일어났는데, 그 소리가 천둥치는 것과 같았다.[4]

(3) <u>김부대왕 3세(917)</u>; 신라 신덕왕 6년. 경명왕 1년, 후고려 궁예정권 정개 4년. 후백제 견훤(51세) 재위 26년.

(3)-① 신덕왕 6년 정월에 태백이 달을 범하였다. 7월에 왕이 죽었다. 시

---

2) 『삼국유사』 권2, 「기이」 2, 효공왕조에는, "第五十二孝恭王 光化十五年壬申[實朱梁乾化二年也] 奉聖寺外門 東西二十一間鵲巢 又神德王卽位四年乙亥[古本云 天祐十二年 當作貞明元年] 靈廟寺內行廊 鵲巢三十四 烏巢四十 又三月 再降霜 六月 斬浦水與海水 波 相鬪三日"이라고 하였다. 『삼국유사』에 있는 내용을 번역할 때에는, 한국정신문화연구원에서 펴낸 강인구·김두진·김상현·장충식·황패강, 『역주 삼국유사 Ⅰ～Ⅴ』(이회문화사, 2002~2003)을 참고하였다.

3) 『삼국사기』 권50, 「열전」 10, 궁예전에는, "貞明元年 夫人康氏 以王多行非法 正色諫之 王惡之曰 汝與他人姦何耶 康氏曰 安有此事 王曰 我以神通觀之 以烈火熱鐵杵 撞其陰殺之 及其兩兒 爾後多疑急怒 諸寮佐將吏 下至平民 無辜受戮者 頻頻有之 斧壤鐵圓之人 不勝其毒焉"이라고 하였다.

4) 『삼국사기』 권12, 「신라본기」 12, 신덕왕 5년조에는, "秋八月 甄萱攻大耶城 不克 冬 十月 地震 聲如雷"라고 하였다.

호를 신덕이라 하고 죽성에 장사지냈다.

경명왕이 왕위에 올랐다. 이름은 승영이고 신덕왕의 태자로, 어머니는 의성왕후이다. 원년 8월에 왕의 동생 이찬 위응을 상대등으로 삼고, 대아찬 유렴을 시중으로 삼았다.[5]

(3)-② 제 54대 경명왕은 박씨로 이름은 승영이다. 아버지는 신덕왕이고, 어머니는 자성왕후이다. 왕비는 장사택으로 대존각간으로 추봉된 성희대왕의 자식이니, 대존은 곧 수종이간의 아들이다. 정축년에 즉위하여 7년간 나라를 다스렸다. 황복사에서 화장하고 성등잉산의 서쪽에 뼈를 뿌렸다.[6]

(3)-③ 제 54대 경명왕대에 이르러 (김유신) 공을 추봉하여 흥무대왕이라고 하였다. 흥무대왕릉은 서산 모지사의 북쪽에서 동쪽으로 향해 달려가는 봉우리에 있다.[7]

(3)-④ 제 54대 경명왕은 매사냥을 좋아하여 일찍이 이 산에 올라 매를 놓았다가 잃어버렸다. 신모에게 기도하여 말하기를, "만약 매를 찾게 되면 봉작해 드리겠습니다"라고 하였다. 얼마 뒤에 매가 날아와서 궤 위에 앉으므로 대왕으로 봉하였다.[8]

(4) **김부대왕 4세(918)**; 신라 경명왕 2년. 고려 태조(42세) 천수天授 1년. 후백제 견훤(52세) 재위 27년.

(4)-① 경명왕 2년 2월에 일길찬 현승이 반역하다가 죽임을 당하였다. 6월에 궁예 휘하 사람들의 마음이 갑자기 변하여 태조를 추대하였으므

---

5) 『삼국사기』 권12, 「신라본기」 12, 신덕왕 6년조에는, "春正月 太白犯月 秋七月 王薨 諡曰神德 葬于竹城"이라고 하였다. 또한 경명왕 원년조에는, "景明王立 諱昇英 神德王之太子 母義成王后 元年 八月 配王弟伊湌魏膺爲上大等 大阿湌裕廉爲侍中"이라고 하였다.

6) 『삼국유사』 권1, 「왕력」 1, 신라조에는, "第五十四景明王 朴氏 名昇英 父神德 母資成 妃長沙宅 大尊角干 追封聖僖大王之子 大尊卽水宗伊干之子 丁丑立 理七年 火葬皇福寺 散骨于省等仍山西"라고 하였다.

7) 『삼국유사』 권1, 「기이」 2, 김유신조에는, "至五十四景明王 追封公爲興武大王 陵在西山毛只寺之北 東向走峰"이라고 하였다.

8) 『삼국유사』 권5, 「감통」 7, 선도성모수희불사조에는, "第五十四景明王 好使鷹 嘗登此放鷹而失之 禱於神母曰 若得鷹 當封爵 俄而鷹飛來止机上 因封爵大王焉"이라고 하였다.

김부대왕 연구

로, 궁예가 달아나다가 아랫사람에게 죽임을 당하였다. 태조가 즉위하여 원년을 일컬었다. 7월에 상주의 도적 우두머리인 아자개가 사신을 보내 태조에게 항복하였다.[9]

(4)-② 이보다 앞서 상인 왕창근이 당나라로부터 와서 철원의 시전에 거처하고 있었다. 정명 4년 무인년(918)에 시장에서 모습이 걸출하게 크고 머리카락이 온통 희며 옛 의관을 입은 사람을 보았다. 그는 왼손에는 옹기 사발을 들고 오른 손에는 옛 거울을 가지고 있었는데 창근에게 말하기를, "내 거울을 사겠는가"라고 하니 창근이 곧 쌀을 주고 바꾸었다. (중략) 창근이 거울을 벽 위에 걸어두니 햇빛이 거울에 비치자 가늘게 쓴 글자가 있었다. 이를 읽어보니 옛 시 같은데 그 대강은 다음과 같았다. "상제가 진마辰馬에 아들을 내리니 먼저 닭을 붙들고 후에 오리를 잡을 것이다. 사년巳年 중에 두 마리의 용이 나타나 한 마리는 청목靑木에 몸을 감추고 한 마리는 흑금黑金의 동쪽에 나타날 것이다."

창근이 처음에는 글자가 있는 것을 알지 못하였다가 이를 발견하고는 보통 것이 아니라 하여 왕(필자주; 궁예를 말함)에게 아뢰었다. (중략) 왕이 한참 동안 이상하다고 여기다가 문인 송함홍과 백탁 및 허원 등에게 명하여 이를 해석하도록 하였다. 함홍 등이 서로 말하기를, "상제가 아들을 진마에 내렸다는 구절에서 진마는 진한과 마한을 말하고, 두 용이 나타나 한 마리는 청목靑木에 몸을 감추고 한 마리는 흑금黑金에 나타났다는 구절에서 푸른 나무는 소나무이다. 송악군 사람으로 용자를 이름으로 하고 있는 사람의 자손이니, 지금 파진찬 시중을 가리킨 것이다. 검은 쇠는 철鐵이니 지금 도읍한 철원을 말함이다. 지금 임금이 처음 이곳에서 일어났으나 마침내 이곳에서 멸망할 것이라는 징험이다. 먼저 닭을 잡고 후에 오리를 잡는다는 것은 파진찬 시중이 먼저 계림을 얻고 후에 압록을 수복한다는 뜻이다"라고 하였다.

---

9) 『삼국사기』 권12, 「신라본기」 12, 경명왕 2년조에는, "春二月 一吉湌玄昇叛 伏誅 夏六月 弓裔麾下 人心忽變 推戴太祖 弓裔出奔 爲下所殺 太祖卽位 稱元 秋七月 尙州賊帥 阿慈盖 遣使降於太祖"라고 하였다.

그러나 송함홍 등이 서로 일러 말하기를, "지금 임금께서 잔학하고 난폭하기가 이와 같은데 우리들이 만일 이를 사실대로 아뢰었다가는 우리들이 소금에 절여지는 신세가 될 뿐만 아니라 파진찬까지도 반드시 해를 당하게 될 것이다"라고 하고는 말을 꾸며서 아뢰었다. (중략)

6월에 장군 홍술, 백옥, 삼능산, 복사귀[이는 홍유, 배현경, 신숭겸, 복지겸의 어릴 때의 이름이다] 네 사람이 몰래 모의하고 밤중에 태조의 집에 찾아가 말하기를, "지금 임금께서 음란한 형벌을 마음대로 써서 자신의 처자를 살육하고 신료를 목베이며, 백성을 도탄에 빠뜨려 살아갈 길이 막연합니다. (중략)"라고 하였다. 이에 태조는 얼굴 빛을 붉히며 거절하여 말하기를, "나는 충성스럽고 순박하다고 스스로 믿어 왔는데, 지금 비록 포악하고 난폭하다고 하여 감히 두 마음을 가질 수 없다. 대저 신하로서 임금을 교체하는 것은 소위 혁명이라고 하는데 나는 실로 덕이 없어 감히 은나라와 주나라 건국자의 일을 본뜰 수가 없다"라고 하였다. 여러 장수들이 말하였다. "때는 두 번 오지 않습니다. 이런 때를 만나기는 어렵고 기회를 잃기는 쉽습니다. 하늘이 주는데도 취하지 않으면 도리어 그 재앙을 받는 법입니다. 지금 정치가 어지럽고 나라가 위태로우며, 백성들이 모두 왕을 미워하기를 원수같이 하니 지금 덕망이 공보다 더할 사람이 없습니다. 하물며 왕창근이 얻은 거울의 글이 저와 같은데 어찌 감히 가만히 엎드려 있다가 포악한 군주의 손에 죽임을 당하겠습니까"라고 하였다.

부인 유씨가 여러 장수들의 주장을 듣고 이에 태조에게 말하기를, "어진 이가 어질지 못한 사람을 치는 것은 옛날부터 그런 것인데 지금 뭇사람의 논의를 들으니 여자인 저도 오히려 분함이 생기는데 하물며 대장부께서야 말할 것이 있겠습니까. 지금 뭇사람의 마음이 문득 변하였으니 천명이 돌아온 것입니다"라고 하였다.

직접 갑옷을 갖고 와서 태조에게 드렸다. 여러 장수들이 태조를 옹위하고 문을 나섰다. 길잡이로 하여금 외치게 하기를, "왕공께서 이미 의로운 깃발을 들었다"라고 하니 이에 앞뒤에서 분주하게 달려와 따르는 자가 헤아릴 수없이 많았다. 또 먼저 궁성의 문에 이르러 북을 치고 떠들며 기다리는 사람이 또한 1만여 명에 달하였다. 왕이 이 소식을 듣고 어찌할 바를 몰라 평복으로 갈아 입고 산 속으로 도망쳤으나 곧 부양 사람들에게 살해당하였다.[10]

 김부대왕 연구

(4)-③ 정명 4년 무인년에 수도 철원의 뭇 사람의 마음이 문득 변하여 우리 태조를 추대하여 왕위에 오르게 하니, 견훤이 이 소식을 듣고 8월에 일길찬 민합을 보내 축하하고 이어서 공작선과 지리산의 대나무로 만든 화살을 바쳤다.[11]

(4)-④ 제 54대 경명왕대인 정명 5년 무인(918)에 사천왕사 벽화 속의 개가 짖으므로, 3일 동안 불경을 강설하여 물리쳤다. 하지만 반나절이 지나자 또 짖었다.[12]

(4)-⑤ (태조) 원년 6월 병진일에 포정전에서 즉위하니 국호를 고려라 하고 연호를 고쳐 천수라고 하였다. 정사일에 조서를 내렸다. (중략) 갑오일에 상주의 적수賊帥인 아자개가 사자를 보내어 귀부했다.[13]

---

10) 『삼국사기』 권50, 「열전」 10, 궁예전에는, “先是有商客王昌瑾 自唐來寓鐵圓市廛 至貞明四年戊寅 於市中見一人 狀貌魁偉 鬢髮盡白 着古衣冠 左手持瓷椀 右手持古鏡 謂昌瑾曰 能買我鏡乎 昌瑾卽以米換之 (중략) 昌瑾懸其鏡於壁上 日映鏡面 有細字書 讀之若古詩 其畧曰 上帝降子於辰馬 先操鷄後搏鴨 於巳年中二龍見 一則藏身靑木中 一則顯形黑金東 昌瑾初不知有文 及見之 謂非常 遂告于王 (중략) 王嘆異久之 命文人宋含弘 白濁 許原等 解之 含弘等相謂曰 上帝降子於辰馬者 謂辰韓馬韓也 二龍見 一藏身靑木 一顯形黑金者 靑木 松也 松岳郡人 以龍爲名者之孫 今波珍湌侍中之謂歟 黑金 鐵也 今所都鐵圓之謂也 今主上初興於此 終滅於此之驗也 先操鷄後搏鴨者 波珍湌侍中 先得鷄林 後收鴨綠之意也 宋含弘等相謂曰 今主上 虐亂如此 吾輩若以實言 不獨吾輩 爲葅醢 波珍湌亦必遭害 迺飾辭告之 (중략) 夏六月 將軍弘述 白玉 三能山 卜沙貴 此洪儒 裵玄慶 申崇謙 卜智謙之少名也 四人密謀 夜詣太祖私第 言曰 今主上 淫刑以逞殺妻戮子 誅夷臣寮 蒼生塗炭 不自聊生 自古廢昏立明 天下之大義也 請公行湯武之事 太祖作色拒之曰 吾以忠純自許 今雖暴亂 不敢有二心 夫以臣替君 斯謂革命 予實否德 敢效殷周之事乎 諸將曰 時乎不再來 難遭而易失 天與不取 反受其咎 今政亂國危 民皆疾視其上如仇讐 今之德望 未有居公之右者 況王昌瑾 所得鏡文如彼 豈可雌伏 取死獨夫之手乎 夫人柳氏 聞諸將之議 迺謂太祖曰 以仁伐不仁 自古而然 今聞衆議 妾猶發憤 況大丈夫乎 今群心忽變 天命有歸矣 手提甲領進太祖 諸將扶衛太祖出門 令前唱曰 王公已擧義旗 於是 前後奔走 來隨者不知其幾人 又有先至宮城門 鼓噪以待者 亦一萬餘人 王聞之 不知所圖 迺微服逃入山林 尋爲斧壤民所害”라고 하였다.

11) 『삼국사기』 권50, 「열전」 10, 궁예전에는, “貞明四年戊寅 鐵圓京衆 心忽變推戴 我太祖卽位 萱聞之 秋八月 遣一吉湌閔郃稱賀 遂獻孔雀扇及智理山竹箭”이라고 하였다.

12) 『삼국유사』 권2, 「기이」 2, 경명왕조에는, “第五十四景明王代 貞明五年戊寅 四天王寺壁畫狗鳴 說經三日壤之 大半日又鳴”이라고 하였다. 『삼국사기』에서는 경명왕 3년(919)에 있었던 일로 기록하였다. 그런데 『삼국유사』에서는 경명왕 2년(정명 4년)이라고 하면서도, 간지는 ‘무인(戊寅)’으로 하였다.

(5) <u>김부대왕 5세(919)</u>; 신라 경명왕 3년. 고려 태조(43세) 천수 2년. 후
　　　 백제 견훤(53세) 재위 28년.

(5)-① 경명왕 3년 사천왕사의 흙으로 만든 상상이 쥐고 있던 활시위가 저
　　　 절로 끊어지고, 벽에 그려진 개가 마치 개짖는 것과 같은 소리를 내었
　　　 다. (중략) 우리 태조가 송악군으로 도읍을 옮겼다.[14]

(5)-② 기묘년에 도읍을 송악으로 옮겼다. 이 해에 법왕 · 자운 · 왕륜 · 내
　　　 제석 · 사나사를 창건하였다. 또 대선원[곧 보제사를 말한다] · 신흥 ·
　　　 문수 · 원통 · 지장 · □ … □의 절을 창건하였다. 앞의 10대 사찰은
　　　 모두 이 해에 창건되었다.[15]

(5)-③ 정월에 송악의 남쪽에 도읍을 정하였다. 궁궐을 지어 삼성과 육상
　　　 서를 두고 구시를 설치했다. 또 시전을 세우고 방리를 구분하고 오부
　　　 를 나누었으며 6위를 두었다. 3월에 법왕사 왕륜사 등 10개의 절을 도
　　　 성 안에 창건하고 양경(필자주; 개경과 서경을 말함)의 탑묘와 불상
　　　 가운데 없어지거나 부서진 것은 모두 수리하게 하였다. 신사일에 삼대
　　　 의 시호를 추존하여 증조부를 시조원덕대왕이라 하고 왕비를 정화왕
　　　 후라 하였으며 조부를 의조경강대왕이라 하고 왕비를 원창왕후라고
　　　 하였으며 부친을 세조위무대왕이라 하고 왕비는 위숙왕후라고 하였
　　　 다. 8월 계묘일에 청주가 기회만 엿보아 유언비어가 자주 떠돌았기 때
　　　 문에 왕이 친히 행차해서 위무한 후 성을 쌓게 했다.[16]

---

13) 『고려사』 1 권1, 「세가」 1, 태조 원년조에는, "元年夏六月 丙辰卽位于布政殿 國號高
　　 麗 改元天授 丁巳詔曰 (중략) 甲午尙州賊帥阿字盖 遣使來附"라고 하였다. 『고려사』
　　 에 있는 내용을 번역할 때에는, 동아대학교 석당학술원, 『국역 고려사 세가 1』(경인
　　 문화사, 2008)을 참고하였다.

14) 『삼국사기』 권12, 「신라본기」 12, 경명왕 3년조에는, "四天王寺塑像 所執弓弦自絶
　　 壁畵狗子 有聲若吠者 (중략) 我太祖移都松岳郡"이라고 하였다.

15) 『삼국유사』 권1, 「왕력」 1, 고려조에는, "己卯 移都松岳郡 是年 創法王 慈雲 王輪 內
　　 帝釋 舍那 又創大禪院[卽普濟] 新興 文殊 圓通 地藏 □ … □ 前十大寺 皆是年所創"이
　　 라고 하였다.

16) 『고려사』 1 권1, 「세가」 1, 태조 2년조에는, "二年春正月 定都于松嶽之陽 創宮闕 置
　　 三省六尙書 官九寺 立市廛 辨坊里 分五部 置六衛 三月 創法王王輪等十寺 于都內 兩
　　 京塔廟 肖像之廢缺者 並令修葺 辛巳追諡三代 以曾祖考爲始祖元德大王 妃位貞和王
　　 后 祖考爲懿祖景康大王 妃爲元昌王后 考爲世祖威武大王 妃爲威肅王后 秋八月癸卯
　　 以淸州首鼠順逆訛言 屢興親幸 慰撫遂命城之"라고 하였다.

김부대왕 연구

(6) **김부대왕 6세(920)**; 신라 경명왕 4년. 고려 태조(44세) 천수 3년. 후
　　백제 견훤(54세) 재위 29년.

(6)-① 경명왕 4년 정월에 왕과 태조가 서로 사람을 보내 우호를 맺었다.
　　2월에 강주장군 윤웅이 태조에게 항복하였다. 10월에 후백제왕 견훤
　　이 보병과 기병 1만 명을 거느리고 대야성을 쳐서 함락시키고 진례까
　　지 진군하였으므로, 왕이 아찬 김율을 보내 태조에게 구원을 청하였
　　다. 태조는 장군에게 명하여 군사를 내어 구원하게 하니 견훤이 듣고
　　서 돌아갔다.[17]

(6)-② (정명) 6년에 견훤이 보병과 기병 1만 명을 거느리고 대야성을 공
　　격하여 함락시키고, 진례성으로 군대를 이동시켰다. 신라왕이 아찬
　　김율을 태조에게 보내 구원을 요청하니 태조가 군대를 출동시켰다. 견
　　훤이 이 소식을 듣고 군대를 이끌고 물러났다.[18]

(6)-③ (정명) 7년(필자주; 6년의 잘못으로 보인다) 경진 2월에 황룡사 탑
　　의 그림자가 금모사지의 집 뜰안에 한달 동안이나 거꾸로 서서 비쳤
　　다. 또 10월에 사천왕사 오방신의 활줄이 모두 끊어졌으며, 벽화 속의
　　개가 뜰로 달려나왔다가 다시 벽속으로 들어갔다.[19]

(6)-④ 경진 3년 정월에 태조 즉위 후 처음으로 신라에서 사신을 보내 예
　　물을 가져왔다. 강주의 장군 윤웅이 그 아들 일강을 보내 볼모로 삼게
　　하니 일강에게 아찬을 임명하고 경 행훈의 누이동생을 아내로 삼게 하
　　였으며 낭중 춘양을 보내서 강주를 위유하였다. (중략) 9월에 견훤이
　　아찬 공달을 보내 공작선과 죽전을 바쳤다. (중략) 10월에 견훤이 신
　　라를 침공하여 대량과 구사의 두 고을을 빼앗고 진례군에 이르니 신라

---

17) 『삼국사기』 권12, 「신라본기」 12의 경명왕 4년조에는, "春正月 王與太祖交聘修好 二
　　月 康州將軍閏雄 降於太祖 冬十月 後百濟主甄萱 率步騎一萬 攻陷大耶城 進軍於進禮
　　王遣阿湌金律 求援於太祖 太祖命將出師救之 萱聞乃去"라고 하였다.
18) 『삼국사기』 권50, 「열전」 10의 견훤조에는, "六年 萱率步騎一萬 攻陷大耶城 移軍於
　　進禮城 新羅王遣阿湌金律 求援於太祖 太祖出命師 萱聞之 引退"라고 하였다.
19) 『삼국유사』 권2, 「기이」 2, 경명왕조에는, "七年庚辰二月 皇龍寺塔影 倒立於今毛舍
　　知家庭中一朔 又十月 四天王寺五方神 弓絃皆絶 壁畫狗出走庭中 還入壁中"이라고 하
　　였다. 왕력을 따른다면 庚辰은 6년이고 7년이 아니다. 그렇다면 1년의 착오가 보이
　　는데, 여기에서는 920년에 일어난 사건으로 정리하였다.

에서 아찬 김율을 보내 구원을 요청하였다. 왕이 군사를 보내 구원하니 견훤이 이를 듣고 물러갔는데 이때부터 우리와 틈이 생겼다.20)

(7) **김부대왕** 7세(921); 신라 경명왕 5년. 고려 태조(45세) 천수 4년. 후백제 견훤(55세) 재위 30년.

(7)-① 경명왕 5년 정월에 김율이 왕에게 아뢰기를, "제가 지난해 고려에 사신으로 갔을 때 고려 왕이 저에게 묻기를, '듣건대 신라에는 세 가지 보물이 있다고 하는데, 이른바 장육존상과 구층탑 그리고 성대가 그것이라고 한다. 장육존상과 구층탑은 아직도 있으나 성대는 지금도 있는지 모르겠다'고 하였으므로 제가 대답할 수 없었습니다'"라고 하였다. 왕이 그것을 듣고 여러 신하들에게 물었다. "성대라는 것이 어떤 보물인가?" 그러나 (이러한 사실을) 알고 있는 사람이 아무도 없었다. 그때 황룡사에 나이가 90세 넘은 스님이 있어 말하기를, "제가 일찍이 그것을 들은 적이 있습니다. 보배로운 띠는 곧 진평대왕이 착용하던 것인데, 대대로 전해져 남쪽 창고에 보관되어 있습니다"라고 하였다. 왕이 마침내 창고를 열도록 하였으나 볼 수가 없었다. 그래서 다른 날에 몸과 마음을 깨끗이 하고 제사를 지낸 다음에야 그것을 보게 되었는데, 그 띠는 금과 옥으로 장식된 것으로 매우 길어서 보통 사람이 맬 수 있는 것이 아니었다. (중략) 2월에 말갈 별부 달고의 무리가 북쪽 변경을 노략질하였다. 그때 태조의 장군 견권이 삭주를 지키고 있었는데, 기병을 이끌고 공격하여 그들을 크게 깨뜨려 한 필의 말도 돌아가지 못하였다. 왕이 기뻐하여 사신을 보내 글을 전하고 태조에게 사례하였다.21)

---

20) 『고려사절요』1 권1, 「세가」1, 태조 3년조에는, "春正月 新羅始遣使來聘 康州將軍閏雄遣其子一康爲質 拜一康阿粲 以卿行訓之妹妻之 遣郎中春讓慰諭康州 (중략) 秋九月 甄萱遣阿粲功達 獻孔雀扇竹箭 (중략) 冬十月 甄萱侵新羅 取大良仇史二郡 至于進禮郡 新羅遣阿粲金律來救援 王遣兵救之 萱聞之引退 始與我有隙"이라고 하였다. 『고려사절요』에 있는 내용을 번역할 때에는, 민족문화추진회 옮김, 『신편 고려사절요 상』(신서원, 2004)를 참고하였다.

21) 『삼국사기』 권12, 「신라본기」 12의 경명왕 5년조에는, "春正月 金律告王曰 臣往年奉使高麗 麗王問臣曰 聞新羅有三寶 所謂丈六尊像 九層塔幷聖帶也 像塔猶存 不知聖帶今猶在耶 臣不能答 王聞之 問群臣曰 聖帶是何寶物耶 無能知者 時有皇龍寺僧 年過九

김부대왕 연구

(7)-② 후에 고려왕이 장차 신라를 치려고 계획하다가 말하기를, "신라에
는 세 가지 보물이 있어서 침범하지 못한다고 하니 무엇을 두고 하는
말인가"라고 하였다. 황룡사 장육존상이 하나이고, 그 절의 구층탑이
둘이며, 진평왕 천사옥대가 세 번째였다. 이에 그러한 계획을 중단하
였다.[22]

(7)-③ 후에 고려왕이 장차 신라를 치려고 계획하다가 말하기를, "신라에
는 세 가지 보물이 있어서 침범하지 못한다고 하니 무엇을 두고 하는
말인가"라고 하였다. 황룡사의 장육존상과 구층탑 및 진평왕의 천사
옥대였다. 이에 그러한 계획을 중단하였다. 주나라에 구정이 있어서
초나라 사람이 감히 북방을 엿보지 못하였다고 하니 이와 같은 것이
다.[23]

(7)-④ 제 54대 경명왕대에 흥륜사의 남문과 좌우의 낭무가 불에 탄 채로
아직 수리를 하지 못하고 있었다. 정화와 홍계라는 두 스님이 시주를
모아 수리하려고 하였다. 정명 7년 신사년(921) 5월 15일에 제석이 절
의 왼쪽 경루에 내려와서 10일 동안 머무니 불전과 불탑과 풀 및 나무
와 흙 및 돌들이 모두 이상한 향기를 풍기고, 오색구름이 절을 덮었으
며 남쪽 못의 어룡이 기뻐서 뛰어놀았다. 나라 사람들이 모여서 보고
전에 없던 일이라고 감탄하면서 옥과 비단과 곡식을 산더미처럼 시주
하였다. 공장이 스스로 와서 며칠이 되지 않아 완성되었다. 공사가 끝
나자 천제가 돌아가려고 하니, 두 스님이 아뢰기를, "천제께서 만약
환궁하시려거든 성스로운 모습을 그려서 지성으로 공양하여 천은을
갚게 하시기 바랍니다. 또한 이로 인하여 영상을 남겨서 길이 하계를

十者曰 予嘗聞之 寶帶是眞平大王所服也 歷代傳之 藏在南庫 王遂令開庫 不能得見 乃
以別日齋祭 然後見之 其帶粧以金玉甚長 非常人所可束也 (중략) 二月 鞨鞨別部達姑
衆 來寇北邊 時太祖將堅權鎭朔州 率騎擊大破之 匹馬不還 王喜 遣使移書 謝於太祖"
라고 하였다.
22) 『삼국유사』권1, 「기이」2, 천사옥대조에는, "後高麗王將謀伐羅 乃曰 新羅有三寶不
可犯 何謂也 皇龍寺丈六尊像一 其寺九層塔二 眞平王天賜玉帶三也 乃止其謀"라고
하였다.
23) 『삼국유사』권3, 「탑상」4, 황룡사구층탑조에는, "後高麗王將謀伐羅 乃曰 新羅有三
寶 不可犯也 何謂也 皇龍丈六 幷九層塔 與眞平王 天賜玉帶 遂寢其謀 周有九鼎 楚人
不敢北窺 此之類也"라고 하였다.

진호하게 하소서"라고 하였다. 천제가 말하기를, "나의 원력은 저 보현보살이 두루 현화를 펴는 것만 같지 못하니 이 보살상을 그려서 경건하게 공양하여 그치지 않는 것이 좋을 것입니다"라고 하였다. 두 스님은 가르침을 받들어 보현보살을 벽 사이에 공손히 그렸는데, 지금도 그 상이 남아 있다.[24]

(7)-⑤ 2월에 (중략) 달고적 171명이 신라를 침범하기 위해 등주를 지나갔는데, 장군 견권이 맞아 싸워 대패시키니 말 한 마리도 살아 돌아가지 못했다. 왕은 전공이 있는 사람에게 곡식 50섬씩을 주게 하였다. 신라왕이 이 소식을 듣고 기뻐하며 사신을 보내 사례했다. (중략) 10월에 오관산에 대흥사를 창건하고 승려 이언利言을 맞아다가 스승으로 섬겼다. (중략) 12월에 아들 무를 책봉하여 정윤으로 삼았으니 정윤은 곧 태자이다. 예전에 무의 나이 7세 때에 태조는 그가 왕통을 계승할 만한 덕이 있음을 알았으나, 그 어머니 오씨가 미천하여 무를 태자로 세울 수 없을까 염려하였다. 이에 오래된 상자를 자황포로 포장해서 오씨에게 내려주었다. 오씨가 그것을 대광 박술희에게 보이니 박술희가 그 뜻을 알아차리고 무를 세워 정윤으로 삼도록 청하였다.[25]

(8) **김부대왕 8세(922);** 신라 경명왕 6년. 고려 태조(46세) 천수 5년. 후백제 견훤(56세) 재위 31년.

(8)-① 경명왕 6년 정월에 하지성下枝城(현재 경북 안동시 풍산읍으로 비정) 장군 원봉과 명주(강릉 지방) 장군 순식이 태조에게 항복하였다.

---

24) 『삼국유사』 권3, 「탑상」 4, 흥륜사벽화보현조에는, "第五十四景明王時 興輪寺南門及左右廊廡 災焚未修 靖和弘繼二僧 募緣將修 貞明七年辛巳五月十五日 帝釋降于寺之左經樓 留旬日 殿塔及草樹土石 皆發異香 五雲覆寺 南池魚龍喜躍跳擲 國人聚觀 嘆未曾有 玉帛梁稻 施積丘山 工匠自來 不日成之 工旣畢 天帝將還 二僧白日 天若欲還宮 請圖寫聖容 至誠供養 以報天恩 亦乃因茲留影 永鎭下方焉 帝曰 我之願力 不如彼普賢菩薩 遍垂玄化 畫此菩薩像 虔設供養而不廢宜矣 二僧奉教 敬畫普賢菩薩於壁間至今猶存其像"이라고 하였다.

25) 『고려사절요』 권1, 태조 4년조에는, "四年春二月 (중략) 達姑狄百七十一人 侵新羅 道由登州 將軍堅權 邀擊大敗之 匹馬無還者 王命賜有功者 穀人五十石 新羅王聞之 喜遣使來謝 (중략) 冬十月 創大興寺于五冠山 迎入僧利言 師事之 (중략) 十二月 册子武爲正胤 正胤卽太子也 初武年七歲 太祖知有繼統之德 念其母吳氏側微 不得立 乃以故笥盛柘黃袍賜吳 吳以示大匡朴述熙 述熙知其意 請立爲正胤"이라고 하였다.

김부대왕 연구

태조가 그들의 귀순을 생각하여 원봉의 본래 성城을 순주順州로 삼
고, 순식에게는 왕씨의 성姓을 내렸다. 이달에 진보珍寶(현재 경북 의
성군 의성읍으로 추정) 장군 홍술이 태조에게 항복하였다.[26]

(8)-② 6월 정사일에 하지현 장군 원봉이 투항해왔다. 7월 무술일에 명주
　　　장군 순식이 항복하였다. 예전에 왕은 순식이 항복하지 않음을 근심하
　　　니 시랑 유권열이 말하기를, "아버지가 아들에게 명령하고 형이 아우
　　　에게 훈계하는 것은 천리입니다. 순식의 아비인 허월이 지금 중이 되
　　　어 내원에 있으니 마땅히 그를 보내 타이르게 하소서"라고 하였다. 왕
　　　이 유권열의 말을 따르니 순식이 드디어 맏아들 수원을 보내 귀순하였
　　　으므로 왕씨의 성을 내려주고 전택을 주었다. 11월 신사일에 진보성
　　　성주 홍술이 사자를 보내 투항하겠다는 뜻을 표하자 원윤 왕유와 경
　　　함필 등을 보내 안심시켰다.[27]

(9)　김부대왕 9세(923); 신라 경명왕 7년. 고려 태조(47세) 천수 6년. 후
　　　백제 견훤(57세) 재위 32년.

(9)-① 경명왕 7년 7월에 명지성 장군 성달과 경산부 장군 양문 등이 태조
　　　에게 항복하였다. 왕이 창부시랑 김락과 녹사참군 김유경을 후당에 보
　　　내 조회하고 토산물을 바치니, 장종이 물품을 차등있게 내려 주었
　　　다.[28]

(9)-② 후당 동광 원년인 계미(923)년; 본조 태조 즉위 6년에 입조사 윤질
　　　이 가지고 온 오백나한상은 지금 북숭산의 신광사에 있다.[29]

---

26) 『삼국사기』 권12, 「신라본기」 12의 경명왕 6년조에는, "春正月 下枝城將軍元逢 溟州
　　　將軍順式 降於太祖 太祖念其歸順 以元逢本城爲順州 賜順式姓曰王 是月 眞寶城將軍
　　　洪述 降於太祖"라고 하였다.
27) 『고려사절요』 1 권1, 「세가」 1, 태조 5년조에는, "六月 下枝縣將軍元奉來投 秋七月 溟
　　　州將軍順式降附 初王以順式不服患之 侍郎權說曰 父而詔子 兄而訓弟 天理也 順式父
　　　許越 今爲僧在內院 宜遣往論之 王從之 順式遂遣長子守元歸款 賜姓王給田宅 冬十一
　　　月 眞寶城主洪術 遣使請降 遣元尹王儒 卿含弼等慰論之"라고 하였다.
28) 『삼국사기』 권12, 「신라본기」 12의 경명왕 7년조에는, "秋七月 命旨城將軍城達 京山
　　　府將軍良文等 降於太祖 王遣倉部侍郎金樂 錄事叅軍金幼卿 朝後唐貢方物 莊宗賜物
　　　有差"라고 하였다.
29) 『삼국유사』 권3, 「탑상」 4, 전후소장사리조에는, "後唐同光元年癸未 本朝太祖卽位
　　　六年 入朝使尹質 所將五百羅漢像 今在北崇山神光寺"라고 하였다.

(9)-③ 3월에 하지현 장군 원봉을 원윤으로 삼고 그 고을을 순주로 승격시
켰다. 명지성 장군 성달이 자기 동생인 이달·단림과 함께 귀부해왔
다. (중략) 8월에 벽진군 장군 양문이 생질 규환을 보내 투항해오자 규
환을 원윤으로 임명했다. 11월에 진보성 성주 홍술이 아들 왕립을 보
내 갑옷 30벌을 바치자 왕립을 원윤으로 임명했다.[30]

(9)-④ 정종문명대왕; 이름은 요이며 자는 의천이니 태조의 둘째 아들이
다. 어머니는 신명왕후 유씨이며, 태조 6년 계미에 태어났다.[31]

(9)-⑤ 정종지덕장경정숙문명대왕은 이름이 왕요이고 자가 천의이며, 태
조의 둘째 아들로 어머니는 신명순성왕태후 유씨이다. 태조 6년 계미
년(923)에 태어났다.[32]

(10) **김부대왕 10세(924)**; 경명왕 8년. 경애왕 원년. 고려 태조(48세) 천
수 7년. 후백제 견훤(58세) 재위 33년.

(10)-① 경명왕 8년 정월에 후당에 사신을 보내 조공하였다. 천주절도사
왕봉규 역시 사신을 보내 토산물을 바쳤다. 6월에 조산대부 창부시
랑 김악을 후당에 보내 조공하니, 장종이 조의대부 시위위경의 관작
을 주었다. 8월에 왕이 죽었다. 시호를 경명이라 하고 황복사 북쪽에
장사지냈다. 태조가 사신을 보내 조문하고 제사지냈다.

경애왕이 왕위에 올랐다. 이름은 위응이고 경명왕의 친동생이다.
원년 9월에 태조에게 사신을 보내 예방하였다. 10월에 몸소 신궁에
제사지내고 크게 사면하였다.[33]

---

30) 『고려사절요』 1 권1, 「세가」 1, 태조 6년조에는, "春三月 以下枝縣將軍元奉爲元尹 陞
其縣爲順州 命旨城將軍城達 與其弟伊達瑞林等來附 (중략) 秋八月 碧珍郡將軍良文
遣其甥圭奐來降 拜圭奐爲元尹 冬十一月 眞寶城主洪術 遣子王立 獻鎧三十 拜王立爲
元尹"이라고 하였다.

31) 『고려사절요』 2, 정종조에는, "定宗文明大王 諱堯 字義天 太祖第二子 母神明王后劉
氏 太祖六年癸未生"이라고 하였다.

32) 『고려사』 1 권2, 「세가」 2, 정종 즉위년조에는, "定宗至德章敬正肅文明大王 諱堯 字
天義 太祖第二子 母曰神明順聖王太后劉氏 以太祖六年癸未生"이라고 하였다.

33) 『삼국사기』 권12, 「신라본기」 12의 경명왕 8년조에는, "八年 春正月 遣使入後唐朝貢
泉州節度使王逢規 亦遣使貢方物 夏六月 遣朝散大夫倉部侍郎金岳 入後唐朝貢 莊宗
授朝議大夫試衛尉卿 秋八月 王薨 諡曰景明 葬于皇福寺北 太祖遣使弔祭"라고 하였
다. 또한 경애왕 원년조에는, "景哀王立 諱魏膺 景明王同母弟也 元年九月 遣使聘於
太祖 冬十月 親祀神宮 大赦"라고 하였다.

김부대왕 연구

(10)-② 견훤은 태조와 겉으로는 화친을 맺었으나 속으로는 서로 대립하고 있었다. 동광 2년 7월에 (견훤이) 아들 수미강을 보내 대야성과 문소성에 있는 두 성의 군사를 일으켜 조물성을 공격하였으나 성의 사람들이 태조를 위하여 굳게 지키며 싸웠으므로 수미강이 손해를 보고 돌아갔다. 8월에 (견훤이) 태조에게 사신을 보내 총마를 바쳤다.[34]

(10)-③ 제 55대 경애왕; 박씨이며, 이름은 위응이다. 경명왕의 동생이다. 어머니는 자성왕후이다. 갑신년에 즉위하여 2년간(필자주; 4년이 옳다) 다스렸다.[35]

(10)-④ 제 55대 경애왕이 즉위한 동광 2년 갑신 2월 19일에 황룡사에서 백고좌회를 열어 불경을 강설하였다. 겸하여 선승 3백 명에게 음식을 대접하고 대왕이 친히 향을 피워 불공을 드렸다. 이것이 벽고좌에서 선교를 함께 설한 시초였다.[36]

(10)-⑤ 태조 7년 7월에 견훤이 아들 수미강과 양검 등을 보내 즈물군을 공격하자, (고려의 태조 왕건은) 장군 애선과 왕충을 시켜 구원하게 했다. 애선은 전사하였으나 조물군 사람들이 굳게 지키니 수미강 등이 소득없이 돌아갔다. 8월에 견훤이 사신을 보내 절영도의 총이말 한 필을 선물로 주었다. 9월에 신라의 경명왕 박승영이 죽고 그 아우인 경애왕 박위응이 즉위하여 국상國喪을 알려왔다. 왕이 애도하고 재를 지내 명복을 빈 후 사신을 보내 조문하였다. 이 해에 외제석원 구요당 신중원을 창건했다.[37]

---

34) 『삼국사기』 권50, 「열전」 10의 견훤조에는, "萱與我太祖 陽和而陰剋 同光二年秋七月 遣子須彌强 發大耶聞韶二城卒 攻曹物城 城人爲太祖固守且戰 須彌强失利而歸 八月 遣使獻驄馬於太祖"라고 하였다.

35) 『삼국유사』 권1, 「왕력」 1, 신라조에는, "第五十五景哀王 朴氏 名魏膺 景明之母弟也 母資成 甲申立 理二年(필자주; 4년이라야 한다)"라고 하였다.

36) 『삼국유사』 권2, 「기이」 2, 경애왕조에는, "第五十五景哀王卽位 同光二年甲申 二月十九日 皇龍寺設百座說經 兼飯禪僧三百 大王親行香致供 此百座通說 禪敎之始"라고 하였다.

37) 『고려사절요』 1 권1, 「세가」 1, 태조 7년조에는, "秋七月 甄萱遣子須彌康良劍等 來攻曹物城 王遣將軍哀宣王忠救之 哀宣戰死 曹物郡人固守 須彌康等失利而歸 九月新羅王昇英薨 其弟魏膺立 來告喪 王爲之擧哀 設齋追福 遣使弔之 是歲創外帝釋院九曜堂 神衆園"이라고 하였다.

(11) <u>김부대왕 11세(925)</u>; 경애왕 2년. 고려 태조(49세) 천수 8년. 후백제
　　　　견훤(59세) 재위 34년.

(11)-① 경애왕 2년 10월에 고울부 장군 능문이 태조에게 투항하니 위로
　　　　하고 타일러 돌려 보냈는데, 그 성이 신라의 왕도와 가까웠기 때문이
　　　　었다. 11월에 후백제 견훤이 조카 진호를 고려에 볼모로 보냈다. 왕이
　　　　그것을 듣고 사신을 보내 태조에게 이르기를, “견훤은 이랬다 저랬다
　　　　하고 거짓이 많으니 친하게 지내서는 안됩니다”라고 하니 태조가 그
　　　　렇게 여겼다.³⁸⁾

(11)-② (동광) 3년 10월에 견훤이 기병 3천 명을 거느리고 조물성에 이르
　　　　니 태조도 또한 정병을 거느리고 와서 승패를 겨루었다. 그때 견훤의
　　　　군사가 대단히 날쌔었으나 승부를 내지 못하였다. 태조는 우선 화친
　　　　하여 그 군사를 피로하게 하려고 편지를 보내 화친을 청하면서 사촌
　　　　동생 왕신을 인질로 보내었더니 견훤도 사위 진호를 인질로 교환하였
　　　　다. 12월에 (견훤은) 거창 등 20여 성을 공격하여 취하였다.³⁹⁾

(11)-③ (동광) 3년 10월에 (견훤이) 기병 3천 명을 거느리고 조물성[지금
　　　　은 (위치를) 자세히 알 수 없다]까지 이르렀다. 태조도 역시 정병을
　　　　거느리고 와서 그와 대전하였다. 견훤의 군사가 날래어 승부를 결판
　　　　낼 수가 없었다. 태조는 잠정적으로 화해함으로써 견훤의 군사를 피
　　　　로하게 하려고, 글을 보내 화친을 청하고 당제 왕신을 볼모로 삼으니
　　　　견훤도 외생질 진호를 볼모로 교환하였다. 12월에 견훤은 거서[지금
　　　　은 자세히 알 수 없다] 등 20여 성을 쳐서 빼앗았다.⁴⁰⁾

(11)-④ 태조 8년(925) 10월 을해일에 왕이 친히 군사를 거느리고 견훤과

조물군에서 전투를 벌이자 유금필이 군사를 이끌고 와서 합세했다. 겁을 낸 견훤이 화친을 요청하면서 사위인 진호를 인질로 보내자 왕도 사촌동생인 원윤 왕신을 인질로 교환하고, 견훤이 10살 연상이라고 하여 상보라고 존칭했다.[41]

(11)-⑤ 9월에 매조성 장군 능현이 사자를 보내어 항복하겠다고 청하였다. 10월에 고울부 장군 능문이 사졸을 거느리고 와서 의탁하였는데, 왕은 그 성이 신라의 왕도에서 가까우므로 그를 위로하여 돌려보내고 다만 그 휘하의 시랑 배근과 대감 명재·상술·궁식 등은 머무르게 하였다. 정서대장군 유금필을 보내 후백제의 연산진을 쳐서 장군 길환을 죽이고, 또 임존군을 쳐서 3천여 명을 죽이거나 사로잡았다. 조물군에 행차하여 견훤을 만나 싸웠으나 견훤의 군사가 매우 날래 승부를 결단하지 못하였다. 왕이 서로 오래 버텨서 견훤의 군사를 피로하게 하려 하였는데, 유금필이 군사를 이끌고 와 어울려 싸워서 군사들의 기세가 크게 떨쳤다. 그러자 견훤이 두려워서 화친을 청하여 사위 진호를 볼모로 보내니 왕 또한 집안동생 왕신을 볼모로 보냈다. 왕은 견훤의 나이가 10년이나 위이므로 그를 상보라 불렀다. 왕이 견훤을 군영으로 불러오게 하여 일을 의논하려 하니 유금필이 간하기를, "사람의 마음은 알기 어려운 것인데 어찌 가벼이 적과 서로 가까이하겠습니까"라고 하므로 왕이 그만두었다. 신라왕이 이 소식을 듣고 사신을 보내 말하기를, "견훤은 되풀이 해가며 속임수를 많이 쓰니 화친해서는 안됩니다"라고 하였다. 왕이 그 말을 옳게 여겼다.[42]

(11)-⑥ 광종은 태조 8년 을유년에 태어났다.[43]

---

41) 『고려사』1 권2, 「세가」1, 태조 8년조에는, "乙亥 王自將及甄萱 戰于曹物郡 黔弼引兵來會 萱懼乞和 以外甥眞虎爲質 王亦以堂弟元尹王信交質 以萱十年之長 稱爲尙父" 라고 하였다.

42) 『고려사절요』1 권1, 「세가」1, 태조 8년조에는, "秋九月 買曹城將軍能玄 遣使乞降 冬十月 高鬱府將軍能文 率士卒來投 王以其城 近新羅王都 勞慰還之 惟留其麾下侍郞 盃近 大監明才 相述 弓式等 遣征西大將軍庾黔弼 攻百濟燕山鎭 殺將軍吉奐 又攻任存郡 殺獲三千餘人 幸曹物郡 遇甄萱與戰 萱兵銳甚 未決勝負 王欲與相持 以老其師 庾黔弼引兵來會 兵勢大振 萱懼乞和 以外甥眞虎爲質 王亦以堂弟王信交質 王以萱十年之長 稱爲尙父 王欲召萱 至營論事 黔弼諫曰 人心難知 豈可輕與敵相狎乎 王乃止 新羅王聞之 遣使曰 甄萱反復多詐 不可和親 王然之"라고 하였다.

II. 김부대왕(915~978) 연보

(12) **김부대왕 12세(926)**; 경애왕 3년. 고려 태조(50세) 천수 9년. 후백제
견훤(60세) 재위 35년.

(12)-① 경애왕 3년 4월에 진호가 갑자기 죽었다. 견훤이 말하기를, "고려
사람이 일부러 죽였다"라고 하면서 노하여 군사를 일으켜 웅진으로
진군하였다. 태조가 여러 성에 명하여 성벽을 굳게 하고 나오지 말도
록 하였다. 왕이 사신을 보내 말하기를, "견훤이 맹약을 어기고 군사
를 일으켰으니 하늘은 반드시 돕지 않을 것입니다. 만약 대왕께서 한
번 북을 쳐서 위세를 떨친다면 견훤은 반드시 스스로 파멸하고 말 것
입니다"라고 하였다. 태조가 사신에게 말하기를, "내가 견훤을 두려
워하는 것이 아니고 악惡이 가득 차서 스스로 쓰러지기를 기다릴 뿐
이다"라고 하였다.[44]

(12)-② (동광) 4년에 진호가 갑자기 죽었다. 견훤은 이를 듣고 고의로 죽
였다고 의심하여 곧바로 왕신을 감옥에 가두고 또 사람을 시켜 전년
에 보낸 총마를 돌려달라고 청하자 태조가 웃으며 이를 돌려보냈
다.[45]

(12)-③ 태조 9년 4월 경진일에 견훤이 보냈던 인질 진호가 병으로 죽었
으므로 시랑 익훤을 시켜 시신을 담은 관을 보내주었다. 견훤은 우리
가 진호를 죽였다고 생각하여 왕신을 죽이고 웅진으로 진군했다. 왕
이 각 성으로 하여금 성을 굳게 지키고 나와 싸우지 말라고 지시했
다. 신라왕이 사신을 보내, "견훤이 맹약을 어기고 군사를 일으켰으
니 하늘도 절대 돕지 않을 것입니다. 만약 대왕께서 한번 진격의 북
을 울려 위세를 떨치기만 하면 견훤은 반드시 자멸할 것입니다"라고
하였다. 왕은 사신에게, "내가 견훤을 두려워하는 것이 아니라 온갖
악행을 저지른 끝에 스스로 멸망하기를 기다릴 뿐이다"라고 하였다.
도참설에 "절영도의 명마가 도착하면 후백제가 망하리라"는 예언이

---

43) 『고려사』 1 권2, 「세가」 2, 광종조에는, "太祖八年乙酉生"이라고 하였다.

44) 『삼국사기』 권12, 「신라본기」 12의 경애왕 3년조에는, "夏四月 眞虎暴死 萱謂高麗人
   故殺 怒擧兵 進軍於熊津 太祖命諸城 堅壁不出 王遣使曰 甄萱違盟擧兵 天必不祐 若
   大王奮一鼓之威 甄萱必自破矣 太祖謂使者曰 吾非畏萱 俟惡盈而自僵耳"라고 하였다.

45) 『삼국사기』 권50, 「열전」 10의 견훤조에는, "(同光) 四年 眞虎暴卒 萱聞之 疑故殺 卽
   囚王信獄中 又使人請還 前年所送驄馬 太祖笑還之"라고 하였다.

김부대왕 연구

있다는 것을 들은 견훤이 그제서야 후회하며 사람을 시켜 그 말을 돌
려달라고 청하니 왕이 웃으며 허락했다.[46)]

(13) <u>김부대왕 13세(927)</u>; 경애왕 4년. 경순왕 1년. 고려 태조(51세) 천수
10년. 후백제 견훤(61세) 재위 36년.

(13)-① 경애왕 4년 정월에 태조가 몸소 백제를 정벌했는데 왕이 군사를
내어 도왔다. 2월에 병부시랑 장분 등을 후당에 보내 조공하였다. 후
당은 장분에게 검교공부상서의 관작을 주었고, 부사 병부랑중 박술
홍에게는 어사중승의 관작을 겸하게 하였으며, 판관 창부원외랑 이
충식에게는 시어사의 관작을 겸하게 하였다. 3월에 황룡사 탑이 흔
들려 북쪽으로 기울어졌다. 태조가 몸소 근암성을 깨뜨렸다. 후당의
명종이 권지강주사 왕봉규를 회화대장군으로 삼았다. 4월에 지강주
사 왕봉규가 사신 임언을 후당에 조공하니, 명종이 중흥전에 불러 접
견하고 물품을 내려 주었다. 강주 관할의 돌산향 등 4개 향이 태조에
게 귀순하였다. 9월에 견훤이 고울부에서 우리 군사를 공격하였으므
로 왕이 태조에게 구원을 요청하였다. (태조가) 장군에게 명하여 굳
센 군사 1만 명을 내어가서 구원하게 했는데, 견훤은 구원병이 미처
이르기 전인 11월에 갑자기 서울로 쳐들어왔다. 왕은 왕비와 궁녀 및
왕실의 친척들과 함께 포석정에서 잔치를 베풀며 즐겁게 놀고 있어,
적의 군사가 닥치는 것을 깨닫지 못하여 허둥지둥하며 어찌해야 할
바를 알지 못하였다. 왕은 왕비와 함께 후궁으로 달아나 들어가고 왕
실의 친척과 공경대부와 사녀들은 사방으로 흩어져 도망하여 숨었
다. 적병에게 사로잡힌 사람은 귀한 사람이나 천한 사람 할 것 없이
모두 놀라 식은 땀을 흘리며 엉금엉금 기면서 종이 되기를 빌었으나
화를 면하지 못하였다. 견훤은 또 군사들을 풀어놓아 공사의 재물을
거의 모두 약탈하고, 궁궐에 들어가 거처하면서 좌우의 사람들에게

---

46) 『고려사절요』 1 권1, 「세가」 1, 태조 9년조에는, "夏四月 甄萱質子眞虎病死 遣侍郎弋
萱送其喪 甄萱謂我殺之 殺王信 進軍熊津 王命諸城 堅壁不出 新羅王遣使曰 甄萱違盟
舉兵 天必不祐 若大王奮一鼓之威 萱必自敗矣 王謂使者曰 吾非畏萱 俟惡盈而自僵耳
先是萱獻絶影島驄馬一匹 後聞讖云 絶影名馬 至百濟亡 乃悔之 使人請還其馬 王笑而
許之"라고 하였다.

명하여 왕을 찾도록 하였다. 왕은 왕비와 첩 몇 사람과 함께 후궁에
있다가 붙잡혀 군대의 진영에 이끌려 왔다. (견훤은) 왕을 핍박하여
자살하도록 하고 왕비를 강제로 욕보였으며, 그 부하들을 풀어놓아
궁녀들을 욕보였다. 이에 왕의 족제를 세워 임시로 나라 일을 맡아
다스리도록 하니, 이가 경순왕이다.

경순왕이 왕위에 올랐다. 이름은 부이다. 문성대왕의 후손으로 이
찬 효종의 아들이고, 어머니는 계아태후이다. 견훤에 의하여 추대되
어 즉위하게 되었는데, 앞 왕의 시신을 들어서 서당에 모셔두고 여러
신하들과 함께 통곡하고 시호를 올려 경애라 하였으며 남산 해목령
에 장사지냈다. 태조가 사신을 보내서 조문하고 제사지냈다.

원년 11월에 죽은 아버지를 신흥대왕으로 추존하고 어머니를 왕태
후로 삼았다. 12월에 견훤이 대목군에 침입하여 들판에 쌓아놓은 곡
식을 모두 불태웠다.[47]

(13)-② 천성 2년 9월에 견훤이 근품성을 공격하여 불태우고 진격하여 신
라 고울부를 습격하고 신라 수도 교외에 가까이 이르니 신라왕이 태
조에게 구원을 요청하였다. 10월에 태조가 군사를 출동시켜 원조하
였는데 견훤이 별안간 신라 서울에 들어갔다. 그때 신라왕은 부인과
궁녀를 데리고 포석정에 놀러 나와 술을 마시고 즐기고 있었는데 적

---

47) 『삼국사기』 권12, 「신라본기」 12의 경애왕 4년조에는, "四年春正月 太祖親征百濟 王
出兵助之 二月 遣兵部侍郎張芬等 入後唐朝貢 唐授張芬檢校工部尚書 副使兵部郎中
朴術洪 兼御史中丞 判官倉部員外郎李忠式 兼侍御史 三月 皇龍寺塔搖動北傾 太祖親
破近巖城 唐明宗以權知康州事王逢規爲懷化大將軍 夏四月 知康州事王逢規 遣使林彥
入後唐朝貢 明宗召對中興殿 賜物 康州所管突山等四鄕 歸於太祖 秋九月 甄萱侵我軍
於高鬱府 王請救於太祖 命將出勁兵一萬往救 甄萱以救兵未至 以冬十一月 掩入王京
王與妃嬪宗戚 遊鮑石亭宴娛 不覺賊兵至 倉猝不知所爲 王與妃奔入後宮 宗戚及公卿
大夫士女 四散奔走逃竄 其爲賊所虜者 無貴賤皆駭汗匍匐 乞爲奴僕而不免 萱又縱其
兵 劮掠公私財物略盡 入處宮闕 乃命左右索王 王與妃妾數人在後宮 拘致軍中 逼令王
自盡 强淫王妃 縱其下 亂其妃妾 乃立王之族弟 權知國事 是爲敬順王"이라고 하였다.
또한 경순왕 원년조에는, "敬順王立 諱傳 文聖大王之裔孫 孝宗伊湌之子也 母桂娥太
后 爲甄萱所擧卽位 擧前王屍 殯於西堂 與群下慟哭 上諡曰景哀 葬南山蟹目嶺 太祖遣
師弔祭 元年 十一月 追尊考爲神興大王 母爲王太后 十二月 甄萱侵大木郡 燒盡田野積
聚"라고 하였다.

병이 이르자 낭패하여 어찌할 바를 몰랐다. (경애왕은) 부인을 데리고 성 남쪽의 별궁으로 돌아왔고 여러 시종하던 신료와 궁녀, 악사들은 모두 침략군에 잡혔다. 견훤이 군대를 풀어 크게 약탈하고 왕을 잡아오게 하여 앞에 이르자 왕을 죽이고 문득 궁중에 들어가 거처하면서 부인을 강제로 끌어내 능욕하고 왕의 집안 동생 김부로 하여금 왕위를 잇게 하였다. 그런 후에 왕의 동생 박효렴과 재상 박영경을 포로로 잡고 국가 창고의 진귀한 보물과 무기를 취하고, (귀족의) 자녀, 백공 중 기예가 뛰어난 자 등은 스스로 따르게 하여 돌아왔다.

태조는 정예의 기병 5천명으로써 견훤을 공산 아래에서 맞아 크게 싸웠다. 태조의 장수 김락과 신숭겸이 전사하고 모든 군사가 패배하여 태조는 겨우 몸만 빠져 나왔다. 견훤은 승세를 타고 대목군을 빼앗았다. (중략)

당시 신라의 임금과 신하들도 쇠퇴해진 국운을 다시 일으키기 어렵다고 생각하여 우리 태조를 끌어들여 우호를 맺어 도움을 받고자 하였다. 견훤은 나라를 빼앗을 마음을 가졌는데 태조가 먼저 취할까 걱정하였기 때문에 군대를 이끌고 왕도에 들어와 나쁜 짓을 저질렀다. 그러므로 12월 어느 날에 태조에게 다음과 같은 편지를 보냈다. "지난번에 재상 김웅렴 등이 장차 그대를 불러 서울에 들어오게 한 것은 (중략) 반드시 산 백성을 도탄에 빠지게 하고, 종묘 사직을 폐허로 만들 것이므로 제가 먼저 조적의 채찍을 잡고 홀로 한월을 휘둘러 뭇 신료에게 밝은 해를 두고 서약하고, 6부를 올바른 법도로써 타일렀습니다. 그런데 뜻밖에 간신들은 도망을 치고 임금은 변을 당하여 죽었으므로 드디어 경명왕의 외사촌이고, 헌강왕의 외손을 받들어 권하여 왕위에 오르게 하여, 위태로운 나라를 재생시켜 주었으며, 임금을 잃은 나라에 임금을 갖게 한 것이 이번 걸음에 있었던 일입니다. (중략) 제가 목적하는 바는 평양의 누각에 활을 걸어놓고 말에게 대동강의 물을 먹이는 것이나, 지난 달 7일에 오월국 사신 반상서가 와서 오월왕의 조칙을 전하였습니다. 그 글에 '경은 고려와 오래도록 화친하여 이웃 맹방으로 함께 약속할 줄 알고 있는데 요즈음 인질들이 죽음으로 인하여 드디어 화친의 옛 우호를 잃고 서로 영토를 침략하여 전쟁을 쉬지 않으니 지금 이 문제를 위하여 사신을 보내 경의 본국에 다다르게 하고 또 고려에도 서신을 보냈으니 마땅히 서로 충실하게 (신라) 왕실을 높이고 마음속 깊이 큰 나라를 섬기고 있는데 (오월왕의) 타이르는 조칙을 받고 곧바로 이에 따르고자 합니다. (중략) 지금 조칙을 베껴서 올리니 청컨대 유의하여 상세히 살펴보시기를 바랍니다. (중략) 마땅히 잘못을 크게 저지르면 돌이킬 수 없다는 경계를 받들어 후회를 자초하지 말도록 하십시요"라고 하였다.[48]

(13)-③ 천성 2년 정해 9월에 견훤은 근품성[지금의 산양현]을 쳐서 **빼앗**고 이를 불사르니, 신라왕이 태조에게 구원을 청하였다. 태조가 장차 군사를 동원하고자 했는데, 견훤은 고울부[지금의 울주]를 습격하여 **빼앗**고 족시림[또는 계림의 서쪽 교외]으로 진군하여 졸지에 신라 왕도로 들어갔다. 신라왕은 부인과 함께 포석정에 나가 놀고 있었다. 이러한 이유로 더욱 쉽게 패하였다. 견훤은 왕의 부인을 억지로 끌어내 욕보이고, 왕의 족제族弟인 김부대왕으로 하여금 왕위를 잇게 하였다. 그런 후에 왕의 동생인 박효렴과 재상 박영경을 사로잡고 또한 국고로부터 진귀한 보물과 병기를 **빼앗**고는, 자녀들과 각종 공인 중에 우수한 자들을 직접 데리고 돌아갔다. 태조는 정예기병 5천명을 거느리고 공산 아래에서 견훤을 맞아 크게 싸웠다. 태조의 장수 김락과 신숭겸은 여기서 죽고, 모든 군사가 패했으며 태조는 겨우 죽음을 면하였다. 그래서 견훤에게 저항하지 않고 많은 죄악을 짓게 내버려

---

48) 『삼국사기』 권50, 「열전」 10의 견훤조에는, "天成二年秋九月 萱攻取近品城燒之 進襲新羅高鬱府 逼新羅郊圻 新羅王求救於太祖 冬十月 太祖出師援助 萱猝入新羅王都 時王與夫人嬪御出遊鮑石亭 置酒娛樂 賊至狼狽 不知所爲 與夫人歸城南離宮 諸侍從臣寮及宮女伶官 皆陷沒於亂兵 萱縱兵大掠 使人捉王 至前戕之 便入居宮中 强引夫人亂之 以王族弟金傅嗣立 然後虜王弟孝廉宰相英景 又取國帑 珍寶兵仗 子女百工之巧者 自隨以歸 太祖以精騎五千 要萱於公山下大戰 太祖將金樂崇謙死之 諸軍敗北 太祖僅以身免 萱乘勝取大木郡 (중략) 時新羅君臣以衰季 難以復興 謀引我太祖 結好爲援 甄萱自有盜國心 恐太祖先之 是故 引兵入王都作惡 故十二月日 寄書太祖曰 昨者國相金雄廉等 將召足下入京 (중략) 必使生靈塗炭 宗社丘墟 僕是用先着祖鞭 獨揮韓鉞 誓百寮如皦日 諭六部以義風 不意姦臣遁逃 邦君薨變 遂奉景明王之表弟 獻康王之外孫 勸卽尊位 再造危邦 喪君有君 於是乎在 (중략) 所期者 掛弓於平壤之樓 飲馬於浿江之水 然以前月七日 吳越國使 班尙書至 傳王詔旨 知卿與高麗 多通歡好 共契鄰盟 比因質子之兩亡 遂失和親之舊好 互侵疆境 不戢干戈 今專發使臣 赴卿本道 又移文高麗 宜各相親比 永孚于休 僕義篤尊王 情深事大 及聞詔諭 卽欲祗承 (중략) 今錄詔書寄呈 請留心詳悉 (중략) 宜迷復之爲戒 無後悔之自貽"라고 하였다.

두었다. 견훤은 이긴 기세를 타서 대목성[지금의 약목현]과 경산부 및 강주를 노략질하고 부곡성을 공격하였다. 또 의성부의 태수 홍술이 대항해 싸우다가 죽으니, 태조가 이 소식을 듣고 말하기를, "나는 오른팔을 잃었구나"라고 하였다.[49]

(13)-④ 제 56대 경순왕; 김씨이며, 이름은 부傅이다. 아버지는 효종 이간이니, 신흥대왕으로 추봉되었다. 할아버지는 관△각간이니, 의흥대왕으로 추봉되었고, 어머니는 계아태후로 헌강왕의 딸이다. 정해(927)에 즉위하여 8년간 다스렸다.[50]

(13)-⑤ 제 56대 김부대왕의 시호는 경순이다. 천성 2년 정해 9월에 후백제의 견훤이 신라를 침범해서 고울부에 이르니, 경애왕은 우리 고려 태조에게 구원을 청하였다. 태조는 장수에게 명령하여 강한 근사 1만 명을 거느리고 구하게 했으나 구원병이 미처 도착하기 전에 견훤은 11월에 서울로 쳐들어갔다. 이때 왕은 비빈 종척들과 포석정에서 잔치를 열고 즐겁게 놀고 있었기 때문에 적병이 오는 것도 알지 못하다가 창졸간에 어찌할 줄을 몰랐다. 왕과 비는 달아나 후궁으로 들어가고 종척 및 공경대부와 사녀들은 사방으로 흩어져 달아나다가 적에게 사로잡혔으며, 귀천을 가릴 것 없이 모두 땅에 엎드려 노비가 되기를 빌었다. 견훤은 군사를 놓아 공사간의 재물을 약탈하고 왕궁에 들어가서 거처하였다. 이에 좌우사람을 시켜 왕을 찾게 하니 왕은 비첩 몇 사람과 후궁에 숨어 있었다. 이를 군중으로 잡아다가 왕은 억지로 자결해 죽게 하고 왕비를 욕보였으며, 부하들을 놓아 왕의 빈첩들을 모두 욕보였다. 왕의 족제인 부를 세워 왕으로 삼으니 왕은 견

---

49) 『삼국유사』권2, 「기이」2, 후백제견훤조에는, "天成二年丁亥九月 萱攻取近品城[今山陽縣] 燒之 新羅王求救於太祖 太祖將出師 萱襲取高鬱府[今蔚州] 進軍族始林[一云雞林西郊] 卒入新羅王都 新羅王與夫人出遊鮑石亭 時由是甚敗 萱强引夫人亂之 以王之族弟金傅嗣位 然後虜王弟孝廉 宰相英景 又取國帑珍寶兵仗 子女百工之巧者 自隨以歸 太祖以精騎五千 要萱於公山下大戰 太祖之將金樂崇謙死之 諸軍敗北 太祖僅以身免 而不與相抵 使盈其貫 萱乘勝轉掠大木城[今若木縣] 京山府康州攻缶谷城 又義成府之守洪述 拒戰而死 太祖聞之曰 吾失右手矣"라고 하였다.

50) 『삼국유사』권1, 「왕력」1, 신라조에는, "第五十六敬順王 金氏 名傅 父孝宗伊干 追封神興大王 祖官□角干 追封懿興大王 母桂娥太后 憲康王之女也 丁亥立 理八年"이라고 하였다.

휜이 세운 셈이 되었다. 왕위에 오르자 전왕의 시체를 서당에 안치하고 여러 신하들과 함께 통곡하였다. 이때 우리 태조는 사신을 보내서 조문하였다.[51]

(13)-⑥ 태조 10년 정월에 친히 후백제의 용주를 쳐서 항복시켰다. 당시 견훤이 맹약을 어기고 자주 변경을 침략했지만 왕은 오랫동안 참아왔다. 그러나 견훤이 우리를 병탄하려 하기에 왕이 견훤을 치자 신라왕도 군대를 내어 도왔다. 견훤이 왕신의 시신을 보내왔다. 3월에 왕이 운주의 성주 긍준을 성 아래에서 쳐부수고, 드디어 근품성을 쳐서 함락시켰다. 4월에 해군장군 영창과 능식 등을 시켜 수군을 거느리고 가서 강주 하돌산 등 네 고을을 공격하게 하였다. 왕이 웅주를 쳤으나 이기지 못했다. 7월에 원보 재충과 김락 등을 보내 대량성을 쳐서 장군 추허조 등 30여 명을 사로잡았다. 8월에 왕이 강주를 순행할 때 고사갈이성을 지나니, 성주 흥달이 그 아들을 먼저 보내 귀부해왔다. 이에 후백제의 성주들이 모두 항복하고 귀부했다. (중략) 명주의 장군 순식이 아들 장명을 보내 군사 6백 명을 거느리고 들어와서 숙위하였다. 9월에 견훤이 근품성을 공격해 불태운 후, 신라의 고울부를 습격하고 수도 부근까지 다가오자 신라 국왕이 연식을 보내어 위급함을 알리고 구원을 요청하였다. 왕이 시중 공훤과 대상 손행 및 정조와 연주 등에게 말하기를, "신라는 우리와 우호관계를 맺은 지 이미 오래인데 지금 위급한 지경에 놓여 있으니 구원하지 않을 수 없다"라고 말한 후, 공훤 등에게 군사 1만 명을 거느리고 출정하게 했다. 그러나 미처 당도하기도 전에 견훤이 이 소식을 듣고 갑자기 신라의 도성으로 들어갔다. 당시 신라왕은 비빈 및 일가친척들과 함께 포석정으로 놀러나가 술잔치를 즐기고 있다가 갑자기 적병이 쳐들어

---

51) 『삼국유사』 권2, 「기이」 2, 김부대왕조에는, "第五十六金傅大王 謚敬順 天成二年丁亥九月 百濟甄萱 侵羅至高鬱府 景哀王請救於我太祖 命將以勁兵一萬往救之 救兵未至 萱以冬十一月掩入王京 王與妃嬪宗戚 遊鮑石亭宴娛 不覺兵至 倉卒不知所爲 王與妃奔入後宮 宗戚及公卿大夫士女 四散奔走 爲賊所虜 無貴賤匍匐乞爲奴婢 萱縱兵摽掠公私財物 入處王宮 乃命左右索王 王與妃妾數人匿在後宮 拘致軍中 逼令王自進 而强淫王妃 縱其下亂其嬪妾 乃立王之族弟傅爲王 王爲萱所擧卽位 前王尸殯於西堂 與群下慟哭 我太祖遣使弔祭"라고 하였다.

김부대왕 연구

왔다는 소식을 듣자 어찌할 줄을 몰랐다. 왕과 부인은 성의 남쪽에 있는 이궁離宮으로 달아나고, 시종과 신하 및 궁녀와 악공들은 모두 적의 손에 잡혔다.

견훤은 군사를 풀어 크게 약탈하고, 왕궁에 들어가 거처하였다. 좌우 사람들을 시켜 왕을 찾아내어 군영에 두고 핍박하여 자결하게 하고, 왕비를 강제로 욕보였다. 자기 부하들을 풀어서 빈첩들을 강간하게 했다. 이어 왕의 표제表弟인 김부를 왕으로 세워 놓고, (경애왕의) 동생인 박효렴과 재신 박영경을 사로잡고, 자녀와 각종 장인 및 병장기와 진귀한 보물을 모조리 약탈한 후에 돌아갔다.

(고려) 왕이 이 소식을 듣고 사신을 보내 조문하고, 친히 정예 기병 5천 명을 거느리고 견훤을 팔공산 동수에서 맞아 크게 싸웠으나 이기지 못하였다. 견훤의 군사가 왕을 포위해 다급한 지경에 이르자 대장 신숭겸과 김락은 힘써 싸우다가 전사하고 전군이 패배했으며 왕은 겨우 목숨을 건졌다. 승세를 탄 견훤은 대목군을 빼앗고 쌓아 놓은 곡식을 모조리 불태워 버렸다. (중략)

10월에 견훤이 장수를 보내어 벽진군을 침략하고 대목군과 소목군의 곡식을 베어갔다. 11월에 견훤군이 벽진군의 벼와 곡식을 불살랐는데 정조 색상이 싸우다가 전사했다. 12월에 견훤이 왕에게 편지를 보내어 말하기를, "지난번에 신라의 국상 김웅렴 등이 그대를 자기 수도로 불러들이려 하였다. (중략) 반드시 백성들을 도탄에 빠지게 하고 사직을 폐허로 만들게 될 것이다. 이 때문에 먼저 채찍을 잡고 홀로 부월을 휘둘러, 백관에게 명백히 행동하라고 타이르고 6부에는 의로운 기풍을 심어주려 했다. 그러나 뜻밖에 간신은 도망하고 임금이 죽었다. 드디어 경명왕의 사촌 동생이며 헌강왕의 외손자를 받들어 왕위에 오르게 했다. 내가 위태로운 나라를 다시 세우고 없어진 임금을 있게 한 것은 바로 이러한 이유였다. (중략) 내가 바라는 것은 평양의 누각에 활을 걸고 말에게 패강의 물을 마시게 하는 것이다. 그러나 지난달 7일에 오월국의 사신 반상서가 와서 그 나라 편지를 전했는데, '경과 고려는 오랫동안 우호관계를 유지하면서 함께 이웃 나라로서의 맹약을 맺은 것으로 알고 있다. (중략) 이제 경의 나라에 사신을 보내고 고려에는 글을 보내니, 서로 친목하여 길이 평화를 누렸으면 한다'라고 되어 있었다. 나는 의리를 충실히 지켜 신라 왕실

을 존중하고 또한 큰 나라를 섬기는 마음이 깊으므로 그 조서를 받고
는 즉시 지시대로 따르려고 하는 것이다”라고 하였다.[52]

(14) <u>김부대왕 14세(928)</u>; 경순왕 2년. 고려 태조(52세) 천수 11년. 후백
    제 견훤(62세) 재위 37년.

(14)-① 2년 정월에 고려의 장군 김상이 초팔성草八城(현재 경남 합천군
    초계면 일대) 도적 흥종과 싸우다 이기지 못하고 죽었다. 5월에 강주
    장군 유문有文이 견훤에게 항복하였다. 8월에 견훤이 장군 관흔官昕
    에게 명하여 양산陽山(현재 충북 영동군 양산면 일대로 추정)에 성을
    쌓게 하였다. 태조가 명지성命旨城(현재 경기도 포천으로 추정) 장군
    왕충에게 명하여 군사를 이끌고 공격하여 달아나게 하였다. 견훤이
    대야성 아래에 나아가 진을 치고 머무르며 군사를 나누어 보내 대목
    군(현재 경북 칠곡군 약목면 일대)의 벼를 베어갔다. 10월에 견훤이

---

52) 『고려사절요』권1, 「세가」1, 태조신성대왕 10년조에는, “春正月 親伐百濟龍州降之
時甄萱違盟 屢侵邊 王含忍久之 萱頗有强吞之志 故王伐之 新羅王出兵助之 甄萱 送王
信之喪 三月 王敗運州城主兢俊於城下 遂攻近品城下之 夏四月 遣海軍將軍英昌能式
等 以舟師 往擊康州下突山等四鄕 王攻熊州不克 秋七月 遣元甫在忠金樂等 擊大良城
虜將軍鄒許祖等三十餘人 破其城而還 八月 王徇康州 行過高思葛伊城 城主興達 先遣
其子歸款 是於百濟所置守城官吏 亦皆降附 (중략) 溟州將軍順式 遣子長命 以卒六百
入宿衛 九月 甄萱攻近品城燒之 進襲新羅高鬱府 逼至郊畿 新羅王 遣連式 來告急 請
救之 王謂侍中公萱 大相孫幸 正朝聯珠等曰 新羅與我 同好已久 今有急 不可不救 遣
公萱等 以兵一萬赴之 未至萱聞之 猝入新羅王都 時王與夫人嬪御宗戚 出遊鮑石亭 置
酒娛樂 忽聞兵至 倉卒不知所爲 王與夫人 奔走城南離宮 侍從臣僚 宮女伶官 皆被陷沒
萱縱兵大掠 入處王宮 令左右索王 置之軍中 逼令自盡 强辱王妃 縱其下 亂其嬪妾 乃
立王之表弟 金傅爲王 虜王弟孝廉 宰臣英景 盡取子女百工兵仗珍寶以歸 王聞之 遣使
弔祭 親率精騎五千 邀萱於公山桐藪 大戰不利 萱兵圍王甚急 大將申崇謙 金樂 力戰死
之 諸軍敗北 王僅以身免 萱乘勝 取大木郡 燒盡田野積聚 (중략) 冬十月 甄萱遣將 侵
碧珍郡 芟大小木二郡禾稼 十一月 燒碧珍郡稻穀 正朝索湘 戰死之 十二月 甄萱寄書曰
昨者 新羅國相金雄廉等 將召足下入京 (중략) 必使生靈塗炭 社稷丘墟 是用先著祖鞭
獨揮韓鉞 誓百僚如皎日 諭六部以義風 不意姦臣遁逃 邦君薨變 遂奉景明王之表弟 憲
康王之外孫 勸卽尊位 再造危邦 喪君有君 於是乎在 (중략) 所期者 掛弓於平壤之樓 飮
馬於浿江之水 然以前月七日 吳越國使班尙書至 傳王詔旨 知卿與高麗 久通歡好 共契
隣盟 (중략) 今專發使臣 赴卿本道 又移文高麗 宜相親比 永孚于休 僕義篤尊王 情深事
大 及聞詔諭 卽欲祇承”이라고 하였다.

무곡성武谷城(현재 경북 군위군 의흥면 일대로 추정)을 쳐서 함락시
켰다.[53]

(14)-② 천성 2년(필자주; 3년이 옳다) 정월에 태조는 답서를 보내 말하기
를, "(중략) 삼가 오월국의 통화사 반상서가 전한 조서 한 통을 받들
었고, 겸하여 그대가 보낸 긴 편지의 사연도 고맙게 받아 보았다. (중
략) 당신의 편지를 펴 보고는 의심스러운 마음을 없애기 어려웠다.
금번 돌아가는 인편에 부탁하여 나의 심중을 피력하려 한다. 나는 위
로는 하늘의 명령을 받들고 아래로 백성들의 추대에 못 이겨서 외람
되이 장수의 직권을 맡아서 천하를 경륜할 기회를 얻었다. 저번에 삼
한이 액운을 당하고 모든 국토가 흉년으로 황폐해져서, 백성들은 모
두 황건적에 속하게 되고 논밭은 적토가 아닌 땅이 없었다. 무릇 난
리의 시끄러움을 그치게 하고 나라의 재앙을 구하고자 하여 이에 스
스로 선린의 우호를 맺었더니, 과연 수천리되는 국토가 농사와 잠상
으로 생업을 즐기고 사졸은 7~8년 동안 한가롭게 쉬었다. 을유년
(925) 10월에 이르러 갑자기 사건을 일으키니, 곧 싸움에까지 가게
되었다. (중략) 그대는 손을 잡아 인사하고는 하늘을 가리켜 맹세하
였다. "오늘 이후로는 길이 화목하며, 혹시라도 이 맹세를 어긴다면
신에게 벌을 주십시요"라고 하였다. 나도 역시 창칼을 쓰지 않는 무
武를 숭상하였고 살생하지 않는 인仁을 기약하여, 마침내 여러 겹의
포위를 풀어 피로한 군사들을 쉬게 했으며, 볼모를 보내는 것도 거절
하지 않고 다만 백성만을 편안하게 하려 하였다. 이것은 곧 내가 남
쪽 사람들에게 큰 덕을 베푼 것이었다. 어떻게 맹약의 피가 마르기도
전에 흉악한 행동을 다시 할 줄을 알았으랴. 벌과 전갈과 같은 독기
는 백성들에게 해를 끼쳤고, 이리와 범과 같은 광포한 행동은 서울
땅을 가로막았다. (신라의 왕도인) 금성이 군색하여 위급해졌고 왕실
은 몹시 놀라 흔들렸으나, 누가 패도를 이룬 환공과 문공처럼 대의에
의거하여 주나라를 떠받들 듯한 자가 있었던가. 다만 틈을 타서 한나

---

53) 『삼국사기』 권12, 「신라본기」 12, 경순왕 2년조에는, "春正月 高麗將金相 與草八城
賊興宗戰 不克死之 夏五月 康州將軍有文 降於甄萱 六月 地震 秋八月 甄萱命將軍官
昕 築城於陽山 太祖命命旨城將軍王忠 率兵擊走之 甄萱進屯於大耶城下 分遣軍士 芟
取大木郡禾稼 冬十月 甄萱攻陷武谷城"이라고 하였다.

라를 도모하고자 하던 왕망과 동탁의 잔악함을 볼 뿐이었다. 지극히 존귀한 왕(필자주; 경애왕을 말한 것으로 보인다)으로 하여금 몸을 굽혀 그대에게 아들이라고 칭하게 하여 높고 낮은 질서를 잃어버리게 하였으니 상하가 모두 근심하였다. 이에 원보의 순수한 충성이 없었다면 어찌 다시 나라를 편한케 할 수 있었을 것인가. 나로서 말한다면 마음에 악한 것이 없고 뜻은 왕실을 높이는데에 간절하여 장차 조정을 구원해서 나라의 위기를 붙들고자 하였다. 그대는 터럭만한 작은 이익을 보고 천지와 같은 두터운 은혜를 저버려, 임금을 목베어 죽이고 궁궐을 불사르며 대신들을 학살하고 사민을 도륙하였다. 궁녀들은 잡아서 수레에 싣고 보물은 빼앗아서 서로 짐 속에 실었으니, 그 흉악함은 걸왕 주왕보다 더하고 어질지 못함은 경과 올빼미보다 더 심하였다.

　나는 하늘이 무너질 듯한 원한과 해를 뒷걸음치게 할 정도의 깊은 정성을 갖고, 매가 참새를 쫓는 듯한 힘으로 나라에 대해 견마의 수고로움을 다하려고 하였다. 다시 군사를 일으켜 두 해가 지났는데, 육전에 있어서는 천둥과 번개처럼 빨리 달렸고 수전에서는 범과 용처럼 용맹스럽게 쳐서, 움직이면 반드시 성공하였고 거사하여서는 헛되는 일이 없었다. (중략) 하늘이 우리를 돕고 있는데 천명은 어디로 돌아가겠는가. (중략) 만약 그대도 이 조서를 받들어 전쟁을 일체 중지한다면, 상국의 어진 은혜에 보답할 뿐만 아니라 나아가 우리 나라의 끊어진 대도 이을 수 있을 것이다. 그러나 만약 허물을 능히 고치지 않는다면, 후회해도 소용이 없을 것이다"라고 하였다[이 글은 바로 최치원이 작성한 것이다].[54]

---

54) 『삼국유사』 권2, 「기이」 2, 후백제견훤조에는, "(天成) 二年(필자주; 삼년이 옳다)正月 太祖答曰 伏奉吳越國通和使 班尙書所傳 詔書一道 兼蒙足下辱示長書敍事者 (중략) 鬪華牋而難遣嫌疑 今託廻軒 輒敷危衽 僕仰承天假 俯迫人推 過叨將帥之權 獲赴經綸之會 頃以三韓厄會 九土凶荒 黔黎多屬於黃巾 田野無非其赤土 庶幾弭風塵之警 有以救邦國之災 爰自善鄰 於爲結好果見數千里農桑樂業 七八年士卒閑眠 及至乙酉年 維時陽月 忽焉生事 至乃交兵 (중략) 拱手陳辭 指天作誓 今日之後 永世歡和 苟或渝盟 神其殛矣 僕爾尙止戈之武 期不殺之仁 遂解重圍 以休疲卒 不辭質子 但欲安民 此卽我有大德於南人也 豈期歃血未乾 凶威復作 蜂蠆之毒 侵害於生民 狼虎之狂 爲梗於畿甸 金城窘忽 黃屋震驚 仗義尊周 誰似桓文之霸 乘間謀漢 唯看莽卓之奸 致使王之至尊 枉

김부대왕 연구

(15) <u>김부대왕 15세(929년)</u>; 경순왕 3년. 고려 태조(53세) 천수 12년. 후
백제 견훤(63세) 재위 38년.

(15)-① 3년 6월에 천축국 승려 마후라가 고려에 이르렀다. 7월에 견훤이
의성부의 성을 공격하였으므로 고려 장군 홍술이 나아가 싸웠으나
이기지 못하고 죽었다. 순주 장군 원봉이 견훤에게 항복하였다. 태조
가 그것을 듣고 노하였으나 원봉은 일찍이 공로가 있었으므로 그를
용서해주고 단지 순주를 고쳐 현으로 삼았다. 10월에 견훤이 가은현
을 에워쌌으나 이기지 못하고 되돌아갔다.[55]

(15)-② 7월에 왕이 기주(경북 풍기)에 행차하여 주진을 두루 순시하고 돌
아왔다. 견훤이 무장군 5천명으로 의성부를 침구해오자, 성주장군
홍술이 전사했다. 왕은 자신의 양쪽 팔을 잃었다며 통곡했다. 또 견
훤이 순주를 침구해오자 장군 원봉이 도망쳤다. 9월에 왕이 강주(경
북 영주)에 행차했다. (중략) 12월에 견훤이 고창군을 포위하였으므
로 왕이 가서 이를 구원하려고 예안진에 머무르면서 여러 장수와 의

稱子於足下 尊卑失序 上下同憂 以爲非有元輔之忠純 豈得再安社稷 以僕心無匿惡 志
切尊王 將援置於朝廷 使扶危於邦國 足下見毫釐之小利 忘天地之厚恩 斬戮君主 焚燒
宮闕 葅醢卿佐 虔劉士民 姬姜則取以同車 珍寶則奪之相載 元惡浮於桀紂 不仁甚於獍
梟 僕怨極崩天 誠深卻日 約效鷹鸇之逐 以申犬馬之勤 再擧干戈 兩更槐柳 陸摯則雷馳
電激 水攻則虎搏龍騰 動必成功 擧無虛發 (중략) 天之所助 命欲何歸 (중략) 若足下祗
承睿旨 悉戢凶機 不唯副上國之仁恩 抑可紹東海之絶緖 若不過而能改 其如悔不可追
[書乃崔致遠作也]"라고 하였다.

　위에 제시한 자료를 소개하면서,『삼국유사』에서는 위의 글을 최치원이 작성한 것
이라고 하였다. 이 당시까지 최치원이 생존해 있었다면 71세였다. 하지만 최치원은
908년(52세) 무렵부터 속세와의 인연을 끊었다고 전해진다. 그렇다면 위의 글을 최
치원이 작성했다고 볼 수는 없다고 생각된다. 한편 당시에 최언위는 60세의 나이로
생존해 있었다. 하지만『고려사절요』2, 혜종 원년조에는, "신라가 귀부하자, 태조
가 최언위를 태자사로 삼아 문한의 임무를 맡도록 명하였다; 及新羅歸附 太祖命爲
太子師 委以文翰之任"이라고 하였다. 그렇다면 신라가 고려에 귀부하기 이전에 최
언위는 신라에 있었다고 볼 수 있다. 이렇게 볼 때, 위의 글을 최언위가 작성했다고
볼 근거도 없다고 할 것이다. 그렇다면 이 부분은『삼국유사』의 찬자가 임의적으로
잘못된 사실을 덧붙인 것이라고 봐야 할 것이다.

55)『삼국사기』권12,「신라본기」12, 경순왕 3년조에는, "夏六月 天竺國三藏摩睺羅抵高
麗 秋七月 甄萱攻義城府城 高麗將洪述出戰 不克死之 順州將軍元逢 降於甄萱 太祖聞
之怒 然以元逢前功宥之 但改順州爲縣 冬十月 甄萱圍加恩縣 不克而歸"라고 하였다.

논하기를, "싸우다가 이기지 못하면 장차 어떻게 하겠는가"라고 하니 대상 공선과 홍유가 아뢰기를, "만약 우리가 이기지 못하면 샛길로 가야 하고, 죽령으로 가서는 안됩니다"라고 하였다. 유금필이 아뢰기를, "신이 들건대 군사는 흉한 것이요, 전쟁은 위태로운 일이라 하였습니다. 죽을 결심을 하고 살려는 생각이 없어야만 최후의 승리를 얻을 수 있는 것인데, 지금 적군 앞에 나아가 싸워보지도 않고 먼저 패배하기를 염려함은 무슨 까닭입니까. 만약 급히 구원하지 않으면 고창군의 3천여 대중을 그냥 적에게 주는 것이니 어찌 원통하지 않겠습니까. 신은 진군하여 급히 공격하기를 원합니다"라고 하니 왕이 그 말에 따랐다. 유금필이 이에 저수봉에서 힘껏 싸워서 크게 이겼다. 왕이 그 고을에 들어가서 유금필에게 이르기를, "오늘의 일은 경의 힘이다"라고 하였다.[56]

(16) **김부대왕 16세(930년)**; 경순왕 4년. 고려 태조(54세) 천수 13년. 후백제 견훤(64세) 재위 39년.

(16)-① 정월에 재암성載巖城(현재 경북 청송군 진보면 일대로 비정) 장군 선필善弼이 고려에 항복하니, 태조가 두터운 예로서 대우하고 상보尙父로 칭하였다. 일찍이 태조가 장차 신라와 우호를 통하려 할 때 선필이 그것을 인도해 주었는데 이때 이르러 항복하였다. 그는 공로가 있었고 또한 나이가 많은 것을 염두에 둔 까닭에 그를 총애하여 포상한 것이다. 태조가 견훤과 고창군古昌郡(현재 경북 안동시) 병산瓶山 아래에서 싸워 크게 이겼는데, 죽이고 사로잡은 사람이 매우 많았다. 영안永安(현재 경북 안동시 풍산면 일대), 하곡河曲(현재 경북 안동시 임하면으로 추정), 직명直明(현재 안동시 일직면으로 추정), 송생松生(현재 경북 청송군 부동면 송생리로 추정) 등 30여 군현이

---

56) 『고려사절요』 1, 태조 12년조에는, "秋七月 幸基州 巡州鎭而還 甄萱以甲卒五千 侵義城府 城主將軍洪術戰死 王哭之慟曰 吾失左右手矣 萱又侵順州 將軍元奉遁 九月 幸剛州 (중략) 十二月 甄萱圍古昌郡 王往救之 次禮安鎭 與諸將議曰 戰而不利 將如之何 大相公萱洪儒曰 如我不利 宜從間道 不可從竹嶺而去 庚黔弼曰 臣聞兵凶戰危 有死之心 無生之計 然後可以決勝 今臨敵不戰 先慮折北何也 若不急救 以古昌三千餘衆 拱手與敵 豈不痛哉 臣願進軍急擊 王從之 黔弼乃自猪首峰 奮戰大克 王入其郡 謂黔弼曰 今日之事 卿之力也"라고 하였다.

차례로 이어서 태조에게 항복하였다. 2월에 태조가 사신을 보내어 승리를 알리니 왕이 답례答禮로 사람을 보내 방문하고 아울러 서로 만나기를 청하였다. 가을 9월에 나라 동쪽의 바닷가 주군州郡의 마을들이 모두 태조에게 항복하였다.[57]

(16)-② 42년 경인에 견훤은 고창군[지금의 안동부]을 치려고 군사를 크게 일으켜 석산에 진을 치니, 태조는 1백 보 가량을 서로 떨어져서 고을 북쪽 병산에 진을 쳤다. 여러 번 싸워서 견훤이 패했으며 시랑 김악을 사로잡았다. 다음 날 견훤이 군사를 거두어 순주성을 습격하여 부수니, 성주 원봉은 능히 막지 못하고 성을 버리고 밤에 도망하였다. 태조는 몹시 노하여 격을 낮추어 하지현[지금의 풍산현이니, 원봉은 본래 순주성 사람인 때문이다]으로 삼았다.[58]

(16)-③ 정월에 재암성(경북 청송군 진보) 장군 선필이 와서 의탁하였다. 예전에 왕이 신라와 통호하려 할 때에 도둑이 일어나 길이 막히자 왕이 걱정하고 있었는데 선필이 기이한 계책을 써서 인도하여 통호하게 되었다. 그러므로 이제 와서 항복하니 후한 예를 갖추어 대접하고 그가 나이가 많다고 하면서 상보라고 일컬었다.

  왕이 친히 군사를 지휘해 고창군의 병산에 진을 치고 견훤은 석산에 진을 치니 서로 간의 거리가 5백보쯤이었다. 전투가 시작되고 저녁 무렵에 견훤은 패주했으며, 시랑 김악을 사로잡았는데 적의 전사자가 8천여 명이나 되었다. 고창군에서 아뢰기를, “견훤이 장수를 보내 순주를 쳐서 함락시키고 인가를 약탈하고 갔습니다”라고 하니, 왕이 바로 순주로 가서 성을 수리하고 장군 원봉에게 죄를 주고 다시 순주를 하지현으로 강등시켰다. 고창군 성주 김선평을 대광으로, 권

---

57) 『삼국사기』 권12, 「신라본기」 12, 경순왕 4년조에는, “春正月 載巖城將軍善弼降高麗 太祖厚禮待之 稱爲尙父 初太祖將通好新羅 善弼引導之 至是降也 念其有功且老 故寵 褒之 太祖與甄萱 戰古昌郡瓶山之下 大捷 殺虜甚衆 其永安河曲直明松生等 三十餘郡 縣 相次降於太祖 二月 太祖遣使告捷 王報聘兼請相會 秋九月 國東沿海州郡部落 盡降 於太祖”라고 하였다.

58) 『삼국유사』 권2, 「기이」 2, 후백제견훤조에는, “四十二年 庚寅 萱欲攻古昌郡[今安東 府] 大擧而石山營寨 太祖隔百步 而郡北瓶山營寨 累戰萱敗 獲侍郎金渥 翌日萱收卒 襲破順州城 城主元逢不能禦 棄城宵遁 太祖赫怒 貶爲下枝縣[今豊山縣 元逢本順城人 故也]”라고 하였다.

행과 장길을 대상으로 각각 임명하고, 그 고을을 안동부로 승격시켰
다. 이때 영안(경북 영천) 하곡(경북 하양) 직명(경북 안동) 송생(경북
청송군) 등 30여 군현이 차례로 투항하였다. 2월에 신라에 사신을 보
내 고창의 승리를 알리자 신라국왕도 사신을 보내어 답례하고 글월
을 보내 만날 것을 요청하였다. 이때 신라 동쪽 바닷가의 주군과 부
락들이 모두 투항해왔는데, 명주로부터 흥례부(경북 안동)에 이르기
까지 모두 110여 성에 달했다. 고려 태조 왕건이 일어진(영일군 신광
면)에 행차하여 성을 쌓고 이름을 신광진이라 고치고 백성을 옮겨서
이곳에 튼실하게 하였다. 남미질부와 북미질부 두 성이 모두 항복하
였다.[59]

(17) **김부대왕 17세(931년)**; 경순왕 5년. 고려 태조(55세) 천수 14년. 후
백제 견훤(65세) 재위 40년.

(17)-① 2월에 태조가 50여 명의 기병을 이끌고 경기京畿에 이르러 뵙기
를 청하였다. 김부대왕은 백관과 함께 교외에서 맞이하여 궁궐에 들
어가 서로 대면하고 정성과 예의를 곡진하게 하였다. 임해전에서 잔
치를 베풀었는데, 술이 얼근하게 취하자 김부대왕이 말하기를, "나는
하늘의 도움을 받지 못하여 화란禍亂이 점점 닥치고, 견훤이 의롭지
못한 짓을 마음대로 행하여 우리나라를 망하게 하니 그 어떤 원통함
이 이와 같을 수 있겠습니까?"라고 하였다. 그리고는 눈물을 줄줄 흘
리며 우니, 좌우의 신하들이 목메어 울지 않음이 없었다. 태조 역시
눈물을 흘리며 위로하고, 수십일을 머무르다가 수레를 돌렸다. 김부
대왕이 혈성穴城까지 전송하고 사촌 동생[당제堂弟] 유렴裕廉을[60]

---

59) 『고려사절요』 권1, 태조 13년조에는, "春正月 載巖城將軍 善弼來投 初王欲通新羅 而
賊起道梗 王患之 善弼導以奇計 使得通好 故今其來朝 厚禮待之 以其年老 稱爲尙父
王自將軍於古昌郡甁山 甄萱軍於石山 相去五百步許 遂與戰 萱敗走 獲侍郞金渥 死者
八千餘人 古昌郡奏 萱遣將攻陷順州 掠人戶而去 王卽往順州 修其城 罪將軍元奉 復降
爲下枝縣 以古昌城主金宣平爲大匡 權行 張吉 爲大相 陞其郡爲安東府 於是 永安 河
曲 直明 松生等 三十餘郡縣 相次來降 二月 遣使新羅告捷 新羅王 遣使報聘 致書請相
見 時新羅國 以東州郡部落 皆來降 自溟州至興禮府 摠百十餘城 幸昵於鎭 城之 改名
神光鎭 徙民實之 南彌秩夫 北彌秩夫 二城皆降"이라고 하였다.

김부대왕 연구

볼모로 삼아 [태조의] 수레를 따라가게 하였다. 태조 휘하의 군사는 정숙하고 공정하여 조금도 나쁜 짓을 저지르지 않았으므로, 도읍 사람들이 서로 경하해 하며 말하기를, "옛날 견씨甄氏가 왔을 때에는 마치 승냥이나 범을 만난 것 같았는데 지금 왕공王公이 이르러서는 마치 부모를 보는 듯하다"라고 하였다. 8월에 태조가 사신을 보내 김부대왕에게 채색 비단과 안장 갖춘 말을 보내주고 아울러 여러 관료와 장수, 군사들에게 베와 비단을 차등있게 주었다.[61]

(17)-② 이듬해 무자년(928) 3월에[62] 태조가 50여 기병을 거느리고 신라의 서울에 이르니, 김부대왕은 백관과 함께 교외에서 맞아 대궐로 들어가 서로 대해서 정리와 예의를 다하고 임해전에서 잔치를 열었다. 술이 얼근해지자 김부대왕이 말하기를, "나는 하늘의 도움을 받지 못해서 화란을 불러들였고, 견훤으로 하여금 불의한 짓을 마음껏 행하게 해서 우리나라를 망쳐 놓았습니다. 이 얼마나 원통한 일입니까"라고 하면서 이내 눈물을 흘리면서 울었다. 좌우 사람들도 울지 않는 사람이 없었고 태조도 역시 눈물을 흘렸다. 태조는 여기에서 수십일을 머물다가 돌아갔는데, 부하 군사들은 엄숙하고 정제해서 조금도 침범하지 않으니 왕경의 사녀들이 서로 경하하여 말하기를, "전에 견훤이 왔을 때는 마치 늑대와 범을 만난 것 같더니, 지금 왕공이 온 것

---

60) 『삼국사기』 권12, 「신라본기」 12, 경명왕 원년조에는, "원년 8월에 왕의 동생 이찬 위응을 상대등으로 삼고, 대아찬 유렴을 시중으로 삼았다; 元年 配王弟伊湌魏膺爲 上大等 大阿湌裕廉爲侍中"이라고 하였다. 위의 기록에 보이는 대아찬 유렴은 경명왕 원년(917)에 시중이 되었다가 3년(919)에 퇴임하였다. 그렇다면 경순왕의 당제(堂弟)로 경순왕 5년(931) 2월에 왕건이 신라의 왕도를 방문했다가 돌아갈 때 볼모로 왕건을 따라간 김부대왕의 당제(堂弟)인 유렴과는 동일인물이 아니라고 보여진다.

61) 『삼국사기』 권12, 「신라본기」 12, 경순왕 5년조에는, "春二月 太祖率五十與騎 至京畿通謁 王與百官郊迎 入宮相對 曲盡情禮 置宴於臨海殿 酒酣 王言曰 吾以不天 寖致禍亂 甄萱恣行不義 喪我國家 何痛如之 因滋然涕泣 左右無不嗚咽 太祖亦流涕慰藉 因留數旬廻駕 王送至穴城 以堂弟裕廉爲質 隨駕焉 太祖麾下軍士肅正 不犯秋毫 都人士女相慶曰 昔甄氏之來也 如逢豺虎 今王公之至也 如見父母 秋八月 太祖遣使 遺王以錦彩鞍馬 幷賜群僚將士布帛 有差"라고 하였다.

62) 『삼국사기』 권12, 「신라본기」 12의 경순왕조에는, 경순왕 5년(931)의 일로 기록하고 있다. 그렇다면 『삼국유사』의 기록에 착오가 있었던 것으로 봐야 할 것이다.

은 부모를 만난 것 같다"라고 하였다. 8월에 태조는 사자를 보내 왕에게 금삼과 안장 갖춘 말을 주고 또 여러 관료와 장사들에게도 차등있게 선물을 주었다.[63]

(17)-③ 2월 정유일에 신라왕이 태수 겸용을 보내어 만날 것을 다시 요청하였다. 신해일에 왕이 신라로 갔다. 50여 명의 기병을 거느리고 (신라의) 도성 부근에 이르자, 장군 선필을 먼저 보내어 김부대왕의 안부를 물었다. 신라왕이 백관에게 명하여 교외에서 맞이하게 하고, 사촌 동생인 상국 김유렴 등을 시켜 성문 밖에서 영접하게 하였다. 신라왕 자신은 응문 밖까지 나와 영접하고 절했다. 그러자 왕이 답배한 후 신라국왕은 왼쪽으로, 왕은 오른쪽으로 계단을 오르면서 서로 양보하는 예의를 표시하면서 전각에 올랐다. 왕이 호종한 신하들에게 명하여 신라왕에게 절을 하게 하였는데 정성과 예의가 매우 깍듯했다. 임해전에서 잔치를 벌였는데 술기운이 오르자 신라국왕이 말하기를, "우리나라는 하늘의 버림을 받아 견훤에게 유린을 당했으니 이 원통함을 어찌 하오리까"라고 하며 한없이 눈물을 흘렸다. 좌우의 사람들도 목메어 울지 않는 이가 없었고 왕도 또한 눈물을 흘리면서 위로하였다. 5월 정축일에 왕이 신라왕과 태후 및 죽방부인, 상국 김유렴과 잡간 예문 및 파진찬 책궁과 윤유 및 한찬 책직·혼직·의경·양여·관봉·함의·희길 등에게 물품을 차등있게 주었다. 계미일에 왕이 돌아올 때 신라왕이 혈성까지 나와 배웅하고 김유렴을 인질로 따라 보냈다. 도성의 남녀들이 감읍하면서 말하기를, "옛날에 견훤이 왔을 때에는 승냥이나 범을 만난 것 같더니, 지금 왕공이 오시니 마치 부모를 뵙는 듯합니다"라고 하면서 기뻐하였다. 8월 계축일에 보윤인 선규 등을 보내어 신라왕에게는 안장을 갖춘 말과 능라 및 채색비단을 선사하고, 아울러 백관들에게는 채색 명주를, 군사와 백성들

---

63) 『삼국유사』 권2, 「기이」 2, 김부대왕조에는, "明年戊子春三月(필자주; 928년 3월이라고 한 것은 잘못이다. 931년의 일로 봐야 할 것이다) 太祖率五十餘騎 巡到京畿 王與百官郊迎 入宮相對 曲盡情禮 置宴臨海殿 酒酣 王言曰 吾以不天 浸致禍亂 甄萱恣行不義 喪我國家 何痛如之 因泣然涕泣 左右莫不嗚咽 太祖亦流涕 因留數旬乃迴駕 麾下肅靜 不犯秋毫 都人士女相慶曰 昔甄氏之來也 如逢豺虎 今王公之至 如見父母 八月太祖遣使 遺王錦衫鞍馬 幷賜群僚將士有差"라고 하였다.

김부대왕 연구

에게는 차와 복두를, 승려들에게는 차와 향을 각각 차등있게 주었
다.[64]

(17)-④ 2월 정유일에 신라왕이 태수 겸용을 보내 귀순할 뜻을 알렸다.
(중략)[65]

(18) <u>김부대왕 18세(932년)</u>; 경순왕 6년. 고려 태조(56세) 천수 15년. 후
백제 견훤(66세) 재위 41년.

(18)-① 6년 정월에 지진이 일어났다. 4월에 사신 집사시랑 김불과 부사
사빈경 이유를 당나라에 보내 조공하였다.[66]

(18)-② 장흥 3년 견훤의 신하 공직은 용감하고 지략이 있었는데 태조에
게 항복하자 견훤이 공직의 두 아들과 한 딸을 가두어 다리의 힘줄을
불로 지져 끊었다. 9월에 견훤이 일길찬 상귀를 보내 수병으로 고려
예성강에 들어가 3일을 머무르면서 염주와 백주 및 정주의 세 개 주
의 선박 100척을 불태우고 저산도에서 기르는 말 300필을 잡아갔
다.[67]

---

64) 『고려사』 권2, 「세가」 2, 태조 2의 14년조에는, "十四年 春二月丁酉 新羅王 遣太守
謙用 復請相見 亥辛 王如新羅 以五十餘騎 至畿內 先遣將軍善弼 問起居 羅王命百官
迎于郊 堂弟相國金裕廉等 迎于城門外 羅王出應門外迎 拜王答拜 羅王由左 王由右揖
讓升殿 命扈從諸臣 拜羅王情禮備 至宴臨海殿酒酣 羅王曰 小國不天 爲甄萱椓喪 何痛
如之 汯然泣下 左右莫不嗚咽 王亦流涕慰藉之 夏五月丁丑 王遣羅王太后竹房夫人 與
相國裕廉匝干 禮文波珍飡 策宮尹儒韓桀 策直昕直義卿讓餘寬封含宜熙吉等 物有差
癸未王還 羅王送至穴城 以裕廉爲質而從 都人士女 感泣相慶曰 昔甄氏之來也如逢豺
虎 今王公之來 如見父母 秋八月癸丑 遣甫尹善規等 遺羅王 鞍馬綾羅綵錦 幷賜百官綵
帛 軍民茶幞頭 僧尼茶香有差"라고 하였다.
65) 『고려사절요』 권1, 태조 14년조에는, "春二月丁酉 新羅王 遣太守謙用 來告歸順 (중
략)"이라고 하였다. (중략)의 내용은 대체로 위에 제시한 『고려사』 권2, 「세가」 2, 태
조 2의 14년조와 비슷하게 서술되어 있다.
66) 『삼국사기』 권12, 「신라본기」 12, 경순왕 6년조에는, "春正月 地震 夏四月 遣使執事
侍郎金昢 副使司賓卿李儒 入唐朝貢"이라고 하였다.
67) 『삼국사기』 권50, 「열전」 10, 견훤조에는, "長興三年 甄萱臣龔直 勇而有智略 來降太
祖 萱收龔直二子一女 烙斷股筋 秋九月 萱遣一吉飡相貴 以船兵入高麗禮城江 留三日
取鹽白貞三州船一百艘焚之 捉猪山島牧馬 三百匹而歸"라고 하였다. 『삼국유사』 권2,
「기이」 2, 후백제 견훤조에도 비슷한 내용이 전하고 있다.

(19) **김부대왕 19세(933년)**; 경순왕 7년. 고려 태조(57세) 천수 16년. 후
   백제 견훤(67세) 재위 42년.

(19)-① 경순왕 7년 당나라의 명종明宗이 사신을 고려에 보내 책명册命을
   내려 주었다.[68]

(19)-② 3월에 후당에서 태복경 왕경과 태부소경 양소업을 보내와 왕을
   책립하여 특진 검교태보사 지절현도주도독 상주국 충대의군사로 삼
   고 이어 고려국왕으로 봉했으며, 일력 은그릇 피륙을 보냈으며, 조서
   로써 왕비 유씨를 하동군부인으로 책봉하였다. 또 삼군의 장수와 이
   졸에게 조서를 내려 왕을 책봉한다는 뜻을 효유하였다. 드디어 역사
   를 반포하고 비로소 후당의 연호를 시행하였다.

   5월에 정남대장군 유금필이 의성부를 지키는데, 왕이 사자를 보내
   이르기를, "나는 신라가 후백제에게 침략당할까 염려하여 일찍이 장
   수를 보내 지키게 하였는데, 지금 후백제가 혜산성과 아불진 등을 위
   협하면서 약탈한다고 하니 만약 신라의 서울까지 침공하거든 경이
   마땅히 가서 구원하라"고 하였다. 유금필이 드디어 장사 80명을 뽑
   아 달려갔다. 사탄에 이르러 군사들에게 말하기를, "만약 이곳에서
   적을 만난다면 나는 결코 살아서 돌아갈 수 없을 것이다. 다만 너희
   들이 함께 적의 칼날에 죽을까 염려되니 각자가 잘 계책을 세우라"라
   고 하였다. 사졸들이 말하기를, "우리들이 모두 죽었으면 죽었지 어
   찌 장군만 살아서 돌아가지 못하게 하겠습니까"라고 하면서 서로 힘
   을 다하여 적을 치기로 맹세하였다. 이에 사탄을 건너자 후백제의 통
   군 신검 등을 만났는데, 후백제의 군사가 유금필의 군사들이 날래고
   용맹스러움을 보고 싸우지도 않고 저절로 무너졌다. 유금필이 신라
   에 이르니 늙은이나 어린이나 할 것 없이 성 밖에 나와서 맞이하여
   절하고 울면서 말하기를, "오늘날에 대광을 뵈올 줄은 생각지도 못했
   습니다. 대광이 아니었더라면 우리는 모두 죽음을 당했을 것입니다"
   라고 하였다. 유금필이 그 곳에 머무른 지 7일 만에 돌아오다가 신검
   을 자도에서 만나 싸워서 크게 이겨 그 장수 7명을 사로잡고, 매우

---

68) 『삼국사기』 권12, 「신라본기」 12, 경순왕 7년조에는, "唐明宗遣使高麗 賜命"이라고
   하였다. 여기의 당은 후당(後唐)을 가리킨다.

많은 수를 죽이거나 사로잡았다. 첩서가 이르니 왕이 몹시 놀라고 기뻐하면서, "유금필이 아니면 누가 능히 이같이 이길 수 있으랴"라고 하였다. 유금필이 들어와서 뵙자 왕이 어전에서 내려와 그를 맞이하여 손을 잡고 이르기를, "경이 세운 공로는 옛날에도 드물었다. 짐의 마음에 새기고 있으니 이를 잊으리라고 하지 말라"라고 하였다. 유금필이 사례하여 아뢰기를, "신하의 직책에 당연히 할 일인데, 성상께서 어찌 이렇게까지 하십니까"라고 하니 왕이 더욱 그를 훌륭하게 여겼다.[69]

(20) **김부대왕 20세(934년, 태조 17년)**; 경순왕 8년. 고려 태조(58세) 천수 17년. 후백제 견훤(68세) 재위 43년.

(20)-① (김부대왕) 8년 9월에 노인성이 나타났다. 운주運州(현재 충남 홍성 지방) 땅의 30여 군현이 태조에게 항복하였다.[70]

(20)-② 청태 원년 정월에 견훤은 태조가 운주에 머물고 있다는 소식을 듣고 드디어 병사 5천 명을 선발하여 이르니, 미처 진을 치기도 전에 장군 유금필이 굳센 기병 수천 명으로 돌격하여 3천 명을 목베거나 포로로 잡았다. 웅진 이북 30여 성이 소문만 듣고 스스로 항복하니 견훤의 휘하 술사 종훈, 의사 훈겸, 용감한 장수 상달과 최필 등이 태조에게 항복하였다.[71]

---

69) 『고려사절요』 권1, 태조 16년조에는, "春三月 唐遣大僕卿王瓊 大府少卿楊昭業來 冊 王爲特進 檢校太保 使持節玄莬州都督 上柱國 充大義軍使 仍封高麗國王 賜曆日 銀器 匹段 詔封妃柳氏 爲河東郡夫人 又詔三軍將吏 諭以冊王之意 遂頒曆 始行唐年號 夏五 月 征南大將軍庚黔弼 守義城府 王遣使謂曰 予慮新羅 爲百濟所侵 嘗遣將鎭之 今聞百 濟 劫掠槽山城 阿弗鎭等處 如或侵及新羅國都 卿宜往救 黔弼遂選 壯士八十人赴之 至 槎灘 謂士卒曰 若於此遇賊 吾必不得生還 但慮汝等同罹鋒刃 其各善自爲計 士卒曰 吾 輩盡死則已 豈可使將軍 獨不生還乎 因相與誓以戮力擊賊 旣涉灘 而遇百濟統軍神劍 等百濟軍 見黔弼部伍精銳 不戰自潰 黔弼 至新羅老幼 出城迎拜 泣曰 不圖今日 得見 大匡 微大匡吾其爲魚肉乎 黔弼留七日而還 遇神劍於子道大克 檎其將七人 殺獲甚多 捷至 王驚喜曰 非黔弼 孰能如是 及入朝 王下殿迎之 執其手曰 如卿之功 古亦罕有 銘 在朕心 勿謂忘之 黔弼謝曰 臣職當爲 聖上 何至如斯 王益善之"라고 하였다.

70) 『삼국사기』 권12, 「신라본기」 12, 경순왕 8년조에는, "秋九月 老人星見 運州界三十 餘郡縣 降於太祖"라고 하였다.

(20)-③ 9월 정사일에 노인성이 나타났다. 왕이 친히 군사를 거느리고 운주를 정벌하였다. 견훤이 이 소식을 듣고 갑사 5천 명을 뽑아 이르러 말하기를, "양편의 군사가 서로 싸우니 형세가 양편이 다 보전하지 못하겠소. 무지한 병졸이 살상을 많이 당할까 염려되니 마땅히 화친을 맺어 각기 국경을 보전합시다"라고 하였다. 왕이 여러 장수를 모아 의논하니 우장군 유금필이 아뢰기를, "오늘날의 형세는 싸우지 않을 수 없으니 임금께서는 신들이 적군을 무찌르는 것만 보시고 근심하지 마소서"라고 하였다. 저편에서 미처 진을 치기 전에 강한 기병 수천명을 거느리고 돌격하여 3천여 명을 목베고, 술사 종훈과 의사 훈겸과 용맹한 장수 상달과 최필을 사로잡으니 웅진 이북의 30여 성이 소문을 듣고 스스로 항복하였다.[72]

(21) **김부대왕 21세(935년)**; 경순왕 9년. 고려 태조(59세) 천수 18년. 후백제 견훤(69세) 재위 44년.

(21)-① 경순왕 9년 10월에 김부대왕은 사방의 토지가 모두 다른 사람의 차지가 되었고 나라는 약하고 형세는 외롭게 되어 스스로 힘으로 안정시킬 수 없다고 여겨, 여러 신하들과 더불어 도모하여 땅을 들어 태조에게 항복하려고 하였다. 여러 신하들이 의논하기를 어떤 사람은 그렇게 하는 것이 좋다 하고 어떤 이는 그렇게 해서는 안된다고 하였다. 왕자가 말하기를, "나라가 존속하고 망함에는 반드시 하늘의 명命이 있습니다. 단지 충성스러운 신하와 의로운 선비들과 더불어 합심하여 백성의 마음을 한데 모아 스스로 지키다가 힘이 다 한 이후에 그만둘 일이지, 어찌 천년 사직을 하루 아침에 가볍게 남에게 줄

---

71) 『삼국사기』 권50, 「열전」 10, 견훤조에는, "清泰元年春正月 萱聞太祖屯運州 遂簡甲士五千至 將軍黔弼 及其未陣 以勁騎數千突擊之 斬獲三千餘級 熊津以北三十餘城 聞風自降 萱麾下術士宗訓 醫者訓謙 勇將尙逢崔弼等 降於太祖"라고 하였다. 『삼국유사』 권2, 「기이」 2, 후백제 견훤조에도 비슷한 내용이 실려 있다.

72) 『고려사절요』 권1, 태조 17년조에는, "秋九月丁巳 老人星見 王自將征運州 甄萱聞之 簡甲士五千至曰 兩軍相闘 勢不俱全 恐無知之卒 多被殺傷 宜結和親 各保封境 王會諸將議之 右將軍庾黔弼曰 今日之勢 不容不戰 願王觀臣等破敵勿憂也 及彼未陣 以勁騎數千突擊之 斬獲三千餘級 擒術士宗訓 醫師訓謙 勇將尙達崔弼 熊津以北 三十餘城 聞風自降"이라고 하였다.

김부대왕 연구

수 있겠습니까?"라고 하였다. 그러자 왕이 말하기를, "외롭고 위태로움이 이와 같으니 형세를 보전할 수가 없다. 이미 강해질 수도 없고 더 약해질 것도 없으니 죄없는 백성으로 하여금 간肝과 뇌腦를 땅에 바르도록 하는 것은 내가 차마 할 수 없는 일이다"라고 하였다.

이에 시랑侍郞 김봉휴金封休로 하여금 서신을 가지고 가서 태조에게 항복을 청하게 하였다. 왕자는 울면서 왕에게 하직하고 떠나 곧바로 개골산皆骨山(금강산의 다른 이름)에 들어가 바위에 의지하여 집을 삼고 삼베옷을 입고 풀을 먹으며 살다가 일생을 마쳤다.

11월에 태조가 김부대왕의 글을 받고 대상大相 왕철王鐵 등을 보내 김부대왕을 맞이하게 하였다. 김부대왕은 백관을 이끌고 서울에서 출발하여 태조에게 귀순하였다. 아름다운 수레와 보배로 장식한 말들이 30여 리에 이어져 뻗쳐 길을 꽉 메웠으며 구경하는 사람들은 담을 두른 듯하였다. 태조가 교외에 나가 맞이하여 위로하고 궁궐 동쪽의 가장 좋은 집 한 채를 내려 주었으며 맏딸 낙랑공주를 아내로 삼게 하였다. 12월에 [김부대왕을] 정승공正丞公으로 봉하고 지위를 태자보다 위에 있게 했으며, 봉록 1천 섬을 주었다. 시종侍從한 관원과 장수들도 모두 등용해 썼고 신라를 경주로 고쳐 공의 식읍으로 삼았다.

처음에 신라가 항복하자 태조가 매우 기뻐하여 두터운 예로써 대우하고 사람을 시켜 알리기를, "지금 왕께서 나라를 나에게 주었으니 이는 큰 것을 주신 것입니다. 바라건대 [왕의] 종실과 혼인을 맺어 장인과 사위의 우호를 영원히 누렸으면 합니다"라고 하였다. (김부대왕이) 대답하기를, "나의 큰아버지 잡간迊干(신라 17관등 가운데 세 번째 관등, 소판이라고도 함) 억렴億廉은 지대야군사知大耶郡事인데, 그의 딸은 덕과 용모 또한 모두 뛰어났으니 이 사람이 아니면 집안 살림을 갖출 수가 없을 것입니다"라고 하였다.

태조가 마침내 그를 아내로 삼아 아들을 낳으니 이가 현종顯宗(고려 제 8대 임금, 1010~1031년 재위)의 아버지로, (후에) 안종安宗으로 추봉되었다.[73]

(21)-② 청태 2년 을미 10월에 사방 땅이 모두 남의 나라 소유가 되고 나라는 약하고 형세는 고립되어 스스로 지탱할 수가 없으므로 여러 신하들과 함께 국토를 들어 고려 태조에게 항복할 것을 의논하였다. 그

러나 여러 신하들의 의논이 분분하여 끝나지 않자 왕태자가 말하기를, "나라의 존망은 반드시 하늘의 명에 있는 것이니 마땅히 충신 의사들과 함께 민심을 수습해서 힘이 다한 뒤에야 그만둘 일이지 어찌 천년의 사직을 경솔하게 남에게 내주겠습니까"라고 하였다. 왕이 말하기를, "외롭고 위태롭기가 이와 같으니 형세는 보전될 수 없다. 이미 강해질 수도 없고 또 약해질 수도 없으니 죄없는 백성들로 하여금 간肝과 뇌腦를 땅에 바르도록 하는 것은 내가 차마 할 수 없는 일이다"라고 하였다.

이에 시랑 김봉휴를 시켜 국서를 가지고 태조에게 가서 항복하기를 청하였다. 그러자 태자는 울면서 왕을 하직하고 바로 개골산으로 들어가서 삼베옷을 입고 풀을 먹다가 세상을 마쳤다. 김부대왕의 막내아들은 머리를 깎고 화엄종에 들어가 스님이 되어 승명을 범공이라고 했는데, 그 뒤로 법수사와 해인사에 있었다고 한다.

태조는 신라의 국서를 받자 태상 왕철을 보내 맞게 하였다. 왕은 여러 신하들을 거느리고 우리 태조에게 귀의하니, 향거보마가 30여 리에 이르고, 길은 사람으로 꽉 차고, 구경꾼들이 담과 같이 늘어섰다. 태조는 교외에 나가서 영접하여 위로하고 대궐 동쪽의 한 구역[지금의 정승원]을 주고, 장녀 낙랑공주를 그의 아내로 삼게 하였다. 왕이 자기 나라를 작별하고 남의 나라에 와서 살았다고 해서 이를 난새에 비유하여 신란공주로 칭호를 고치고, 시호를 효목이라고 하였다. 왕을 봉해서 정승을 삼으니 자리는 태자의 위이며 녹봉 1천 석을 주었

---

73) 『삼국사기』 권12, 「신라본기」 12, 경순왕 9년조에는, "冬十月 王以四方土地盡爲他有 國弱勢孤 不能自安 乃與群下謀 擧土降太祖 群臣之議 或以爲可 或以爲不可 王子曰 國之存亡 必有天命 只合與忠臣義士 收合民心 自固力盡而後已 豈宜以一千年社稷 一旦輕以與人 王曰 孤危若此 勢不能全 旣不能強 又不能弱 至使無辜之民 肝腦塗地 吾所不能忍也 乃使侍郞金封休賷書 請降於太祖 王子哭泣辭王 徑歸皆骨山 倚巖爲室 麻衣草食 以終其身 十一月 太祖受王書 送太相王鐵等迎之 王率百僚 發自王都 歸于太祖 香車寶馬 連亘三十餘里 道路塡咽 觀者如堵 太祖出郊迎勞 賜宮東甲第一區 以長女樂浪公主妻之 十二月 封爲正丞公 位在太子之上 給祿一千石 侍從員將 皆錄用之 改新羅 爲慶州 以爲公之食邑 初新羅之降也 太祖喜甚 旣待之以厚禮 使告曰 今王以國與寡人 其爲賜大矣 願結婚於宗室 以永甥舅之好 王曰 我伯父億廉匝干 知大耶郡事 其女子德容雙美 非是無以備內政 太祖遂取之生子 是顯宗之考 追封爲安宗"이라고 하였다.

김부대왕 연구

다. 시종과 관원 장수들도 모두 채용해서 쓰도록 했으며, 신라를 고
쳐 경주라고 하여 이를 경순왕의 식읍으로 삼았다.

　처음에 왕이 국토를 바치고 항복해오자 태조는 무척 기뻐하여 후한
예로 김부대왕을 대접하고 사람을 시켜 말하기를, "이제 왕이 내게
나라를 주시니 주시는 것이 매우 큽니다. 청컨대 왕의 종실과 혼인을
해서 장인과 사위의 좋은 의를 같이 하고 싶습니다"라고 하였다. 왕
이 대답하기를, "우리 백부 억렴[왕의 아버지 효종각간은 추봉된 신
흥대왕으로 (억렴의) 아우이다]에게 딸이 있는데, 덕행과 용모가 모
두 아름답습니다. 이 사람이 아니고는 내정을 맡을 사람이 없습니다"
라고 하였다. 태조가 그에게 장가드니, 이가 신성왕후 김씨이다.[74]

(21)-③ 견훤은 아내를 많이 취하여 아들 10여 사람이 있었는데 넷째 아들
　　금강이 키가 크고 지략이 많아 견훤이 특별히 사랑해 그에게 왕위를
　　전해주려고 하였다. 이에 그의 형 신검, 양검, 용검 등이 알고서 걱정
　　과 번민을 하였다. 당시 양검은 강주도독, 용검은 무주도독으로 나가
　　있었고, 신검만이 왕의 옆에 있었다. 이찬 능환이 사람을 강주와 무
　　주에 보내 양검 등과 더불어 몰래 모의하였다. 청태 2년 3월에 이르
　　러 파진찬 신덕과 영순 등이 신검에게 권하여 견훤을 금산사에 유폐
　　시키고 사람을 보내 금강을 살해하였다. 신검이 대왕을 자칭하면서,
　　국내에 대사면령을 내리고 교서를 반포하였다. (중략) 견훤이 금산에
　　있은 지 3개월만인 6월에 막내아들 능예, 딸 애복, 총애하는 첩 고비

---

74) 『삼국유사』 권2, 「기이」 2, 김부대왕조에는, "淸泰二年乙未十月 以四方土地盡爲他
　　有 國弱勢孤 不能自安 乃與群下謀 擧土降太祖 群臣可否 紛然不已 王太子曰 國之存
　　亡 必有天命 當與忠臣義士 收合民心 力盡而後已 豈可以一千年之社稷 輕以與人 王曰
　　孤危若此 勢不能全 旣不能强 又不能弱 至使無辜之民 肝腦塗地 吾所不能忍也 乃使侍
　　郎金封休齎書 請降於太祖 太子哭泣辭王 徑往皆骨山 麻衣草食 以終其身 季子祝髮 隷
　　華嚴 爲浮圖 名梵空 後住法水海印寺云 太祖受書 送太相王鐵迎之 王率百僚 歸我太祖
　　香車寶馬 連亘三十餘里 道路塡咽 觀者如堵 太祖出郊迎勞 賜宮東一區[今正承院] 以長
　　女樂浪公主 妻之 以王謝自國居他國故 以鸞喩之 改號神鸞公主 諡孝穆 封爲正承 位在
　　太子之上 給祿一千石 侍從員將 皆錄用之 改新羅爲慶州 以爲公之食邑 初王納土來降
　　太祖喜甚 待之厚禮 使告曰 今王以國與寡人 其爲賜大矣 願結婚於宗室 以永甥舅之好
　　王答曰 我伯父億廉[王之考 孝宗角干 追封神興大王之弟也] 有女子 德容雙美 非是無以
　　備內政 太祖娶之 是爲神成王后金氏"라고 하였다.

등과 더불어 금성으로 도주하여 사람을 시켜 태조에게 만나기를 청
하니 태조가 기뻐하여 장군 유금필, 왕만세 등을 보내 수로를 거쳐가
서 위로하고 도착함에 이르러 두터운 예로서 대접하였다. 견훤이 10
년 연장자라 하여 그를 높여 상보로 삼고 남쪽 궁궐을 주어 유숙하게
하였다. 지위는 백관의 최상위로 하였다. 양주를 식읍으로 주고 겸하
여 금과 비단, 장식품, 노비 각각 40구, 내구마 10필을 주었다.[75]

(21)-④ 견훤은 아내와 첩이 많아서 아들 10여 명을 두었는데, 넷째 아들
금강이 키가 크고 지혜가 많았다. 견훤이 특히 그를 사랑하여 왕위를
전하려 하니, 그의 형 신검 양검 용검 등이 알고 몹시 근심하고 번민
하였다. 이때 양검은 강주 도독으로 있었고, 용검은 무주 도독으로
있어서 홀로 신검만이 (견훤의) 곁에 있었다. 이찬 능환이 사람을 강
주와 무주에 보내 양검 등과 모의하였다. 청태 2년 을미 3월에 영순
등과 함께 신검을 권해서 견훤을 금산의 불당에 가두고 사람을 보내
서 금강을 죽였다. 신검은 자칭 대왕이라고 하고 나라 안의 모든 죄
수들을 사면해 주었다고 말해진다.

처음에 견훤이 아직 잠자리에서 일어나기 전에 멀리 대궐 뜰에서
고함치는 소리가 들리므로, 이게 무슨 소리냐고 묻자 신검이 아버지
에게 아뢰기를, "왕께서는 늙으시어 군국의 정사에 어두우시므로 장
자 신검이 부왕의 자리를 대신하게 되었다고 해서 여러 장수들이 기
뻐하는 소리입니다"라고 하였다. 조금 후에 아버지를 금산의 불당으
로 옮기고 파달 등 30여 명의 장사를 시켜서 지키게 하였다.

당시에 이런 동요가 있었는데, "가엾구나. 완산아이, 아비잃고 눈물
짓네"라고 하였다. 견훤은 후궁과 나이 어린 남녀 2명, 시비 고비녀,
나인 능예남 등과 함께 갇혀 있었다.

---

75) 『삼국사기』 권50, 「열전」 10, 견훤조에서는, "甄萱多娶妻 有子十餘人 第四子金剛 身
長而多智 萱特愛之 意欲傳其位 其兄神劍良劍龍劍等知之 憂悶 時良劍爲康州都督 龍
劍爲武州都督 獨神劍在側 伊湌能奐 使人往康武二州 與良劍等陰謀 至淸泰二年春三
月 與波珍湌新德英順等 勸神劍 幽萱於金山佛宇 遣人殺金剛 神劍自稱大王 大赦境內
其敎書曰 (중략) 萱在金山三朔 六月 與季男能乂 女子哀福 嬖妾姑比等 逃奔錦城 遣人
請見於太祖 太祖喜 遣將軍黔弼萬歲等 由水路勞來之 及至待以厚禮 以萱十年之長 尊
爲尙父 授館以南宮 位在百官之上 賜楊州爲食邑 兼賜金帛繁縟 奴婢各四十口 內廐馬
十匹"이라고 하였다.

4월에 이르러 술을 빚어서 지키는 장사 30명에게 먹여 취하게 하고는 [고려로 도망해 오자 태조는] 소원보 향예 오염 충질 등을 보내서 바닷길로 가서 맞아 오게 하였다. [고려에] 이르자 [태조는] 견훤의 나이가 10년 위라고 하여 존경하여 상보라고 부르고 남궁에 편히 있게 해주었으며, 양주의 식읍 전장과 노비 40명, 말 9필을 주고, 후백제에서 먼저 항복해 와 있던 신강으로 아전을 삼았다.[76]

(21)-⑤ 3월에 견훤의 아들 신검이 그 아버지를 금산불우에 가두고, 그 아우 금강을 죽였다. 견훤은 아들 10여 명이 있었는데 넷째 아들 금강이 키가 크고 지혜가 많으므로 특별히 그를 사랑하여 왕위를 전하고자 하니 그 형 신검 양검 용검 등이 이를 알고 근심하며 번민했다. 이 때 양검과 용검은 지방에 나가 주둔하고 있었으므로 신검만이 견훤의 곁에 있었는데, 이찬 능환이 사람을 시켜 양검 용검과 함께 모의하고, 신검에게 권하여 난을 일으키게 하였다.

4월에 왕이 여러 장수들에게 이르기를, "나주의 40여 군이 우리의 울타리가 되어 오랫동안 풍화에 복종하고 있었는데, 요사이 후백제의 침략을 당하여 6년 동안이나 바닷길이 통하지 않았으니 누가 능히 나를 위하여 이곳을 진무하겠는가?"라고 하니 공경대신들이 유금필을 천거하였다. 왕이 이르기를, "나 역시 그를 생각해 보았다. 그러나 요사이 신라로 가는 길이 막혔던 것을 유금필이 가서 이를 통하게 하였으니 그의 노고를 생각하면 다시 명령하기가 어렵다"고 하였다. 유금필이 아뢰기를, "신이 비록 나이 들어 이미 노쇠하나 이것은 국가의 큰일이니 감히 힘을 다하지 않겠습니까"라고 하였다. 왕이 기뻐

---

76) 『삼국유사』 권2, 「기이」 2, 후백제 견훤조에는, "萱多妻妾 有子十餘人 第四子金剛 身長而多智 萱特愛之 意欲傳位 其兄神劍 良劍 龍劍 知之憂憫 時良劍爲庋州都督 龍劍爲武州都督 獨神劍在側 伊湌能奐使人 往康武二州 與良劍等謀 至淸泰二年乙未春三月 與英順等勸神劍 幽萱於金山佛宇 遣人殺金剛 神劍自稱大王 赦境內[云云] 初萱寢未起 遙聞宮庭呼喊聲 問是何聲歟 告父曰 王年老暗於軍國政要 長子神劍攝父王位 而諸將歡賀聲也 俄移父於金山佛宇 以巴達等壯士三十人守之 童謠曰 可憐完山兒 失父涕連洒 萱與後宮年少男女二人 侍婢古比女 內人能乂男等囚繫 至四月 釀酒而飮醉守卒三十人 而與小元甫香乂 吳琰 忠質等以海路迎之 旣至 以萱爲十年之長 尊號爲尙父 安置于南宮 賜楊州食邑田莊 奴婢四十口 馬九匹 以其國先來降者信康爲衙前"이라고 하였다.

서 눈물을 흘리며 이르기를, "경이 만약 명을 받든다면 어찌 이보다 더한 기쁨이 있겠소"라고 하였다. 유금필을 도통대장군으로 삼아 예성강까지 전송하고 어선御船을 주어 보냈다. 유금필이 나주에 가서 경략하고 돌아오니 왕이 또 예성강까지 행차하여 맞아 위로하였다.

6월에 견훤이 막내아들 능예와 나인 애복, 사랑하는 첩 고비 등과 함께 나주로 도망나와 고려에 들어와 조회하겠다고 청하므로 장군 유금필과 대광 만세, 원보 향예와 오담 능선 충질 등을 보내 바닷길로 그들을 맞이하였다. 견훤이 이르자 다시 견훤을 상보라 하고, 남궁을 사관으로 주었으며, 자리는 백관의 위에 두었다. 양주를 식읍으로 삼게 하고, 겸하여 금과 비단 노비 각 40명과 말 10필을 내려주고, 후백제에서 항복해온 사람 신강을 아관으로 삼았다. (중략)

10월 임술일에 신라왕 김부대왕이 시랑 김봉휴를 보내 들어와서 조회하겠다고 청하므로 왕이 섭시중 왕철과 시랑 한헌옹 등을 보내 회보하였다. 11월 갑오일에 신라왕이 백관을 거느리고 왕도를 출발하니 사대부와 서민들이 모두 그를 따랐다. 향거와 보마가 30여 리에 이어지고, 길은 사람으로 꽉 차서 막혔으며, 구경꾼들이 죽 둘러 서 있었다. 길가에 있는 주현에서는 접대가 매우 성대하였고, 왕이 사람을 보내 문안하고 위로하였다. 계묘일에 신라왕이 왕철 등과 함께 개경에 들어오니 왕이 의장을 갖추고 교외에 나가서 맞이하며 위로하고, 동궁과 여러 재신에게 명하여 김부대왕을 호위하고 들어와서 유화궁에 머무르게 했다. 계축일에 왕이 정전에 나아가 문무백관을 모으고 예를 갖추어 맏딸 낙랑공주를 신라왕에게 시집보냈다. 기미일에 신라왕이 글을 올리기를, "본국이 오랫동안 위난을 겪어 나라의 운수가 이미 다하였으니 다시 기업을 보전할 희망이 없습니다. 그러니 신하의 예를 갖추어 뵙기를 원합니다"라고 하였으나 왕이 허락하지 않았다.

12월 신유일에 뭇 신하들이 아뢰기를, "하늘에는 해가 둘이 없고 땅에는 임금이 둘이 없는 법이니 한 나라에 두 임금이 있으면 백성이 어떻게 견디겠습니까. 신라왕의 청을 들어주소서"라고 하였다. 임신일에 왕이 천덕전에 나아가서 재신과 백관을 모으고 말하기를, "짐이 신라와 서로 피를 마시고 동맹을 맺어 두 나라가 각기 사직을 보전하여 영원히 잘 지내기를 바랐는데, 이제 신라왕이 굳이 신하로 일컫기

를 청하며 경들 역시 옳다고 하니 짐이 마음으로는 부끄럽게 여기나
의리상 굳이 거절하기는 어렵다”라고 하였다. 이에 뜰 아래서 뵙는
예를 김부대왕으로부터 받으니 뭇 신하들의 경하드리는 소리가 궁궐
에 진동하였다. 김부대왕을 제수하여 관광순화 위국공신 상주국 낙
랑왕 정승 식읍 8천호로 봉하고, 자리는 태자의 위에 두었다. 해마다
녹 1천 석을 주고, 신라국을 없애고 경주라 하여 김부대왕에게 주어
식읍으로 하게 하였다. 김부대왕을 따라온 사람들도 모두 채용하고
토지와 녹을 주어 그 전보다도 더 우대하였다. 또 신란궁을 세워 김
부대왕에게 주었으며, 김부대왕을 경주의 사심관으로 삼아 부호장
이하 관직 등의 일을 주관하게 하였다. 이에 여러 공신들 역시 이를
본받아 각기 그 주의 사심관이 되니 사심관은 이때부터 시작되었다.
예전에 김봉휴가 와서 항복하겠다고 청할 적에 왕이 두터운 예의로
대접하고, 그에게 돌아가 신라왕에게 알리게 하기를, “이제 왕이 나
라를 과인에게 주니 그 은혜가 큽니다. 그러니 종실과 결혼하여 사위
와 장인의 도리를 계속하고자 합니다”라고 하였다. 김부대왕이 이 말
을 듣고 회보하기를, “나의 백부 잡간 김억렴에게 딸이 있는데 심덕
과 용모가 다 아름다우니 이 사람이 아니면 내정을 갖출 수 없을 것
입니다”라고 하였다. 왕이 드디어 장가드니 이 분이 신성왕후이며 안
종 욱을 낳았다.[77]

---

77) 『고려사절요』 권1, 태조 18년조에는, “春三月 甄萱子神劍 幽其父於金山佛宇 殺其弟
金剛 萱有子十餘人 第四子金剛 身長而多智 萱特愛之 欲傳其位 其兄神劍良劍龍劍等
知之憂悶 時良劍龍劍 出鎭于外 神劍獨在側 伊粲能奐 使人與良劍龍劍陰謀 勸神劍作
亂 夏四月 王謂諸將曰 羅州四十餘郡 爲我藩籬 久服風化 近爲百濟劫掠 六年之間 海
路不通 誰能爲我撫之 公卿薦庾黔弼 王曰 予亦思之 然近者 新羅路梗 黔弼往通之 想
念其勞 難以再命 黔弼奏曰 臣雖年齒已衰 然是國家大事 敢不竭力 王喜垂泣曰 卿若承
命 何喜如之 以黔弼爲都統大將軍 送至禮成江 賜御船而遣之 黔弼往羅州 經略而還 又
幸禮成江 迎勞之 六月 甄萱與季男能乂 女子哀福 嬖妾姑比等 奔羅州 請入朝 遣將軍
庾黔弼 大匡萬歲 元甫香乂 吳淡 能宣 忠質等 由海路迎之 及至 復稱萱爲尙父 授館南
宮 位在百官之上 賜楊州 爲食邑 兼賜金帛 奴婢各四十口 馬十匹 以百濟降人信康 爲
衙官 (중략) 冬十月壬戌 新羅王金傅 遣侍郎金封休 請入朝 王遣攝侍中王鐵 侍郎韓憲
邕等往報 十一月甲午 新羅王率百僚 發王都 士庶皆從之 香車寶馬 連亘三十餘里 道路
塡咽 觀者如堵 沿路州縣 供億甚盛 王遣人問慰 癸卯 新羅王與王鐵等 入開京 王備儀
仗 出郊迎勞 命東宮與諸宰臣 從衛而入 館于柳花宮 癸丑 王御正殿 會文武百官備禮

(22) <u>김부대왕 22세(936년); 태조 19년(60세)</u>

(22)-① 신라가 이미 땅을 바쳐 나라가 없어지자 아간 신회는 외직을 내놓
고 돌아왔는데 도성이 황폐한 것을 보고 서리리의 탄식을 하면서 이
에 노래를 지었으나, 그 노래는 없어져서 알 수가 없다.[78]

(22)-② 병신 정월에 견훤은 그 아들에게 말하기를, "내가 신라 말에 후백
제라는 이름을 내걸어 지금까지 여러 해가 되었다. 병사는 북군보다
배나 되는데도 오히려 이처럼 불리하니, 아마도 하늘이 고려를 도우
는 것 같다. 어찌 북쪽 고려왕에게 귀순해서 생명을 보전하지 않을
수 있겠느냐?"라고 하였다. 그 아들 신검 용검 양검 등 세 사람은 모
두 응하지 않았다.[79]

(22)-③ 견훤의 사위인 장군 박영규가 비밀리에 그 아내에게 말하기를,
"대왕께서 나라를 위해서 애쓰신 지 40여 년에 공업이 거의 이루어
지려 하였는데, 하루 아침에 가족간의 불화로 나라를 잃고 고려로 가
셨다. 대체로 정조있는 여자는 두 남편을 모시지 않고 충신은 두 임
금을 섬기지 않는 법이다. 만약 내 임금을 버리고 반역한 아들을 섬
긴다면 무슨 낮으로 천하의 의사들을 본단 말인가. 하물며 고려의 왕
공은 어질고 후덕하며 부지런하고 검소하여 민심을 얻었다고 하니,

以長女樂浪公主 歸于新羅王 己未 新羅王 上書曰 本國久經危亂 曆數已窮 無復望保基
業 願以臣禮見 王不允 十二月辛酉 群臣奏曰 天無二日 土無二王 一國二君 民何以堪
願聽新羅王之請 壬申 王御天德殿 會宰臣百寮曰 朕與新羅 歃血同盟 庶幾兩國 各保社
稷 永以爲好 今新羅王 固請稱臣 卿等亦以爲可 朕心雖愧 義難固拒 乃受傳庭見之禮
群臣稱賀 聲動宮掖 拜傳 爲觀光順化衛國功臣上柱國樂浪王政丞食邑八千戶 位在太子
之上 歲給祿一千碩 除新羅國爲慶州 賜傳爲食邑 其從者 皆錄用 賜田祿 優於舊制 又
創神鸞宮賜傳 仍使爲慶州事審 知副戶長以下 官職等事 於是 諸功臣 亦效之 各爲其州
事審 事審官始此 初封休 來請降 王待以厚禮 使歸告曰 今王 以國與寡人 其爲賜大矣
願結婚宗室 以永甥舅之好 傳聞之 報曰 我伯父匝千億廉 有女德容雙美 非是無以備內
政 王遂納之 是爲神成王后 生安宗郁"이라고 하였다.

78) 『삼국유사』 권2, 「기이」 2, 김부대왕조에는, "新羅旣納土國除 阿干神會 罷外署還 見
都城離潰 有黍離離嘆 乃作歌 歌亡未詳"이라고 하였다. 위의 사건이 있었던 정확한
시기는 확실하지 않다. 대체로 936년 이후에 있었던 일로 볼 수 있다.

79) 『삼국유사』 권2, 「기이」 2, 후백제견훤조에는, "丙申正月 萱謂子曰 老夫新羅之季 立
後百濟名 有年于今矣 兵倍於北軍 尙爾不利 殆天假手爲高麗 蓋歸順於北王 保首領矣
其子神劍 龍劍 良劍等三人皆不應"이라고 하였다.

이는 아마도 하늘이 계시한 것인가 하오. 필경 삼한의 임금이 될 것이니, 어찌 글을 올려 우리 임금을 위안하고 겸해 왕공에게 은근히 하여 뒷날의 복을 도모하지 않겠소"라고 하였다. 그 아내가 말하기를, "당신의 말씀이 바로 저의 뜻입니다"라고 하였다.

이에 천복 원년 병신 2월에 사람을 보내 태조에게 자기의 뜻을 말하기를, "왕께서 의기를 드시면 저는 내응하여 왕의 군사를 맞이하겠습니다"라고 하였다. 태조는 기뻐하여 사자에게 예물을 후히 주어 보내면서 박영규에게 사례하여 말하기를, "만일 그대의 은혜를 입어 하나로 합해져서 길에서 막히는 일이 없게 된다면, 곧 먼저 장군을 뵙고 다음에 당에 올라 부인께 절하며, 형으로 섬기고 누님으로 받들어 반드시 끝까지 후하게 보답하겠소. 천지신명은 모두 이 말을 들을 것이오"라고 하였다.

6월에 견훤이 태조에게 말하기를, "노신이 전하께 항복해 온 것은 전하의 위엄을 빌어 반역한 자식을 죽이기를 바란 것입니다. 엎드려 바라건대, 대왕께서는 신병을 빌려 주셔서 적자와 난신을 죽이게 해 주시면, 신은 비록 죽어도 유감이 없겠습니다"라고 하였다. 태조가 말하기를, "그들을 토벌하지 않으려는 것이 아니라 그 때를 기다리는 것이오"라고 하였다. 이에 먼저 태자 무와 장군 박술희를 보내 보병과 기병 10만 명을 거느리고 천안부로 가게 하였다. 9월에 태조는 삼군을 거느리고 천안에 이르러 군사를 합하여 일선군으로 진격하니, 신검이 군사를 거느리고 막았다. 갑오일에 일리천을 사이에 두고 서로 대치하니, 고려 군사는 동북방을 등지고 서남쪽을 향해 진을 쳤다. 태조는 견훤과 함께 군대를 사열하는데, 갑자기 칼과 창같은 흰 구름이 우리 군대 쪽에서 일어나 적군을 향해 갔다. 이에 북을 치면서 나아가니 후백제의 장군 효봉, 덕술, 애술, 명길 등은 고려 병사의 형세가 크고 정돈된 것을 바라보고, 갑옷을 버리고 진 앞에 나와 항복하였다. 태조는 이들을 위로하고 장수가 있는 곳을 물으니, 효봉 등이 말하기를, "원수 신검은 중군에 있습니다"라고 하였다. 태조는 장군 공훤 등에게 명하여 삼군을 일시에 진군시켜 협격하니 후백제 군은 무너져 달아났다. 황산 탄현에 이르자 신검은 두 아우와 장군 부달 능환 등 40여 명과 함께 항복하였다. 태조는 항복을 받고 나머지는 모두 위로하여 처자와 함께 서울로 가도록 허락하였다. 태조가

135

능환에게 묻기를, "처음에 양검 등과 비밀리에 모의하여 대왕을 가두고 그 아들을 세운 것은 너의 꾀이니, 신하된 의리로 의당 그럴 수가 있느냐"라고 하였다. 능환은 머리를 숙이고 말을 하지 못하였다. 드디어 그를 목베어 죽이게 하였다. 신검이 참람되어 왕위에 오른 것은 남에게 협박된 것이요 그의 본심이 아니었으며, 또 항복하여 죄를 빌므로 특별히 그 죽음을 용서하였다. 견훤은 분하게 여겨 등창이 나서 며칠만에 황산의 불당에서 죽으니, 때는 9월 8일이고 나이는 70살이었다.

태조의 군령은 엄하고 분명해서 사졸들이 조금도 범하지 않았으므로, 주현이 안도하여 늙은이와 어린이가 모두 만세를 불렀다. 태조는 박영규에게 말하기를, "전왕이 나라를 잃은 후에 신하된 사람으로서 한 사람도 그를 위로해 주는 이가 없었는데, 오직 경의 부부만이 천리 밖에서 글을 보내 성의를 보였고, 겸해서 나에게로 귀순하는 아름다움을 보였으니 그 의리를 잊을 수 없다"라고 하였다. 좌승이란 벼슬과 밭 1천 경을 내리고, 역마 35필을 빌려주어 가족들을 맞게 했으며 그 두 아들에게도 벼슬을 주었다. 견훤은 당나라 경복 원년에 나라를 세워 진나라 천복 원년에 이르기까지 총 45년만인 병신년에 망하였다.[80]

---

80) 『삼국유사』권2, 「기이」2, 후백제견훤조에는, "甄萱婿將軍英規密語其妻曰 大王勤勞四十餘年 功業垂成 一旦以家人之禍 失地 從於高麗 夫貞女不可二夫 忠臣不事二主 若捨已君 以事逆子耶 何顔以見天下之義士乎 況聞高麗王公仁厚勲儉 以得民心 殆天啓也 必爲三韓之主 盍致書以安慰我王 兼慇懃於王公 以圖後來之福乎 妻曰 子之言是吾意也 於是天福元年丙申二月 遣人致意於太祖曰 君擧義旗 請爲內應 以迎王師 太祖喜 厚賜其使者遣之 謝英規曰 若蒙恩一合 無道路之梗 卽先致謁於將軍 然後升堂拜夫人 兄事而姊尊之 必終有以厚報之 天下鬼神皆聞此語 六月 萱告太祖 老臣所以投身於殿下者 願仗殿下威稜 以誅逆子耳 伏望大王借以神兵 殲其賊亂 臣雖死無憾 太祖曰 非不欲討之 待其時也 先遣太子武及將軍述希 領步騎十萬 趣天安府 秋九月 太祖率三軍 至天安 合兵進次一善 神劍以兵逆之 甲午 隔一利川相對 王師背艮向坤而陳 太祖與萱觀兵 忽白雲狀如劍戟起 我師向彼行焉 乃鼓行而進 百濟將軍孝奉 德述 哀述 明吉等 望兵勢大而整 棄甲降於陣前 太祖勞慰之 問將帥所在 孝奉等曰 元帥神劍在中軍 太祖命將軍公萱等 三軍齊進挾擊 百濟軍潰北 至黃山炭峴 神劍與二弟 將軍富達 能奐等四十餘人出降 太祖受降 餘皆勞之 許令與妻子上京 問能奐曰 始與良劍等密謀 囚大王立其子者 汝之謀也 爲臣之義 當如是乎 能奐俛首不能言 遂命誅之 以神劍僭位 爲人所脅

(22)-④ 2월에 견훤의 사위인 장군 박영규가 귀부를 요청해 왔다. 이전에
박영규가 그 아내에게 은밀히 말하기를, "대왕(필자주; 견훤을 말함)
께서 부지런하게 힘쓴 지 40여 년에 공업이 거의 이루어지려 하였는
데, 하루 아침에 집안의 화로 나라를 잃고 고려에 가서 의탁하였소.
대저 열녀는 두 남편을 받들지 않으며 충신은 두 임금을 섬기지 않는
법이니 만약 내 임금을 버리고 반역한 아들을 섬긴다면 무슨 면목으
로 천하의 의사들과 대할 수 있겠소. 하물며 듣건대 왕공은 어질고
후덕하며 부지런하고 검소하여 민심을 얻었다고 하니 아마 하늘이
낸 사람인가 하오. 반드시 삼한의 임금이 될 것이니 어찌 글을 보내
우리 임금을 위안하고 겸해 왕공에게도 은근하게 하여 뒷날의 복을
도모하지 않을 수 있겠소"라고 하였다. 그러자 그 아내가 말하기를,
"당신의 말씀이 곧 저의 뜻입니다"라고 하였다. 이에 사람을 보내 그
뜻을 알리고 또 말하기를, "만약 의병을 일으킨다면 저는 내응이 되
어 왕의 군사를 맞이하겠습니다"라고 하였다. 왕이 크게 기뻐하여
그의 사자에게 예물을 후하게 주고 돌아가서 박영규에게 회보하기
를, "만약 그대의 은혜를 입어 길에서 막힘이 없게 되면 곧 먼저 장
군을 뵙고 당에 올라가 부인께 절하며 장군을 형으로 섬기고 부인을
누님으로 받들어 끝까지 후하게 보답하겠으니 천지귀신이 모두 이
말을 들었습니다"라고 하였다.

　6월에 견훤이 왕에게 요청하기를, "노신이 멀리 창파를 건너 임금
께 와서 의탁했으니 임금의 위엄을 빌어 반역한 자식을 죽이기를 원
합니다"라고 하였다. 왕이 처음에는 시기를 기다렸다가 군사를 움직
이려 했는데, 그의 굳은 부탁을 불쌍히 여겨 그 말에 따랐다. 이에
먼저 정윤 왕무와 장군 박술희를 보내 보병과 기병 1만 명을 거느리
고 천안부로 진격하게 하였다. 9월에 왕이 삼군을 거느리고 천안부
에 이르러 군사를 합쳐 일선군으로 나아가 머물렀는데, 신검이 군사

非其本心 又且歸命乞罪 特原其死 甄萱憂懣發疽 數日卒於黃山佛舍 九月八日也 壽七
十 太祖軍令嚴明 士卒不犯秋毫 州縣安堵 老幼皆呼萬歲 謂英規曰 前王失國後 其臣子
無一人慰之者 獨卿夫妻 千里嗣音 以致誠意 兼歸美於寡人 其義不可忘 許職左承 賜田
一千頃 許借驛馬三十五匹 以迎家人 賜其二子以官 甄萱起唐景福元年 至晉天福元年
共四十五年 丙申滅"이라고 하였다.

를 이끌고 이에 대항하여 일리천을 사이에 두고 진을 쳤다. (중략) 신
검에게는 작위를 내려주고, 양검과 용검은 진주에 귀양보냈다가 얼
마 뒤에 죽였다. 왕이 박영규에게 이르기를, "견훤이 나라를 잃고 멀
리 찾아온 후로 한 사람도 그를 위로해주는 신하가 없었는데, 오직
경의 부부만이 천리 밖에서 서신을 보내 성의를 보이고 겸하여 과인
에게 귀순하였으니 그 의리를 잊을 수 없다"라고 하면서 좌승 벼슬
과 밭 1천경을 주고 역마 35필을 빌려주어 가족들을 맞아오게 하고
그 두 아들에게도 벼슬을 주었다. 이 달에 왕이 후백제로부터 돌아와
위봉루에 나아가 문무백관 및 백성들의 하례를 받았다. 왕이 삼한을
평정한 후 신하된 자들이 지킬 예절을 밝히려고 『정계』 1권과 『계백
료서(백관을 훈계하는 글)』 8편을 지어 온 나라에 반포했다.[81]

(23) **김부대왕 23세(937년); 태조 20년(61세)**
(23)-① 천사옥대; 청태 4년 정유 5월에 정승 김부대왕이 금으로 새기고
옥으로 장식한 허리띠 하나를 바치니, 길이가 10위요, 새겨 넣은 장
식이 62개였다. 이것을 진평왕의 천사대라고 한다. 고려 태조太祖는
이것을 받아서 내고內庫에 두었다.[82]

---

81) 『고려사절요』 1, 태조 19년조에는, "春二月 甄萱女壻 將軍朴英規請降 初英規 密語其
妻曰 大王勤勞 四十餘年 功業垂成 一朝以家人之禍 失地投於高麗 夫貞女不事二夫 忠
臣不事二主 若舍吾君 以事逆子則何賴 以見天下之義士乎 況聞高麗王公 仁厚勤儉 以
得民心 殆天啓也 必爲三韓之主 盖致書以安慰我王 兼及慇懃於王公 以圖將來之福乎
其妻曰 子之言是吾意也 於是遣人 來致意 且曰 若擧義兵 請爲內應 以迎王師 王大喜厚
賜其使 歸報英規曰 若蒙君惠 道路無梗則 先謁將軍升堂拜夫人 兄事而姊尊之 必終有
以厚報之 天地鬼神 悉聞此言 夏六月 甄萱請曰 臣遠涉滄波來投 聖化願仗威靈 以誅賊
子 王初欲待時而動 燐其固請 乃從之 於是先遣正胤武 將軍述希 領步騎一萬 趣天安府
秋九月 王率三軍 至天安 合兵進次一善 神劍以兵逆之 隔一利川而陣 (중략) 賜神劍爵
流良劍龍劍 於眞州尋殺之 謂英規曰 自萱失國 遠來其臣子 無一人慰藉者 獨卿夫婦 千
里嗣音 以致誠意 兼歸款於寡人 義不可忘 授以佐丞 賜田千頃 許以驛馬 三十五匹 迎致
家人 官其二子 王至自百濟 御威鳳樓 受文武百官 及百姓朝賀 王旣定三韓 欲勵臣子 以
節義遂 自製政誡一卷 誠百僚書八篇 頒中外"라고 하였다.
82) 『삼국유사』 권1, 「기이」 2, 천사옥대조의 제목에 붙어 있는 세주에는, "天賜玉帶; 淸
泰四年 丁酉五月 正承金傅 獻鏤金粧玉排方腰帶一條 長十圍 鏤銙六十二 曰是眞平王
天賜帶也 太祖受之 藏之內庫"라고 하였다.

(23)-② 5월 계축일에 김부대왕이 금박을 새겨 넣고 옥으로 장식한 네모
꼴 허리띠를 바쳤는데 길이가 열 발이고 대구가 62개였다. 신라는
이를 근 4백년간이나 보물로 간직해 왔는데 세상에서는 성제대聖帝
帶라고 불렀다. 이를 받은 왕은 원윤 익훤에게 명하여 물장고에 보관
하도록 했다.[83]

(24) 김부대왕 24세(938년); 태조 21년(62세)

(24)-① 7월에 벽진군(경상북도 성주) 장군 이총언이 죽었다. 신라의 말기
에 뭇 도둑들이 앞다투어 일어났는데, 오직 벽진군은 이총언의 보호
를 받아 백성이 그 덕분에 편안하였다. 왕이 사람을 보내 한마음으로
힘을 다하여 화란을 평정하도록 개유하니 이총언이 글을 받고 매우
기뻐하여 곧 그 아들 이영을 보내 군사를 거느리고 왕을 따라 정토토
록 하였다. 왕이 이를 착하게 여겨 대광 사도귀의 딸을 아내로 삼게
하고, 이총언을 본읍의 장군으로 임명하고 은사가 후하였다. 이총언
이 감격하여 군사를 훈련하고 양식을 저축하여 고립된 성으로 신라
와 후백제가 서로 다투는 땅에 끼어 있으면서 우뚝히 동남쪽의 성원
이 되었다.[84]

(25) 김부대왕 25세(939년); 태조 22년(63세)

(25)-① 3월 무진일에 좌승 공직이 죽었다.[85]

(26) 김부대왕 26세(940년); 태조 23년(64세)

(26)-① 3월에 경주를 대도독부로 삼고 여러 주군의 명칭을 고쳤다. 7월
에 왕사 충담(869~940)이 죽자 원주 흥법사에 탑을 세우고 왕이 친

---

83) 『고려사』 1 권2, 「세가」 2, 태조 20년조에는, "夏五月癸丑 金傅獻鏤金安玉排 方腰帶
長十圍 六十二銙 新羅寶藏 殆四百年 世傳聖帝帶 王受之命 元尹弋萱 藏于物藏"이라
고 하였다.

84) 『고려사절요』 1, 태조 21년조에는, "秋七月 碧珍郡將軍 李悤言卒 新羅之季 群盗競起
唯碧珍郡 爲悤言所保 民賴以安 王遣人諭以同心戮力 底定禍亂 悤言奉書甚喜 卽遣其
子永 將兵從王征討 王善之 以大匡思道貴女妻之 拜悤言本邑將軍 恩賚稠重 悤言感激
鍊兵峙糧 以孤城介於新羅百濟 必爭之地 屹然爲東南聲援"이라고 하였다.

85) 『고려사』 2, 「세가」 2, 태조 22년조에는, "春三月戊辰 佐丞龔直卒"이라고 하였다.
공직에 대한 자세한 사실들은 『고려사절요』 1, 태조 22년조 기사를 참고하기 바란
다.

히 비문을 지었다. 12월에 개태사가 완공되자 낙성법회를 열고 왕이 친히 소문疏文을 지었다. 이해에 처음으로 역분전을 정하였다. (중략) 신흥사를 중수하여 공신당을 설치하고 삼한공신들의 초상을 걸었다. 하루 밤낮에 걸쳐 무차대회를 열었는데 해마다 이렇게 하는 것을 상례로 삼았다.[86]

(27) 김부대왕 27세(941년); 태조 24년(65세)

(27)-① 4월에 대광 유금필이 죽었다. 유금필은 평주 사람으로 장수의 지략이 있어 태조를 섬겼다. 매양 나가서 정벌할 적에는 왕의 명을 받으면 즉시 출발하고 집에서 지체하지 않았으며, 매양 개선할 적마다 왕이 반드시 맞이하여 위로하였다. 평생토록 은총으로 대우하였는데, 다른 장수들은 누구도 이에 따르지 못하였다. 충절이라 시호하고 뒤에 태조의 묘정에 배향되었다.[87]

(28) 김부대왕 28세(942년); 태조 25년(66세)

(28)-① 10월에 거란이 사신을 보내 낙타 50필을 선사했다. 왕은 거란이 과거 발해와 화목하게 지내오다가 갑자기 의심을 일으켜 맹약을 어기고 멸망시켜 버린 것을 볼 때, 이는 매우 무도한 나라로서 화친을 맺어 이웃으로 삼을 만한 나라가 못된다고 생각했다. 그래서 외교관계를 단절하고 그 사신 30명을 섬으로 유배를 보냈으며 낙타는 만부교 아래에 매어두어 모두 굶어죽게 했다.[88]

(29) 김부대왕 29세(943년); 태조 26년(67세), 혜종 즉위년(32세)

(29)-① 4월에 왕이 내전으로 나가 대광 박술희를 부른 다음 친히 훈요를

---

86) 『고려사절요』 1, 태조 23년조에는, "春三月 以慶州爲大都督府 改諸州郡號 秋七月 王師忠湛死 樹塔于原州興法寺 王親製碑文 十二月 開泰寺成 命設落成法會 親製疏文 是歲 初定役分田 (중략) 重修新興寺 置功臣堂 繪三韓功臣於壁 設無遮大會 一晝夜 歲以爲常"이라고 하였다.

87) 『고려사절요』 1, 태조 24년조에는, "夏四月 大匡庾黔弼卒 黔弼平州人 以將略事太祖 凡出征受命 卽行不宿於家 每凱還 王必迎勞 終始寵遇 諸將莫及 諡忠節 後配享太祖廟庭"이라고 하였다.

88) 『고려사』 1 권2, 「세가」 2, 태조 25년조에는, "冬十月 契丹遣使 來遺橐駝五十匹 王以契丹 嘗與渤海連和 忽生疑貳 背盟殄滅 此甚無道 不足遠結 爲隣遂絶交 聘流其使 三十人于海島 繫橐駝萬夫橋下 皆餓死"라고 하였다.

내렸다. (중략) 짐도 또한 미천한 가문에서 몸을 일으켜 외람되게 여러 사람들의 추대를 받았다. 여름 더위와 겨울 추위를 무릅쓰면서 심신의 고통을 겪은 지 19년 만에 삼한을 통일하고 참람되게도 왕위에 오른 지 25년이나 되고 보니 몸은 이미 늙었다. (중략) 5월 왕이 병환이 나 정무를 중지했다. 정유일 재신 염상·왕규·박수문 등이 곁에 모시고 앉아 있었는데 왕이 다음과 같이 말하였다. (중략) 안팎의 중요한 일들 중에서 오랫동안 결정짓지 못한 것은 경들이 태자 왕무와 함께 처결한 후 보고하도록 하라. 병오일. 병이 위독해지자 왕은 신덕전으로 가 학사 김악을 시켜 유조를 기초하게 했다. (중략) 왕이 웃으면서, "뜬구름같은 인생은 예로부터 그러하다"라는 말을 마친 후 잠시 뒤에 죽었다. 왕위에 오른 지 26년이며 나이 67세였다. 그 유언에는, 내외의 모든 관료들은 다 태자의 명령을 따르도록 할 것이며 (중략)[89]

(29)-② 왕규가 나와 왕의 유언을 선포하기를, "도성 안팎 여러 신료들은 모두 동궁의 처분을 따르라"라고 하였다. 이에 태자가 왕위에 올라 여러 신하들을 거느리고 통곡하였다.[90]

(29)-③ 혜종인덕명효선현의공대왕은 이름이 왕무이고 자가 승건이며, 태조의 장남으로 어머니는 장화왕후 오씨이다. 후량 건화 2년 임신년(912)에 태어났다. 태조 4년(921) 정윤으로 책봉되고 종군하여 후백제를 토벌할 때 용맹을 떨치며 선봉에 섰으므로 일등공신이 되었다. 태조 26년 5월 병오일에 태조가 죽자 유명을 받들어 즉위했다. 6월 임신일에 태조를 현릉에 장사지냈다.[91]

(29)-④ 혜종의공대왕; 이름은 무이고 자는 승건이니 태자의 맏아들이다.

---

89) 『고려사』 1 권2, 「세가」 2, 태조 26년조에는, "夏四月 御內殿 召大匡朴述希 親授訓要 (중략) 朕亦起自單平 謬膺推戴 夏不畏熱 冬不避寒 焦身勞思 十有九載 統一三韓 叨居大寶 二十五年 身已老矣 (중략) 五月王不豫 停聽斷 丁酉 宰臣廉相王規朴守文等 侍坐 王曰 (중략) 內外機務 久不決者 卿等並與太子武 裁決而後聞 丙午疾 大漸御神德殿 命學士金岳 草遺詔 (중략) 王笑曰 浮生自古然矣 言訖有頃而薨 在位二十六年 壽六十七 遺命內外庶僚 並聽東宮處分 (중략)"이라고 하였다.

90) 『고려사절요』 1, 태조 26년조에는, "王規出宣 遺命曰 內外庶僚 並聽東宮處分 於是 太子卽位 率群臣擧哀"라고 하였다.

어머니는 장화왕후 오씨이며, 후량 건화 2년 임신에 태어났다. 오씨가 일찍이 용이 품속에 들어오는 꿈을 꾸었는데, 얼마 안 가서 태조가 나주를 지키러 나갔을 때 오씨를 보고 사랑하여 드디어 아기를 갖게 되었다. 태어나 성장하면서 도량이 넓고 지혜와 용기가 뛰어나서 태조를 따라 후백제를 정벌하는데 공이 있었다. 왕위에 있은 지는 2년이요, 34세를 살았다.[92]

(30) 김부대왕 30세(944년); 혜종 원년(33세)

(30)-① 광평시랑 한현규와 예빈경 김렴을 후진에 보내 왕위의 계승을 알리고, 거란을 쳐부순데 대해 하례하였다. 12월에 한림원령 평장사 최언위가 죽었다. 최언위는 신라사람으로 타고난 천성이 너그럽고 후하며 어릴 때부터 글을 잘 하였다. 나이 18세에 당나라에 들어가서 과거에 오르고 42세에 비로소 본국에 돌아오니 집사시랑 서서원 학사로 임명되었다. 뒤에 신라가 귀부하자, 태조가 최언위를 태자사로 삼아 문한의 임무를 맡도록 명하였다. 궁원의 액호는 모두 그가 지어 정한 것이요. 당시의 귀족들이 모두 그를 스승으로 섬겼다. 77세에 죽었으며, 시호를 문영이라 하였다.[93]

(31) 김부대왕 31세(945년); 혜종 2년(34세), 정종 즉위년(23세)

(31)-① 후진이 범광정과 장계응을 보내 왕을 책봉하고 칙서를 내렸다. (중략) 대광 왕규가 왕의 동생 왕요와 왕소를 참소했으나 무고임을 안 왕은 그들에게 더욱 두터운 은총을 베풀었다. 왕규가 또 자신의

---

91) 『고려사』 1 권2, 「세가」 2, 혜종 원년조에는, "惠宗仁德明孝宣顯義恭大王 諱武 字承乾 太祖長子 母曰莊和王后吳氏 後梁乾化二年壬申生 太祖四年 立爲正胤 從討百濟 奮勇先登 功爲第一 二十六年 五月丙午 太祖薨 奉遺命卽位 六月壬申 葬太祖于顯陵"이라고 하였다.

92) 『고려사절요』 2, 혜종의공대왕조에는, "惠宗義恭大王 諱武 字承乾 太祖長子 母莊和王后吳氏 以後梁乾化二年 壬申生 吳氏嘗夢龍入懷 未幾太祖 出鎭羅州 見而幸之 遂有娠 及壯氣度恢弘智勇絶倫 從太祖征百濟有功 在位二年 壽三十四"라고 하였다.

93) 『고려사절요』 2, 혜종 원년조에는, "遣廣評侍郎韓玄珪 禮賓卿金廉 如晉告嗣位 遂賀破契丹 冬十二月 翰林院令平章事 崔彦撝卒 彦撝新羅人 稟性寬厚 自少能文 年十八 入唐登科 四十二始還國 拜執事侍郎瑞書院學士 及新羅歸附 太祖命爲 太子師 委以文翰之任 宮院額號 皆所撰定 一時貴遊 皆師事之 及卒年 七十七 諡文英"이라고 하였다.

일당들을 시켜 벽에 구멍을 뚫고 왕의 침소로 침입하게 해서 난을 일
으킬 것을 모의하였으나 왕은 거처를 옮겨 피했을 뿐, 문책하지 않았
다. 9월에 왕의 병환이 위독했지만 신하들은 들어가 볼 수 없었고 간
사한 아첨배들이 항상 곁에서 시중들고 있었다. 무신일에 왕은 중광
전에서 죽으니 왕위에 오른 지 2년이며 나이 34세였다. 왕은 도량이
넓고 지혜와 용기가 뛰어났으나 왕규가 반역을 꾀한 뒤로부터는 의
심하고 꺼리는 일이 많아져 항상 무장한 군사들을 시켜 자신을 호위
하게 하였다. 자신의 감정을 절제하지 못해 소인배들이 다 벼슬에 올
랐으며 장병들에게 함부로 상을 주었기 때문에 안팎에서 탄식과 원
성이 자자했다. 시호를 의공이라 하고 묘호를 혜종이라 했으며 송악
산 동쪽 기슭에 장사지내고 능호를 순릉이라고 하였다.[94]

(31)-② 후진이 광록경 범광정과 태자세마 장계응을 보내와 왕을 책봉하
여 지절 현도주도독 상주국 충태의군사 고려국왕으로 삼았다. 대광
왕규의 딸이 태조의 열여섯째 비가 되어 아들 하나를 낳으니 광주원
군이다. 어느 날 왕규가 왕의 아우인 요와 소가 반역하려는 의도가
있다고 참소했으나 왕은 그것이 무고임을 알아 그들을 더욱 두터운
은혜로 대우하였다. 이때에 이르러 사천공봉 최지몽이 아뢰기를, "유
성이 자미성을 범했으니 나라에 반드시 역적이 있을 것입니다"라고
하였다. 왕은 왕규가 왕자 요와 소를 해치려는 징험인 줄 짐작했으나
역시 왕규를 죄주지는 않고 이내 맏공주를 소의 아내로 삼아 그 세력
을 강성하게 하였다. (중략) 왕규가 광주원군을 왕으로 세우려고 도
모하여 일찍이 밤에 왕이 깊이 잠들었는가를 엿보고 자기편을 보내
몰래 왕의 침실 안으로 들어가 왕을 해치려 하였다. 왕이 잠에서 깨
어나 한 주목으로 그들을 때려 죽이고 측근에서 시중하는 신하를 시
켜 끌어내게 하고는 다시 묻지 않았다.

　어느 날 왕이 병환이 나서 신덕전에 있었다. 최지몽이 또 아뢰기를,

---

94) 『고려사』 1 권2, 「세가」 2, 혜종 2년조에는, "晉遣范匡政張季凝 來册王 敎曰 (중략)
　　大匡王規 讒王弟堯及昭 王知其誣 恩遇愈篤 規又使其黨穴壁 入王寢內 謀作亂 王徙避
　　之不問 秋九月王疾篤 群臣不得入見 憸小常侍側 戊申薨 于重光殿 在位二年 壽三十四
　　氣度恢弘 智勇絶倫 自王規謀逆之後 多所疑忌 常以甲士自衛 喜怒無常群小 並進賞賜
　　將士無節 內外嗟怨 諡曰義恭 廟號惠宗 葬于松嶽東麓 陵曰順陵"이라고 하였다.

"가까운 시일 내에 변고가 있을 것이니 곧 옮기셔야 합니다"라고 하므로 왕이 몰래 중광전으로 옮겼다. 왕규가 밤에 사람을 시켜 벽에 구멍을 뚫고 왕의 침실에 들어오니 방은 벌써 비어 있었다. 왕은 왕규가 한 짓인 줄 알면서도 역시 그를 죄주지 않았다. 그 뒤에 왕규가 최지몽을 보자 칼을 빼들고 꾸짖기를, "임금이 침실을 옮긴 것은 반드시 너의 꾀일 것이다"라고 하였다.

왕은 왕규의 역모가 있은 후로는 의심하고 꺼려하는 바가 많아 항상 갑사에게 호위하도록 하면서, 기뻐하고 성냄이 일정치 않았으며 소인들이 한꺼번에 등용되고 장사에게 상을 내려주는 것이 절도가 없게 되니 조정 안팎이 한탄하고 원망하였다.

9월에 왕의 병환이 위독했는데 신하들은 들어가 뵙지 못하고 간사한 소인들만 왕의 곁에서 모시고 있었다. 무신일에 왕이 중광전에서 죽었다. 시호를 올려 의공대왕이라 하고 묘호는 혜종이라 했으며, 순릉에 장사지냈다.

신하들이 왕의 아우 요를 받들어 즉위토록 하였다. (중략) 기유일에 왕규가 대광 박술희를 죽였다. 박술희는 성품이 용감하여 나이 18세에 궁예의 위사가 되었으며, 뒤에 태조를 섬겨 여러 번 전공을 세우고 유명을 받아 혜종을 보좌하였다. 혜종이 병환이 나자 드디어 왕규와 서로 미워해서 군사 1백여 명을 데리고 다녔는데, 왕이 그가 딴마음을 품었는가 의심하여 갑곶(경기 강화도)으로 귀양보냈더니 왕규가 이어 임금의 명이라 속이고 그를 죽였다. 뒤에 엄의란 시호를 내리고 태사를 증직하였다. 혜종의 묘정에 배향되었다.

왕규가 처형되었다. 그 전에 왕이 왕규의 역모를 알고 은밀히 서경에 있던 대광 왕식렴과 모의하여 변고에 대비하게 하였다. 왕규가 난을 일으키려 하자 왕식렴이 군사를 거느리고 들어와서 호위하니 왕규가 감히 움직이지 못하였다. 왕규를 갑곶으로 귀양보냈다가 사람을 뒤쫓아 보내 그를 베어 죽이고, 그 도당 3백여 명을 베어 죽였다.[95]

(31)-③ 정종문명대왕; 이름은 요이며 자는 의천이니 태조의 둘째 아들이다. 어머니는 신명왕후 유씨이며, 태조 6년 계미에 태어났다. 천성이 불교를 좋아하고 두려움이 많았으며 도참을 믿었다. 왕위에 있은 지는 4년이요, 27세를 살았다.[96]

(31)-④ 정종지덕장경정숙문명대왕은 이름이 왕요이고 자가 천의이며, 태
　　　조의 둘째 아들로 어머니는 신명순성왕태후 유씨이다. 태조 6년 계
　　　미년(923)에 태어났으며 혜종 2년 9월 무신일에 신하들의 추대를 받
　　　아 즉위하였다. 기유일에 왕규가 역모를 꾸미다가 처형당했다.[97]

(32) **김부대왕 32세(946년); 정종 원년(24세)**

(32)-① 정월에 왕이 현릉顯陵(태조 왕건의 릉)을 참배하려고 재계하고 있
　　　던 날 저녁에 어전의 동쪽 산 소나무 사이에서 왕의 이름을 부르면서
　　　"왕요야, 불쌍한 백성들을 가엾게 여겨 구휼하는 것이 임금의 중요
　　　한 책무다"라는 소리가 들렸다. 이 해에 천고가 울리므로 사면령을
　　　내렸다. 왕은 의장을 갖춘 다음 불사리를 모시고 걸어서 10리 떨어
　　　진 개국사까지 가서 봉안했다. 또 곡식 7만 석을 큰 사원들에 바치고
　　　각각 불명경보와 광학보를 설치하여 불법을 배우는 승려들을 격려했
　　　다.[98]

---

95) 『고려사절요』 2, 혜종 2년조에는, "晉遣光錄卿范匡政 太子洗馬張季凝 來册王爲 持
　　節玄兎州都督 上柱國 充太義軍使 高麗國王 大匡王規女 爲太祖第十六妃 生一子曰 廣
　　州院君 一曰 規讒王弟堯及昭 有異 國王知其誣 恩遇愈篤 至是 司天供奉崔知夢 奏流
　　星犯紫微 國必有賊 王意規謀害 堯昭之應 亦不罪規 乃以長公主 妻昭用强其勢 (중략)
　　王規謀立廣州院君 嘗夜伺王睡熟 遣其黨潛入 臥內將行大逆 王覺之 一拳斃之 令左右
　　曳出 不復問 一日 王違豫 在神德殿 崔知夢又奏 近將有變 宜以時移御 王潛徙重光殿
　　規夜使人 穴壁而入 寢已空矣 王知規所爲 而亦不罪之後 規見知夢 拔劍罵之曰 上之移
　　寢 必汝謀也 王自王規謀逆之後 多所疑忌 常以甲士自衛 喜怒無常 群小並進 賞賜將士
　　無節 內外嗟怨 秋九月王疾篤 群臣不得入見 愱小侍側 戊申薨于重光殿 上謚曰 義恭大
　　王 廟號惠宗 葬順陵 群臣奉王弟堯即位 (중략) 己酉王規殺大匡朴述熙 述熙性勇敢 年
　　十八爲弓裔衛士 後事太祖 累樹軍功 受遺命 輔惠宗 及惠宗寢疾 遂與王規相惡 以兵百
　　餘自隨 王疑有異志 流甲串 規因矯命殺之 後謚嚴毅 贈太師配享惠宗廟庭 王規伏誅 初
　　王知規逆謀 密與西京 大匡式廉 謀應變及規將作亂 式廉引兵入衛 規不敢動 竄規于甲
　　串 遣人追斬之 誅其黨三百餘人"이라고 하였다.

96) 『고려사절요』 2, 정종조에는, "定宗文明大王 諱堯 字義天 太祖第二子 母神明王后劉
　　氏 太祖六年癸未生 性好佛多 畏信圖讖 在位四年 壽二十七"이라고 하였다.

97) 『고려사』 1 권2, 「세가」 2, 정종 즉위조에는, "定宗至德章敬正肅文明大王 諱堯 字天
　　義 太祖第二子 母曰神明順聖王太后劉氏 以太祖六年癸未生 惠宗二年 九月戊申 群臣
　　奉王即位 己酉 王規謀逆伏誅"라고 하였다.

(33) **김부대왕 33세(947년); 정종 2년(25세)**

(33)-① 봄에 대광 박수문을 보내 덕창진에 성을 쌓았다. 또 서경의 왕성
과 철옹(함경남도 영흥)·박릉(평안북도 박천)·삼척·통덕(평안남
도 순천) 등의 성을 쌓았다. 가을에 대광 박수경을 보내 덕성진에 성
을 쌓았다. 광군사를 설치하였다.
　　이보다 앞서 최언위의 아들 최광윤이 빈공진사로 유학하여 후진에
들어가다가 거란에게 사로잡혔는데, 재주가 뛰어난 이유로 임용되어
관작을 받았다. 거란의 사신으로 귀성에 왔는데, 거란이 장차 우리나
라를 침략할 줄 알고 서신으로 보고하였다. 이에 유사에게 군사 30
만 명을 뽑도록 명하여 광군이라 하였다.[99]

(34) **김부대왕 34세(948년); 정종 3년(26세)**

(34)-① 9월에 동여진의 대광인 소무개 등이 와서 말 7백 필과 토산물을
바쳤다. 왕이 천덕전으로 가 말을 살폈다. (중략) 이때 갑자기 뇌우가
쏟아지며 물건을 관리하는 사람들과 궁궐 서쪽 모퉁이에 벼락이 내
리쳤다. 왕이 크게 놀라자 근신들이 부축하여 중광전으로 모셨는데
이로 인해 병이 났으므로 사면령을 내렸다. 후한의 연호를 사용하기
시작했다.[100]

(35) **김부대왕 35세(949년); 정종 4년(27세), 광종 즉위년(25세)**

(35)-① 정월에 대광 왕식렴이 죽었다. 왕식렴은 태조의 종제이다. 부지런
하고 신중하게 오랫동안 서경을 지켰는데 왕규의 난을 평정하자 광

---

98)『고려사』1 권2,「세가」2, 정종 원년조에는, "春正月 王將謁顯陵 致齋之夕 聞御殿
東山松間 有呼王名若曰 爾堯存恤細民 人君之要務 是歲天鼓鳴赦 王備儀仗奉佛舍利
步至十里所 開國寺安之 又以穀七萬石 納諸大寺院 各置佛名經寶 及廣學寶 以勸學法
者"라고 하였다.

99)『고려사절요』2, 정종 2년조에는, "春遣大匡朴守文 城德昌鎭 又築西京王城 及鐵甕
博陵三陟通德等城 秋遣大匡朴守卿 城德成鎭 置光軍司 先是 崔彦撝子光胤 以賓貢進
士 遊學入晉 爲契丹所虜 以才見用受官爵 奉使龜城 知契丹將侵我 爲書以報 於是命
有司 選軍三十萬 號光軍"이라고 하였다.

100)『고려사』1,「세가」2, 정종 3년조에는, "秋九月 東女眞大匡 蘇無盖等來 獻馬七百
匹 及方物 王御天德殿閱馬 (중략) 忽雷雨震押物人 又震殿西角 王大驚 近臣等 扶入
重光殿 遂不豫赦 始行後漢年號"라고 하였다.

김부대왕 연구

국 익찬공신의 칭호를 내려주고 대승으로 올렸다. 그가 죽자 위정이
라는 시호를 내리고 태사를 증직하고, 뒤에 왕묘에 배향되었다. 3월
병진일에 왕은 병환이 위중해지자 친동생인 왕소를 불러 왕위를 물
려주고 제석원으로 옮겨가서 죽었다. 문명이라는 시호를 올리고, 묘
호를 정종이라 하며, 안릉에 장사지냈다.[101]

(35)-② 정종은 4년간 재위했으며 나이는 27세였다.[102]

(35)-③ 광종대성대왕의 이름은 소昭이며 자字는 일화이다. 정종의 동모
　　　　제로 태조 8년 을유(925)에 태어났다. (중략) 왕위에 있은 지는 26년
　　　　이며 51세를 살았다.[103]

(36) <u>김부대왕 36세(950년); 광종 원년(26세)</u>

(36)-① 정월에 큰 바람에 나무가 뽑혔다. 왕이 재앙을 물리치는 방법을
　　　　물었다. 사천대에서, 덕을 닦는 것이 무엇보다 필요하다고 건의하였
　　　　다. 그 이후 항상 『정관정요』를 읽었다.[104]

(36)-② 광덕이라는 연호를 제정하였다.[105]

(37) <u>김부대왕 37세(951년); 광종 2년(27세)</u>

(37)-① 대봉은사를 개성의 남쪽에 창건하여 태조의 원당으로 삼았다. 또
　　　　불일사를 동쪽 교외에 창건하여 모친 유씨(필자주; 김부대왕의 장모)
　　　　의 원당으로 삼았다. 10월에 서경 중흥사 구층탑에 불이 났다. 12월
　　　　에 비로소 후주의 연호를 사용하기 시작했다.[106]

---

101)『고려사절요』2, 정종 4년조에는, "春正月 大匡王式廉卒 式廉太祖從弟也 以勤恪久
　　　鎭西京 及定王規之亂 賜匡國翊贊功臣號 加大丞 卒諡威靜 贈太師 後配享王廟 三月
　　　丙辰 王疾篤 召母弟昭內禪 移御帝釋院薨 上諡曰文明 廟號定宗 葬安陵"이라고 하
　　　였다.
102)『고려사』1, 「세가」2, 정종조에는, "在位四年 壽二十七"이라고 하였다.
103)『고려사절요』2, 광종조에는, "光宗大成大王 諱昭 字日華 定宗母弟 太祖八年乙酉
　　　生 (중략) 在位二十六年 壽五十一"이라고 하였다.
104)『고려사절요』2, 광종 원년조에는, "春正月 大風撥木 王問攘災之術 司天奏曰 莫如
　　　修德 自是常讀 貞觀政要"라고 하였다.
105)『고려사』1, 「세가」2, 광종 원년조에는, "建元光德"이라고 하였다.
106)『고려사절요』2, 광종 2년조에는, "創大奉恩寺于城南 爲太祖願堂 又創佛日寺于東郊
　　　爲先妣劉氏願堂 冬十月西京重興寺九層塔災 冬十二月 始行後周年號"라고 하였다.

(38)　김부대왕 38세(952년); 광종 3년(28세)

(38)-① 봄에 안삭진(평안북도 운산)에 성을 쌓았다. 이 해에 광평시랑 서
　　　봉을 후주에 보내 방물을 바쳤다.[107]

(39)　김부대왕 39세(953년); 광종 4년(29세)

(39)-① 본조 광종 즉위 5년 계축 10월에 세 번째로 벼락을 맞았다.[108]

(39)-② 또 민간에서는 황룡사 탑이 불타던 날에 돌뚜껑의 동쪽 부분에 처
　　　음으로 큰 반점이 생겼는데 지금도 그대로 있다고 한다. 그때는 곧
　　　대요大遼의 응력應曆 3년 계축년이며, 본조 광종 5년이니 탑이 세
　　　번째 화재를 당하던 때였다.[109]

(39)-③ 10월에 경주 황룡사 구층목탑에서 불이 났다.[110]

(40)　김부대왕 40세(954년); 광종 5년(30세)

(40)-① 봄에 숭선사를 창건하고 모친(필자주; 김부대왕의 장모)의 명복을
　　　빌었다.[111]

(41)　김부대왕 41세(955년); 광종 6년(31세)

(41)-① (경종은) 광종의 장자이며, 어머니는 대목왕후 황보씨이다. 광종
　　　6년 을묘년 9월 정사일에 태어났다.[112]

(42)　김부대왕 42세(956년); 광종 7년(32세)

(42)-① 임진현(경기도 파주)에서 흰 꿩을 바쳤다. 후주에서 장작감 설문
　　　우를 보내 왕을 개부의동삼사 검교태사로 삼고, 이어 백관의 의관을

---

107) 『고려사절요』 2, 광종 3년조에는, "春城安朔鎭 是歲遣廣評侍郎徐逢 如周貢方物"이
　　 라고 하였다.
108) 『삼국유사』 권3, 「탑상」 4, 황룡사구층탑조에는, "至本朝光宗卽位五年癸丑十月 第
　　 三霹靂"이라고 하였다. 여기에서는 광종 5년이라고 하였지만, 4년이 옳다.
109) 『삼국유사』 권3, 「탑상」 4, 전후소장사리조에는, "又諺云 其皇龍寺塔災之日 石鑊之
　　 東面始有大班 至今猶然 卽大遼應曆三年癸丑歲也 本朝光廟五載也 塔之第三災也"라
　　 고 하였다. 여기에서는 광종 5년이라고 하였지만, 4년이 옳다.
110) 『고려사절요』 2, 광종 4년조에는, "冬十月慶州皇龍寺九層塔災"라고 하였다.
111) 『고려사』 1 권2, 「세가」 2, 광종 5년조에는, "春 創崇善寺 追福先妣"라고 하였다.
112) 『고려사』 1 권2, 「세가」 2, 경종 즉위년조에는, "光宗長子 母曰大穆王后皇甫氏 光宗
　　 六年乙卯 九月丁巳生"이라고 하였다.

중국제도에 따르도록 하였다. 이전 절도순관 대리평사 쌍기가 설문
우를 따라왔다가 병이 나서 머물러 있었는데, 병이 낫자 왕이 불러보
니 그가 응대하는 것이 왕의 뜻에 맞았다. 왕이 그의 재주를 사랑하
여 후주에 표문을 올려 쌍기를 요속으로 삼도록 청하였다. 드디어 발
탁해서 임용하고 한 해가 지나기 전에 문병을 맡기니 당시의 의논이
불만스러워 했다. 노비를 조사하여 시비를 살펴 분별하도록 명하자,
그 주인을 배반한 노비가 이루 헤아릴 수 없었다. 이로 말미암아 윗
사람을 능멸하는 기풍이 크게 유행하니 사람들이 모두 한탄하고 원
망하였는데, 왕비가 간절히 간하여도 듣지 않았다.[113]

(43) <u>김부대왕 43세(957년); 광종 8년(33세)</u>

(43)-① 정월에 왕이 구정에서 활쏘기를 관람했다.[114]

(44) <u>김부대왕 44세(958년); 광종 9년(34세)</u>

(44)-① 5월에 과거를 처음으로 설치하고 한림학사 쌍기에게 명하여 진사
를 선발하게 했다. (중략) 이해에 후주가 상서수부원외랑 한언경과
상련봉어 김언영을 보내 비단 수천 필을 가지고 와서 구리와 바꾸었
다.[115]

(45) <u>김부대왕 45세(959년); 광종 10년(35세)</u>

(45)-① 봄에 좌승 왕긍과 좌윤 황보위광을 후주로 보내 좋은 말과 비단으
로 짠 웃옷, 활, 칼 등을 바치게 하였다. 가을에 사신을 후주로 보내
『별서효경』 1권, 『월왕효경신의』 8권, 『황령효경』 1권, 『효경자웅도』
3권을 바치게 하였다. 후주에서 좌효위 대장군 대교를 파견하였다.

---

113) 『고려사절요』 2, 광종 7년조에는, "臨津縣 獻白雉 周遣將作監薛文遇 來加冊王 爲開
府儀同三司 檢太大師 仍令百官衣冠 從華制 前節度巡官 大理評使雙冀 從文遇而來
以病留 及疾愈 引對稱旨 王愛其才 表請爲僚屬 遂加擢用 未踰歲 授以文柄 時議不愜
命按檢奴婢 推辨是非 奴背其主者 不可勝紀 由是陵上之風大行 人皆嗟怨 王妃切諫不
納"이라고 하였다.

114) 『고려사』 1 권2, 「세가」 2, 광종 8년조에는, "春正月 王觀射于毬庭"이라고 하였다.

115) 『고려사』 1 권2, 「세가」 2, 광종 9년조에는, "夏五月 始置科擧 命翰林學士雙冀 取進
士 (중략) 是歲 周遣尙書水部員外郎韓彦卿 尙輦奉御金彦英 賚帛數千匹 來市銅"이
라고 하였다.

겨울에 사신을 후주로 보내 구리 5만근과 자수정과 백수정 2천 개를
바치게 하였다. 후주의 시어 쌍철이 왔는데 좌승 벼슬을 주었다.[116]

(45)-② 후주의 시어 청주수령 쌍철이 오자 좌승으로 임명하였다. 쌍철은
쌍기의 아버지인데, 쌍기가 왕의 총애를 받는다는 말을 듣고 왕궁을
따라왔다.[117]

(46) <u>김부대왕 46세(960년); 광종 11년(36세)</u>

(46)-① 백관의 공복을 제정했다. 개경을 고쳐 황도라 하고 서경을 서도라
고 칭했다. 평농서사 권신이 대상 준홍과 좌승 왕동 등이 반역을 꾀
했다고 참소하자 이들을 유배보냈다. 이로부터 참소하고 아첨하는
무리들이 득세하여 충성스럽고 선량한 사람들을 모함하는 풍조가 일
어났다. (중략) 비록 왕의 외아들 왕주조차도 왕의 의심을 받아 곁에
서 모시지 못했다.[118]

(47) <u>김부대왕 47세(961년); 광종 12년(37세)</u>

(47)-① 이 해에 수영궁궐도감을 설치하고 정광 왕육의 집으로 옮겨 거처
했다.[119]

(48) <u>김부대왕 48세(962년); 광종 13년(38세)</u>

(48)-① 겨울에 광평시랑 이흥우 등을 송나라에 보내 특산물을 바쳤
다.[120]

---

116) 『고려사』 1 권2, 「세가」 2, 광종 10년조에는, "遣春佐丞王兢 佐尹皇甫魏光 如周獻
名馬織成衣袴弓劍 秋遣使如周 進別序孝經一卷 越王孝經新義八卷 皇靈孝經一卷 孝
經雌雄圖三卷 周遣左驍衛大將軍戴交來 冬遣使如周 獻銅五萬斤 紫白水精各二千顆
周侍御雙哲來拜 爲佐丞"이라고 하였다.

117) 『고려사절요』 2, 광종 10년조에는, "周侍御淸州守雙哲 來拜爲佐丞 哲冀父也 聞冀有
寵故 隨王兢來"라고 하였다.

118) 『고려사』 1 권2, 「세가」 2, 광종 11년조에는, "定百官公服 改開京爲皇都 西京爲西都
評農書史權信 讒大相俊弘 佐丞王同等謀逆貶之 自是讒佞得志誣陷忠良 (중략) 雖一
子伷 亦自疑 阻不使親近"이라고 하였다.

119) 『고려사절요』 2, 광종 12년조에는, "是歲 置修營宮闕都監 移御正匡王育第"라고 하
였다.

120) 『고려사』 1 권2, 「세가」 2, 광종 13년조에는, "冬遣廣評侍郎李興祐等 如宋獻方物"
이라고 하였다.

김부대왕 연구

(49) <u>김부대왕 49세(963년); 광종 14년(39세)</u>

(49)-① 6월에 궁궐로 돌아온 후 조서를 내렸다. (중략) 7월에 귀법사를 창건하고 제위보를 두었다. 12월에 비로소 송나라의 연호를 시행하였다.[121]

(50) <u>김부대왕 50세(964년); 광종 15년(40세)</u>

(50)-① 8월에 사도 박수경이 죽었다. (중략) 정종이 즉위한 초기에 내란을 평정한 것은 대부분 박수경의 공이었다. 그런데 이때에 와서 아들 박승위·박승경·박승례가 참소를 입어 옥에 갇히니 박수경이 근심하고 분노하여 죽었다.[122]

(51) <u>김부대왕 51세(965년); 광종 16년(41세)</u>

(51)-① 2월에 아들인 왕주에게 원복元服을 행한 후 왕태자 내사제군사 내의령 정윤으로 세우고 신하들과 장생전에서 잔치를 베풀었다.[123]

(52) <u>김부대왕 52세(966년); 광종 17년(42세)</u>

(52)-① 최거업 등 2명에게 급제를 주었다.[124]

(53) <u>김부대왕 53세(967년); 광종 18년(43세)</u>

(53)-① 낙릉군(평안북도 박천)에 성을 쌓았다.[125]

(54) <u>김부대왕 54세(968년); 광종 19년(44세)</u>

(54)-① 홍화사·유암사·삼귀사 등을 창건했다. 승려 혜거를 국사로 삼고 탄문을 왕사로 삼았다. 왕이 참소를 믿고 사람을 많이 죽인 후에 양심의 가책을 받고는 죄를 씻어보려고 재회를 크게 열었다.[126]

---

121) 『고려사절요』 2, 광종 14년조에는, "夏六月 還御宮 下詔曰 (중략) 秋七月 創歸法寺 置濟危寶 冬十二月 始行宋年號"라고 하였다.

122) 『고려사절요』 2, 광종 15년조에는, "秋八月 司徒朴守卿卒 (중략) 及定宗卽位之初 削平內難 守卿功居多 至是子承位承景承禮 被讒下獄 憂恚而卒"이라고 하였다.

123) 『고려사』 1 권2, 「세가」 2, 광종 16년조에는, "春二月 加子伷元服 立爲王太子 內史諸軍事 內議令正胤 宴群臣于長生殿"이라고 하였다. 또한 『고려사』 1 권2, 「세가」 2, 경종즉위년조에서는, "十六年立爲太子"라고 하였다.

124) 『고려사절요』 2, 광종 17년조에는, "十七年 賜崔居業等二人及第"라고 하였다.

125) 『고려사절요』 2, 광종 18년조에는, "十八年 城樂陵郡"이라고 하였다.

126) 『고려사』 1 권2, 「세가」 2 광종 19년조에는, "創弘化遊巖三歸等寺 以僧惠居 爲國師 坦文爲王師 王信讒多殺 內自懷疑 欲消罪惡 廣設齋會"라고 하였다.

(55) <u>김부대왕 55세(969년); 광종 20년(45세)</u>

(55)-① 11월에 왕제 욱이 죽었다. 영삭진(평안북토 태천)에 성을 쌓았다.[127]

(56) <u>김부대왕 56세(970년); 광종 21년(46세)</u>

(56)-① 안삭진(평안북도 운산)에 성을 쌓았다. 왕이 귀법사에 행차했다.[128]

(57) <u>김부대왕 57세(971년); 광종 22년(47세)</u>

(57)-① 12월 임인일에 지진이 있었다.[129]

(58) <u>김부대왕 58세(972년); 광종 23년(48세)</u>

(58)-① 8월에 사면령을 내렸다. (중략) 내의시랑 서희 등을 송나라에 보내 토산물을 바치자 황제가 왕에게 식읍을 더해주고 추성순화수절보의공신의 칭호를 내려주었다. 서희에게는 검교병부상서라는 벼슬을 내리고 (중략) 아울러 관고도 내려주었다.[130]

(59) <u>김부대왕 59세(973년); 광종 24년(49세)</u>

(59)-① 이 해에 장평진 · 박평진(함경남도 영흥) 두 곳과 고주(함경남도 고원)에 성을 쌓고, 또 신도성(평안북도 박천)을 수축하였다.[131]

(60) <u>김부대왕 60세(974년); 광종 25년(50세)</u>

(60)-① 이 해에 서경의 거사 연가가 반역을 꾀하다가 처형당했다. 승려 혜거(899~974)가 죽자 탄문(900~975)을 국사로 삼았다.[132]

---

127) 『고려사절요』 2, 광종 20년조에는, "二十年 冬十一月 王弟旭卒 城寧朔鎭"이라고 하였다.

128) 『고려사절요』 2, 광종 21년조에는, "二十一年 城安朔鎭 幸歸法寺"라고 하였다.

129) 『고려사』 1 권2, 「세가」 2, 광종 22년조에는, "冬十二月 壬寅地震"이라고 하였다.

130) 『고려사』 1 권2, 「세가」 2, 광종 23년조에는, "秋八月赦 (중략) 遣內議侍郎徐熙等 如宋 獻方物 帝制加王食邑 賜推誠順化守節保義功號 臣授熙檢校兵部尙書 (중략) 並賜官誥"라고 하였다.

131) 『고려사절요』 2, 광종 24년조에는, "是歲 城長平博平二鎭 及高州 又修信都城"이라고 하였다.

132) 『고려사』 1 권2, 「세가」 2, 광종 25년조에는, "是歲 西京居士緣可 謀叛伏誅 僧惠居死 以坦文 爲國師"라고 하였다.

(61) 김부대왕 61세(975년); 광종(51세) 26년, 경종(21세) 즉위년

(61)-① 26년 5월에 왕은 병이 나서 갑오일에 정침에서 죽었다. 26년 동안 재위했으며 나이는 51세였다.[133]

(61)-② 26년 5월 갑오일; 광종이 죽자 (경종이) 왕위에 올랐다.[134]

(61)-③ 10월 갑자일에 정승 김부의 관작을 올려 상보尙父로 삼고, 다음과 같은 조서를 내렸다. "(중략) 관광순화위국공신 상주국 낙랑왕 정승 식읍 8천호를 받은 김부는 대대로 계림에 살며 벼슬은 왕의 지위를 누렸다. 빼어난 공열功烈은 하늘의 구름을 능가할 기상을 떨쳤고 문장은 땅에 던지면 음악소리가 날 정도로 재주를 드날렸다. 앞길이 창창한 나이에 봉토를 받은 제후의 귀한 신분으로 육도삼략을 가슴에 품고 자유자재로 적과의 승부를 가렸으며 거듭 잘 타일러 잡고 돌려보냄을 제 마음대로 했다. 우리 태조께서 처음 이웃 나라와 우호관계를 맺으면서 진작 신라의 유풍을 인정해 주었고 얼마 뒤 김부대왕을 부마로 삼아 그 큰 절개에 보답하였다. 나라가 하나로 통일되고 임금과 신하는 완연히 삼한에서 화합하니 김부대왕의 훌륭한 이름은 널리 퍼졌고 아름다운 모범은 높이 추앙받게 되었다. 이에 칭호를 더하여 상보 도성령으로 삼고 추충순의숭덕수절공신의 칭호를 내려주며 훈봉은 종전대로 두되 식읍은 이전 것을 통합하여 1만 호로 하노라"라고 하였다. 이 달에 6대 조상의 존호를 덧붙였다.[135]

(61)-④ 상보로 책봉하는 고명을 내린다. "조칙을 내리노라. (중략) 비록 자신이 임금으로서는 무능했지만, 신하로서는 도리를 다하였다. 관광순화 위국공신 상주국 낙랑왕정승 식읍 8천 호 김부는 대대로 계

---

133) 『고려사』 1 권2, 「세가」 2, 광종 26년조에는, "二十六年 夏五月 王不豫 甲午薨 于正寢 在位二十六年 壽五十一"이라고 하였다.

134) 『고려사』 1 권2, 「세가」 2, 경종즉위년조에는, "二十六年 五月甲午 光宗薨 王卽位"라고 하였다.

135) 『고려사』 권2, 「세가」 2, 경종즉위년조에는, "冬十月甲子 加政丞金傅爲尙父 制曰 (중략) 觀光順化 衛國功臣 上柱國 樂浪王 政丞 食邑八千戶金傅 世處雞林 官分王爵 英烈振凌雲之氣 文章騰擲地之才 富有春秋貴居茅土 六韜三略 拘入胸襟 七縱五申 撮歸指掌 我太祖始脩睦隣之好 早認餘風 尋頒駙馬之姻 內酬大節 家國旣歸於一統 君臣宛合於三韓 顯播令名 光崇懿範 可加號尙父都省令 仍賜推忠順義崇德守節功臣號 勳封如故 食邑通前爲一萬戶 是月加上六代考妣尊號"라고 하였다.

림에 살고 있어서 벼슬은 왕의 작위를 받았고, 그 영특한 기상은 하늘을 업신여길 만하고 문장은 땅을 진동시킬 만한 재주가 있었다. 부富는 오랫동안 계속되었고, 귀貴는 모토茅土에 거했으며,『육도삼략六韜三略』은 가슴 속에 들어 있고, 칠종오신七縱五申을 손바닥으로 잡아 쥐었다. 우리 태조는 비로소 이웃 나라와 화목하게 지내는 우호를 닦으시니, 일찍이 전해 내려오는 풍도를 알아서 이내 부마의 인의를 맺어 안으로 큰 절의에 보답하였다. 이미 나라가 통일되고 군신이 완전히 삼한으로 합쳤으니, 아름다운 이름은 널리 퍼지고 올바른 규범은 빛나고 높았다. 상보 도성령의 칭호를 더해 주고 추충신의승덕수절공신의 호를 주니, 훈봉은 전과 같고 식읍은 전후를 합쳐서 1만 호가 되었다. 유사有司는 날을 가려서 예를 갖추어 책명할지니 일을 맡은 자는 시행하도록 하라. 개보開寶 8년 10월 일” 대광 내의령 겸 총한림 신 핵선은 받들어 행하여 위와 같이 칙령을 받들고 직첩이 도착하는대로 봉행하라. 개보 8년 10월 일 시중 서명, 시중 서명, 내봉령 서명, 군부령 서명, 군부령 무서, 병부령 무서, 병부령 서명, 광평시랑 서명, 광평시랑 무서, 내봉시랑 무서, 내봉시랑 서명, 군부경 무서, 군부경 서명, 병부경 무서, 병부경 서명 추충신의 숭덕수절공신 상보도성령 상주국 낙랑국왕 식읍 1만 호 김부대왕에게 고하노니, 위와 같이 칙령을 받들고 부신符信이 도착하는 대로 봉행하라. 주사 무명, 낭중 무명, 서령사 무명, 공목 무명. 개보 8년 10월 일에 내린다.

태조의 손자 경종 주伷는 정승공의 딸을 맞아 왕비를 삼으니, 이가 헌승황후憲承皇后이다. 이에 정승공을 봉해서 상보로 삼았다.[136]

---

136) 『삼국유사』 권2, 「기이」 2, 김부대왕조에는, “册尚父誥曰 勅 (중략) 雖自無爲之主 亦開致理之臣 觀光順化衛國功臣上柱國樂浪王政承食邑八千戶金傅 世處雞林 官分 王爵 英烈振凌雲之氣 文章騰擲地之才 富有春秋 貴居茅土 六韜三略 恂入胸襟 七縱五申 撮歸指掌 我太祖始修睦隣之好 早認餘風 尋時頒駙馬之姻 內酬大節 家國旣歸於 一統 君臣宛合於三韓 顯播令名 光崇懿範 可加號尚父都省令 仍賜推忠愼義崇德守節 功臣號 勳封如故 食邑通前爲一萬戶 有司擇日備禮册命 主者施行 開寶八年十月日 大 匡內議令兼總翰林臣翮宣奉行 奉勅如右 牒到奉行 開寶八年十月日 侍中署 侍中署 內 奉令署 軍部令署 軍部令無署 兵部令無署 兵部令署 廣評侍郎署 廣評侍郎無署 內奉 侍郎無署 內奉侍郎署 軍部卿無署 軍部卿署 兵部卿無署 兵部卿署 告推忠愼義崇德守 節功臣尚父都省令 上柱國樂浪郡王 食邑一萬戶 金傅奉勅如右 符到奉行 主事無名 郎

(61)-⑤ 경종 헌화대왕때에 이르러 정승공의 딸을 맞아들여 왕비로 삼고
     정승공을 상보령으로 봉하였다.[137]

(61)-⑥ 광종대성대왕 을해 26년(975); 10월에 정승 김부대왕의 벼슬을
     높여 상보 도성령 식읍 1만호로 삼았다. 6대의 존호를 더하여 올렸
     다.[138]

(61)-⑦ 경종헌화대왕; 이름은 주이고, 자는 장민으로 광종의 맏아들이다.
     어머니는 대목왕후 황보씨이며, 광종 6년(955) 을묘 9월 정사일에
     태어났다. (중략) 왕위에 있은 지는 6년이요, 27세를 살았다.[139]

(61)-⑧ 경종지인성목명혜헌화대왕은 이름이 왕주이고 자가 장민이며 광
     종의 맏아들로 모친은 대목왕후 황보씨이다. 광종 6년(955) 을묘 9
     월 정사일에 태어나 16년(965)에 태자가 되었으며 26년 5월 갑오일
     에 광종이 죽자 왕위에 올랐다.[140]

(62) <u>김부대왕 62세(976년); 경종 원년(22세)</u>

(62)-① 집정 왕선을 외직으로 내쳤다. (중략) 이에 왕선을 내쫓고, 제 마
     음대로 사람을 죽여 원수를 갚는 것을 금지하였다. (중략) 비로소 직
     관과 산관의 각 품계에 따른 전시과를 정하였다.[141]

(63) <u>김부대왕 63세(977년); 경종 2년(23세)</u>

(63)-① 개국공신과 귀순한 성주에게 훈전을 차등있게 주었다. 사신을 송
     에 보내 좋은 말과 갑옷·무기를 바쳤다.[142]

中無名 書令史無名 孔目無名 開寶八年十月日下 太祖之孫景宗伷 聘政承公之女爲妃
是爲憲承皇后 仍封政承爲尙父"라고 하였다.

137)『삼국사기』권12,「신라본기」12, 경순왕 9년조에는, "至景宗獻和大王 聘正承公女
    納爲王妃 仍封正承公 爲尙父令"이라고 하였다.

138)『고려사절요』2, 광종 26년조에는, "冬十月 加政丞金傅爲尙父都省令 食邑一萬戶
    加上六代尊號"라고 하였다.

139)『고려사절요』2, 경종 원년조에는, "景宗獻和大王 諱伷 字長民 光宗長子 母大穆王
    后皇甫氏 光宗六年乙卯 九月丁巳生 (중략) 在位六年 壽二十七"이라고 하였다.

140)『고려사절요』2,「세가」2, 경종조에는, "景宗至仁成穆明惠獻和大王 諱伷 字長民
    光宗長子 母曰 大穆王后皇甫氏 光宗六年乙卯 九月丁巳生 十六年立爲太子 二十六
    年 五月甲午 光宗薨 王卽位"라고 하였다.

141)『고려사절요』2, 경종 원년조에는, "放執政王詵于外 (중략) 於是貶詵 仍禁擅殺復讐
    (중략) 始定職散官 各品田柴科"라고 하였다.

(64)　김부대왕 64세(978년); 경종 3년(24세)

(64)-① 공은 송나라 흥국 4년 무인년에 이르러 돌아가셨는데, 시호를 경순[또는 효애라고 하였다]이라고 하였다.[143]

(64)-② 태평흥국 3년 무인년에 돌아가셨다. 능은 □□□ 동향東向의 골짜기에 있다.[144]

(64)-③ 태평흥국 3년 무인년에 돌아가시니, 시호를 경순이라고 하였다.[145]

(64)-④ 경종 3년(978) 4월에 정승 김부가 돌아가시니, 시호를 경순이라고 하였다.[146]

지금까지 『삼국사기』와 『삼국유사』 및 『고려사』와 『고려사절요』의 내용을 중심으로 김부대왕의 연보를 작성해 보았다. 사실 위에 제시한 자료에서 김부대왕을 직접적으로 언급한 내용은 그렇게 많지 않다. 하지만 본고에서는 김부대왕의 생애를 최대한 복원하면서, 그의 연보를 나름대로 작성해 보았다.

앞으로 보다 다양한 자료들을 섭렵하면서, 김부대왕이 후삼국시대 및 고려시대에 어떠한 활동을 하였는지도 좀더 구체적으로 밝혀나가도록 하겠다. 강호제현의 많은 도움을 기다릴 뿐이다.

---

142) 『고려사절요』 2, 경종 2년조에는, "賜開國功臣 及向義歸順城主等 勳田有差 遣使如宋 獻良馬甲兵"이라고 하였다.

143) 『삼국사기』 권12, 「신라본기」 12, 경순왕 9년조에는, "公至大宋興國四年戊寅薨 諡曰敬順[一云孝哀]"이라고 하였다. 『삼국사기』에서는 태평흥국 4년이라고 하면서도 간지는 무인(戊寅)이라고 하였다. 이렇게 볼 때, 1년의 착오가 있었다고 보여지며 3년이 옳음을 알 수 있다.

144) 『삼국유사』 권1, 「왕력」 1, 신라조에는, "太平興國三年 戊寅薨 陵在□□□ 東向洞"이라고 하였다.

145) 『삼국유사』 권2 ,「기이」 2, 김부대왕조에는, "太平興國三年 戊寅崩 諡曰敬順"이라고 하였다.

146) 『고려사』 1 권2, 「세가」 2, 경종 3년조에는, "三年夏四月 政丞金傅卒 諡敬順"이라고 하였다. 『고려사절요』 권2, 경종 3년조에도 같은 기사가 실려 있다.

김부대왕 연구

III
새롭게 부활하는 김부대왕

　　신라 사람들은 자신들의 천년 역사를 세 시기로 나누어 이해하였다. 『삼국사기』에 의하면, "나라 사람들은 (박혁거세) 시조로부터 김부대왕대까지를 삼대로 나누었다. 처음으로부터 진덕여왕대까지의 28명이 통치하던 시대를 상대라고 불렀다. 한편 태종무열왕으로부터 혜공왕대까지 8명의 왕이 다스리던 시대를 중대라고 하였으며, 선덕왕宣德王으로부터 경순왕까지 20명의 왕이 계승된 시대를 하대라고 불렀다"라고 하였다.[1]

　　그런데 『삼국유사』에서는 이와 달리 불교를 공인한 법흥왕대(514~540)를 중시하면서, 상고上古(박혁거세~지증왕; B.C57~514), 중고中古(법흥왕~진덕여왕; 514~654), 하고下古(태종무열왕~김부대왕; 654~935)로 나누는 시기구분을 도입하였다.[2] 그런데

---

1) 『삼국사기』 권12, 「신라본기」 12, 경순왕 9년조에는, "國人自始祖至此 分爲三代 自初至眞德二十八王 謂之上代 自武烈至惠恭八王 謂之中代 自宣德至敬順二十王 謂之下代 云"이라고 하였다.

2) 『삼국유사』 권1, 「왕력」 1, 신라조를 참고하기 바란다.

중고시대라는 용어는 중국의 도선율사道宣律師(596~667)가 최초로
사용한 용어로 보여진다.

그렇다면 '중고시대'라는 용어에는 어떤 의미가 담겨 있는지를
살펴볼 필요가 있다. 이와 관련해서는 아래의 자료가 참고된다.

> (1) 원래 지극한 도는 말로 표현할 수 없지만, 언어가 아니고서는 무엇으로
> 써 세상을 이끌겠는가. 언어는 행동을 이끌어 주는 것이니 행동을 가까
> 이해서 언어가 성립되기 때문이다. (중략) 그러나 저 대각大覺께서 비
> 추면서 내려올 때, 그 교화는 서역을 뒤덮었고 그 자취는 동천東川(필
> 자주; 중국을 가리킴)으로 흘러왔다. (이러한 흐름이) 중고시대中古時
> 代를 지나면서부터 더욱 더 새로워졌다고 할 것이다.[3]

위에 제시한 자료 (1)에 의하면, '중고시대'는 인도에서 성립한
불교가 중국에서 꽃을 피운 시기를 의미한다고 할 수 있다. 그렇다
면 일연은 『삼국유사』를 편찬할 때, 이러한 도선의 역사인식을 수
용하면서 신라 천년의 역사를 시기 구분하였음을 알 수 있다.[4]

이처럼 신라 천년의 역사를 시기구분하는 방법에서 신라인의 입
장을 존중한 김부식과, 도선의 역사인식을 수용한 일연의 입장에는
미세한 차이가 있었다. 그런데 신라의 마지막 왕인 김부대왕을 두
고, 『삼국사기』와 『고려사』 및 『고려사절요』에서는 경순왕이라고
하였다.

이에 반해 『삼국유사』에서는 김부대왕이라고 하였다. 이렇게 볼

---

3) 도선 찬, 『속고승전』의 「서(序)」(대정신수대장경 50, 425 상)에서는, "原夫至道無言
   非言何以範世 言惟引行 卽行而成立言 (중략) 惟夫大覺之照臨也 化敷西壤跡紹東川 踰
   中古而彌新"이라고 하였다.
4) 남무희, 『한국 계율 불교의 완성자; 신라 자장 연구』, 2012를 참고.

김부대왕 연구

때, 김부대왕을 평가하는 시각에서도 김부식과 일연의 입장은 달랐다고 볼 수 있다. 그런데 조선시대에 편찬된 『고려사』와 『고려사절요』에서는 경순왕이라고 표현하였다. 그렇다면 『삼국유사』에서 김부대왕이라고 표현하는 역사 인식은 더 이상 발전하지 못하고, 조선왕조의 역사서술에서 수용되지 않았음을 알 수 있다.

하지만 김부대왕은 민간신앙으로 계승되면서 백성들의 생명과 재산을 소중하게 여기는 대왕으로 평가되었다. 이러한 양상은 조선전기에 나타나고 있다. 조선전기에 김부대왕을 모시는 사당은 『신증동국여지승람』 남포현(충남 보령) 사묘조祠廟條에 보이는 옥마산의 '김부대왕사金傳大王祠'로 나타나고 있다.[5]

그런데 조선후기로 갈수록 김부대왕을 모시는 전각이나 김부대왕과 연고가 있다는 지명이 여러 곳에서 나타나고 있다는 점이 주목된다. 이러한 사실은 이규경(1788~?)의 저술인 『오주연문장전산고』의 "김부대왕변증설"에 자세하게 소개되어 있다. 관련 내용을 정리해보면 아래와 같다.

(2)-① (중략) 내가 일찍이 충원 덕산면의 성암리 및 상전리에 묵고 있을 때 청풍부 월악산 밑 신륵사에 놀면서 한 늙은 비구의 말을 들으니, "이 지역은 바로 옛날 김부대왕이 피란하던 곳이요. 월악산 뒤쪽에는 덕주사가 있는데, 이 절은 덕주부인이 창건한 것이다"라고 하였다. 그리고 이 절 뒷산 꼭대기에는 김부대왕이 피난했던 성城이 있다고 하였다. (중략)

(2)-② 상고하건대, 관동의 인제현에 경순왕이 살던 지역이 있어 이곳을 김부대왕동이라고 명명하였다. 그 읍지에 많은 사적이 실려 있는데, 경순왕은 곧 신라의 항왕降王인 김부대왕을 말한다. 김부대왕은 후백

---

5) 신종원, 『한국 대왕신앙의 역사와 현장』, 일지사, 2008, p.10.

Ⅲ. 새롭게 부활하는 김부대왕

제의 시조 견훤의 난을 당하여 국원소경에 내왕하였기 때문에 충주·
청풍·제천·원주 등지에 유적이 많아 이와 같이 유전하고 있으므로
지금 대략 고적을 취해 얻었는데, 그 김부대왕이라 칭한 것은 그때에
일컬을 만한 존호가 없었기 때문에 곧바로 성명을 호칭해서 전하여 오
늘에 이르렀다. (중략)

(2)-③ 관동 원주의 용화산에 학수암이 있는데, 이것이 바로 경순왕의 원
당願堂이다.

(2)-④ 경순왕이 처음 제천 우경遇慶 지방에 이궁離宮을 지었는데, 하늘
에서 석불을 내려 용화산 꼭대기에 우뚝하게 세워 놓으므로, 경순왕이
제천으로부터 이곳에 이주하여 매양 백운산 남쪽 고개에 올라 석불을
향하여 절을 하곤 하다가 이어 그 산 밑에 원당을 짓고는 황산사라고
호칭하였다. 이 산 위에 또 고자암을 지었는데, 일명 태고사라고도 한
다. 고자암에는 경순왕 영정이 봉안되었고, 보덕寶德 14년 가을 8월
어느 날에 종손從孫 신臣 김신륜이 영정의 발문을 지었다.

(2)-⑤ 우리나라 정묘조 때에는 영당을 법당 왼쪽 자좌子坐에 고쳐 짓고
는 경천묘敬天廟라는 호를 내렸다.

(2)-⑥ 또 인제麟蹄에는 경순왕이 살던 지방이 있어 그곳을 김부대왕동이
라고 하였다. 읍지에는 많은 사적이 실려 있다.

(2)-⑦ 호남 순천 송광사에도 영정 1본本이 있었는데, 일찍이 왜노倭奴 등
이 제 나라로 들여가서 그 영정을 베껴가지고 다시 가져와서 이곳에
봉안하였다고 하였다.

(2)-⑧ 문경 양산사에도 화상 1본이 있다.

(2)-⑨ 경주에는 황남전이 있는데, 본주本州에서 수호참봉을 정하여 수호
하도록 하였다. 또 거기서 10리 밖에는 연못에 비치는 전각이 있었는
데, 멀리 계림에까지 비친다.

(2)-⑩ 또 불곡사에는 당혜 한쌍, 수정, 옥패, 갓끈, 금라배 등이 있다.

(2)-⑪ 경순왕이 송악산 아래서 노닐면서 따로이 전각 하나를 지어놓고 훙
薨하였는데, 경기도 장단長湍 고랑동의 계좌癸坐에 김부대왕릉이 있
다. (중략)[6]

위에 제시한 기록에 의하면, 김부대왕과 관련이 있는 사적으로

김부대왕 연구

11여곳 이상이 소개되어 있음이 주목된다. 위의 이야기들이 모두 역사적 진실이라고 보기는 어려울 것이다. 하지만 조선후기를 지나면서, 김부대왕과 관련된 이야기들이 다양한 모습으로 나타나고 있다는 점은 주목된다고 할 수 있다.

이러한 전승과정을 거치면서 김부대왕과 관련된 전승이 깃들어 있는 곳은 전국적으로 분포하고 있다. 지금까지의 조사연구를 근거로 이러한 곳을 제시하면 대체로 아래와 같이 정리될 수 있다.[7]

---

6) 번역은 『국역분류 오주연문장전산고』 XX, 민족문화추진회, 1981, pp.71~73 및 『오주연문장전산고』 하, 명문당, 1982, pp.953~954를 인용한 신종원의 저서(『한국 대왕신앙의 역사와 현장』, 일지사, 2008, pp.214~216)의 내용을 참고하였다. 또한 『오주연문장전산고』의 원문은, 한국고전번역원(http://www.itkc.cr.kr)의 김부대왕변증설(金傅大王辨證說)에 실려 있는 원문 자료를 인용하면서 참고하였음을 밝혀둔다. 김부대왕변증설에는, "① (중략) 予嘗寓忠原之德山面 城岩及森日里 游於淸風府 月岳山下 神勒寺 聞老比丘言 則此地卽金溥大王避亂處 而月岳之後 有德柱寺(柱一作周) 此寺爲德周夫人 所創云 寺后巓 有金溥大王避亂城 (중략) ② 按關頁麟蹄縣 有新羅敬順王 所居之地 因名金溥大王洞 邑誌多有事蹟 而敬順卽新羅降王金溥也 當後百濟甄萱之亂 來住於國原小京 故於忠州淸風隄川原州之間 多有遺蹟 仍流傳如此 今畧取古蹟 而稱金溥大王者 其時無尊號 可稱故也 直呼姓名 而傳之以至今日 (중략) ③ 關東原州龍華山 有鶴樹菴 敬順王願堂 敬順搆離宮 ④ 於提川遇慶之地 天降石佛 屹立於龍華山絶頂 王自隄川移住 每上白雲山南峴以拜 仍築願堂於山下 號黃山寺 山上又造高自菴 一名太古寺 奉敬順影禎 宝德十四年 秋八月日 追從從孫 臣金信倫 作影禎跋 ⑤ 我正廟朝 改營影堂 於法堂左子坐 賜號敬天廟 ⑥ 麟蹄又有王所居之地 因名金溥大王洞 邑誌多有事蹟 ⑦ 湖南順天松廣寺 又有影幀一本 而倭奴嘗迎入其國 摸寫而還安云 ⑧ 聞慶陽山寺 又有畵像一本 ⑨ 慶州有黃南殿 本州定守護參奉 十里外有映池殿閣 長照鷄林 ⑩ 佛谷寺 又有唐鞋一雙 水晶玉珮纓子金螺盃 ⑪ 游晋松岳山下 別搆一殿而薨 京畿長湍高浪洞癸坐 原有金溥大王陵 (중략)"이라고 하였다.

7) 아래의 저서와 논문을 중심으로 작성해 본 것이다. 좀더 세부적인 내용은 이 분야에 대한 공부를 계속해나가면서 앞으로 보완해 나갈 예정이다. 일단은 아래의 저서와 논문을 참고하기 바란다.
윤형준, 「김부리 대왕당 동제의 신격과 역사적 인물의 수용」 『인제문화』 1C, 1995.
김용덕, 「경순왕 설화의 형성 배경과 의미 연구」 『설화와 역사』(이근 최래옥교수 화갑기념논총), 집문당, 2000.
전신재, 「김부대왕 전설의 형성과 변모」 『강원민속학』 19, 2005.
신종원, 『한국 대왕신앙의 역사와 현장』, 일지사, 2008.

(1) 강원도 원주시 귀래면 미륵산(용화산) 고자암(태고사) 및 마애미륵불
(2) 강원도 인제군 상남면 김부리 대왕각
(3) 강원도 평창군 진부면 호명리 숭인전崇仁殿
(4) 경기도 연천군 장남면 경순왕릉
(5) 경기도 파주시 도라산 영수암
(6) 경기도 시흥시 군자동 서낭당
(7) 경기도 안산시 성곡동 서낭당
(8) 경기도 수원시 평동 서낭당
(9) 충북 제천시 월악산 덕주사 마애불, 김부대왕사
(10) 충북 충주시 월악산 미륵사(신륵사)지 미륵불
(11) 충남 보령시 남포면의 경모전과 영모전
(12) 전북 전주시 성황산 성황사
(13) 전남 순천시 송광사
(14) 경북 영주시 영주동의 숭은전(자인전, 팔영전)
(15) 경북 문경시 봉암사(양산사)
(16) 경북 경주시 형산 왕룡사원(형산사, 옥련사, 왕룡사)
(17) 경북 경주시 숭혜전(경순왕영당, 황남전, 동천묘, 경순왕전)
(18) 경주 불곡사佛谷寺
(19) 경남 하동군 청암면 중리리 경천묘
(20) 울산과 포항 지역에 전해지는 이야기들

지금까지 살펴보았듯이 신라의 마지막 왕인 김부대왕은 조선후기를 지나면서 민중들의 사랑을 새롭게 받으면서, 그와 관련된 전승 및 관련 사적이 전국적으로 분포하고 있음을 알 수 있다. 위에 제시한 내용들이 모두 역사적 사실을 전하는 것으로 볼 수는 없을 것이다. 하지만 역사적인 인물인 김부대왕이 새롭게 부활하고 있다는 점은 주목할 필요가 있다고 생각된다. 이러한 측면에 대한 검토는 보다 심층적인 연구가 있어야 할 것이라고 생각된다. 이에 필자도 공부를 계속해 나가면서, 앞으로 보다 깊이있는 논문을 발표해 나갈 예정이다.

김부대왕 연구

그런데 위에서 제시한 사례 가운데 주목되는 부분도 있다. 고려시대에 서희와 김부대왕이 서로 얽히고 있는 신화는 나름대로 흥미로운 부분이라고 생각된다.

우선 군자봉 서낭당과 대비되는 잿머리 서낭당의 당신화를 제시하면 아래와 같다.

> (3) 송나라에 사신으로 가던 서희는 김부대왕에게 소박맞은 왕비 및 그 친정 어머니의 원혼에게 해코지를 당해 풍랑을 만났다. 서희가 이들 원혼에게 사당을 지어주자 중국으로 내왕하는 뱃길이 순조로워졌고 어업도 잘 되었다.[8]

위에 제시한 자료 (3)에서는 고려시대에 송나라로 사신을 갔던 서희와 김부대왕이 무언가 얽히는 것처럼 서술하고 있다. 위에 제시한 자료가 사실 그대로 역사적 진실을 전하는 기록이라고 볼 수 있는 근거는 딱히 찾아지지 않는다. 하지만 서희와 김부대왕이 서로 얽히고 있는 측면은 흥미로워 보인다. 이와 관련해서는 앞의 제Ⅱ장에서 살펴본 자료가 참고된다. 관련 내용을 제시하면 아래와 같다.

> (4) (광종 23년) 8월에 사면령을 내렸다. (중략) 내의시랑 서희 등을 송나라에 보내 토산물을 바치자 황제가 왕에게 식읍을 더해주고 추성순화수절보의공신의 칭호를 내려주었다. 서희에게는 검교병부상서라는 벼슬을 내리고 (중략) 아울러 관고도 내려주었다.[9]

---

8) 신종원, 『한국 대왕신앙의 역사와 현장』, 일지사, 2008, pp.253~254에서 재인용.
9) 『고려사』 1 권2, 「세가」 2, 광종 23년조에는, "秋八月赦 (중략) 遣內議侍郎徐熙等如宋 獻方物 帝制加王食邑 賜推誠順化守節保義功號 臣授熙檢校兵部尚書 (중략) 並賜官誥" 라고 하였다.

Ⅲ. 새롭게 부활하는 김부대왕

위에 제시한 자료에 의하면, 서희는 광종 23년(972)에 송나라로 사신을 갔다온 사실이 있음을 알 수 있다. 그런데 당시에 김부대왕은 58세의 나이로 생존해 있었다. 그렇다고 해서 이때에 김부대왕과 서희가 어떤 친분관계에 있었는지를 밝힐 수 있는 것은 아니다. 우연의 일치일 수도 있겠지만, 앞에서 제시한 (3)의 자료에서는 서희와 김부대왕을 연관시키고 있다. 그런데 이러한 기록을 앞의 제 Ⅱ장에서 살펴본 김부대왕의 연보와 함께 검토해보면, 김부대왕과 서희는 같은 시대를 살고 있었다는 사실을 확인할 수 있다. 구전이나 신화로 전해지는 이야기라고 하더라도 그 속에 무언가 역사적인 진실이 숨어 있을 가능성도 있지 않을까라는 생각도 해볼 수 있다.

설령 역사적인 진실과는 거리가 있다고 하더라도, 조선후기를 지나면서 전국에서 새롭게 부활하는 김부대왕의 사적지가 갖고 있는 의미도 새로운 관점에서 검토할 필요가 있다고 생각된다. 이러한 분야를 좀더 보완하고 나아가 세밀하게 검토하고 싶은 저자는, 앞으로 강호제현의 아낌없는 지도편달을 바랄 뿐이다.

맺음말

고조선이 멸망한 이후 우리나라에는 부여·고구려·백제·신라·가야를 비롯한 많은 나라들이 건국되었다가 사라졌다. 그런 속에서 고구려와 백제 및 신라의 삼국이 통일을 위한 전쟁을 계속하였다. 결국은 신라에 의해 우리 민족은 하나의 나라로 통일되었다. 하지만 신라에 의한 삼국 통일은 당나라의 힘을 빌려 백제와 고구려를 멸망시켰다는 한계가 있었다. 뿐만 아니라 고구려의 광활한 영토를 상실하였다는 측면에서 미완성의 통일이라는 비판을 받기도 하였다. 이런 속에서 고구려 고지에서는 대조영에 의해 발해가 건국되면서 남북국시대가 전개되었다.

불완전하나마 삼국을 통일했던 신라왕조는 진성여왕대의 혼란을 겪으면서 후고구려와 후백제가 새로 건국되는 후삼국시대로 분열되었다. 이러한 후삼국의 혼란을 수습하고 민족이 재통일되는 과정에서 활동한 인물 가운데 대표적인 인물로 궁예와 견훤 및 왕건이 주목되었다.

궁예는 빠르게 세력을 확장하면서 한반도 중부지역을 장악하고, 강력한 힘과 추진력으로 신라를 압박하였다. 또한 견훤은 현재 충청도와 전라도 지역에 해당하는 한반도 서부 지역을 장악한 뒤에 신라 지역으로 진출하면서 후삼국을 통일하려고 하였다. 하지만 궁예와 견훤이 추구했던 정책은 후삼국이 성립할 때까지는 나름대로 의미가 있는 부분도 있었지만, 우리 민족을 어떤 방법으로 다시 통일할 것인가라는 미래의 희망을 제시하는데는 한계가 있었다.

이와 달리 고려 태조 왕건은 발해 유민을 적극적으로 수용하였을 뿐만 아니라 후백제와 신라에 대한 포용정책을 취함으로써 후삼국을 통일할 수 있었다. 이런 측면에서 왕건에 의한 후삼국 통일은 우리 민족이 다시 통일되었다는 측면에서 높은 평가를 받을 수 있다.

그런데 후삼국이 통일되는 과정에서 나름대로 역할을 했던 인물로 신라의 마지막 왕인 김부대왕도 새로운 관점에서 주목할 필요가 있다. 김부대왕은 군신회의를 통해 고려로의 귀부를 논의하였다. 이때 결사항전을 외치는 왕태자에게, 더 이상 백성들을 희생시킬 수 없다고 하면서 고려로의 귀부를 결정하였다. 김부대왕의 이러한 결정은 천년 역사의 신라 문화가 큰 피해없이 고스란히 고려왕조의 형성과 발전에 기여할 수 있는 토대를 마련할 수 있도록 하였다. 하지만 후삼국이 다시 통일되는 과정에서 김부대왕이 어떠한 역할과 기여를 하였는지를 구체적으로 분석한 연구는 거의 없었다고 생각된다.

이에 본고의 제 I 장에서는 후삼국의 혼란을 잠재우면서 우리 민족이 다시 통일되는 과정에서 커다란 영향력을 행사했다고 생각되어지는 김부대왕의 생애를 새로운 시각에서 복원하였다. 이를 통해 신라 말기의 정치상황뿐만 아니라 고려왕조에 의한 후삼국 통일의 과정이 좀더 명확하게 설명되어질 수 있을 것이라고 생각된다. 나아가 김부대왕이 우리 민족의 재통일과정에서 어떠한 역할을 하였는지도 보다 자세하게 밝혀질 수 있을 것이다.

본고의 제 I 장에서 김부대왕의 생애를 새롭게 복원한 결과 밝혀

김부대왕 연구

진 내용을 간단하게 정리하면 아래와 같이 요약된다.

우선 김부대왕은 신라 하대 신덕왕 4년인 915년에 태어나서 고려 경종 3년인 978년에 64세의 나이로 생을 마쳤음을 알 수 있었다. 이러한 사실을 통해 신라 하대 왕위계승에서 아직까지 밝혀내지 못하였던 몇가지 사실들을 밝힐 수 있었다.

다음으로 김부대왕의 성장 과정과 즉위 배경 및 고려로의 귀부 과정을 좀더 명확하게 밝혀볼 수 있었다. 이런 속에서 태조 왕건의 장녀와 김부대왕이 혼인하였던 것이 가지는 역사적 의미도 새로운 시각에서 검토할 수 있었다.

신라의 마지막 왕으로 재위했던 김부대왕은 고려 경종 3년에 삶을 마쳤는데 경순왕이라는 시호를 받았다. 그런데 김부대왕의 능에 곡장이 설치된 것으로 보면 국왕으로 예우받았음을 알 수 있다.

이러한 경순왕을 『삼국유사』(권2 「기이」2)의 김부대왕조에서는 김부대왕이라 부르고 있다. 이러한 김부대왕은 조선시대부터 지금까지 다양한 모습의 김부대왕으로 새롭게 부활되고 있음도 주목할 필요가 있다.

이에 본고의 제Ⅱ장에서는 김부대왕의 연보를 제시하였다. 『삼국사기』와 『삼국유사』 및 『고려사』와 『고려사절요』에 전하는 김부대왕과 관련된 기록은 소략할 뿐이다.

이에 본고의 제Ⅱ장에서는 위의 역사서에 있는 자료들을 김부대왕의 연보와 연관시키면서 정리하였다. 김부대왕과 곧바로 연결되는 부분이 아닐지라도, 앞으로 김부대왕에 대한 다양한 연구를 위해서는 반드시 필요한 작업이라고 생각된다. 위의 자료뿐만 아니라 금석문 자료 또는 다양한 문집류나 지방의 전승자료들까지 함께 분석해 나간다면, 김부대왕에 대한 새로운 사실들도 앞으로 많이 밝혀질 수 있을 것이라고 생각된다. 이러한 부분은 앞으로의 연구과제로 삼고자 한다.

신라의 마지막 왕을 『삼국사기』와 『고려사』 및 『고려사절요』에서는 경순왕이라고 하였다. 이와 달리 『삼국유사』에서는 김부대왕이라고 불렀다. 이러한 김부대왕은 조선시대에 들어와 새롭게 부활하고 있다.

이에 본고의 제Ⅲ장에서는 새롭게 부활하는 김부대왕이 갖는 의미를 소략하지만 살펴보았다. 조선시대에 김부대왕은 민간신앙으로 전승되면서 백성들의 생명과 재산을 소중히 여기는 대왕으로 평가되었다. 그러면서 김부대왕과 관련된 이야기가 전해지거나 김부대왕을 모시는 신앙은 전국적으로 나타나고 있다. 이렇게 볼 때, 일반 백성들은 삼국을 통일한 전쟁 영웅인 태종무열왕이나 문무왕보다도 백성들의 재산과 생명을 소중하게 여긴 김부대왕을 더 높이 평가하였다는 사실도 알 수 있었다.[1]

현재 우리 민족의 염원 가운데 가장 시급한 사항은 분단상황을 극복하고 다시 남과 북이 하나의 나라로 통일되는 것이라고 하겠다. 이런 측면에서 신라의 삼국통일과 후삼국이 다시 통일되는 과정은 새롭게 주목될 필요가 있을 것이라고 생각된다. 그 가운데에서도 김부대왕에 대한 새로운 평가를 통해, 미래 지향적이고 평화적인 관점에서 남북통일의 문제를 해결할 수 있는 다양한 정책들이 제시될 수도 있을 것이라고 생각된다.

---

1) 이러한 측면은 신종원(『한국 대왕신앙의 역사와 현장』, 일지사, 2008) 뿐만 아니라 아래의 연구 성과들에서도 검토되었다.
윤형준, 「김부리 대왕당 동제의 신격과 역사적 인물의 수용」『인제문화』 10, 1995.
박신정, 「동신신앙의 일고찰: 김부대왕 신격화를 중심으로」, 이화여대 사학과 석사논문, 1999.
김용덕, 「경순왕 설화의 형성 배경과 의미 연구」『설화와 역사』(이근 최래옥교수 화갑기념논총), 집문당, 2000.
전신재, 「김부대왕 전설의 형성과 변모」『강원민속학』 19, 2005.

김부대왕 연구

참고문헌

김상기, 「고려 광종의 치세」『국사상의 제문제』2, 국사편찬위원회, 1959.

이기백, 「고려초기에 있어서의 오대(五代)와의 관계」『한국문화연구원논총』1권 1호, 이화여대, 1960.

김용국, 「나말려초의 고구려고강(高句麗故疆) 수복운동」『백산학보』3, 1967.

박한설, 「궁예성명고-고구려계승표방과 관련하여」『하성 이선근박사 고희기념 논문집』, 1974.

박한설, 「후삼국의 성립과정 - 후백제·후고구려 성립의 배경을 중심으로」『연구논문집』9, 강원대, 1975.

박한설, 「후삼국의 성립」『한국사』3, 국사편찬위원회, 1978.

하현강, 「고려귀족사회의 성립 - 호족과 왕권」『한국사』4, 국사편찬위원회, 1974.

하현강, 『한국중세사연구』, 일조각, 1988.

하현강, 「고려왕조 성립기의 제문제」, 연세대 박사논문, 2000.

문경현, 「왕건태조의 민족재통일의 연구」『경북사학』1, 1979.

문경현, 『고려사연구』, 경북대학교출판부, 2000.

김두진, 「고려 광종대의 전제왕권과 호족」『한국학보』15, 1979.

김두진, 「균여의 "성상융회" 사상」『역사학보』90, 1981.

김두진, 『균여화엄사상연구; 성상융회사상』, 한국연구총서 43, 한국연구원, 1981.

김두진, 「고려 광종대 법안종(法眼宗)의 등장과 그 성격」『한국사학』 4, 한국정신문화연구원, 1983.

김두진, 「통일신라의 역사와 사상」『전통과 사상』(II), 한국정신문화연구원, 1986.

김두진, 「궁예의 미륵세계」『한국사시민강좌』 10, 일조각, 1992.

김두진, 「나말려초 선종산문의 성립과 사상」『배달문화』 9, 1993.

김두진, 『고려전기 교종과 선종의 교섭사상사연구』, 일조각, 2006.

김두진, 「궁예의 미륵관심법사상과 그 의미」『한국학논총』 29, 국민대학교 한국학연구소, 2007.

김두진, 「궁예의 토착 불교사상」『한국학논총』 30, 2008.

김두진, 『고려시대 사상사 산책』, 국민대학교 출판부, 2009.

장동익, 「김부의 책상보고(册尙父誥)에 대한 재검토」『역사교육논집』 3, 1982.

이정신, 「궁예정권의 성립과 변천」『남사 정재각박사 고희기념 동양학 논총』, 1984.

전기웅, 「고려 광종대의 문신관료층과 후생찬적(後生讒賊)」『부대사학』 9, 1985.

전기웅, 「나말려초 지방출신 문사층과 그 역할」『부산사학』 18, 1990.

전기웅, 『나말려초의 정치사회와 문인지식층』, 혜안, 1996.

전기웅, 『신라의 멸망과 경문왕가』, 혜안, 2010.

정청주, 「궁예와 호족세력」『전북사학』 10, 1986.

정청주, 「신라 말·고려 초의 나주호족」『전북사학』 14, 1991.

정청주, 「왕건의 성장과 세력 형성」『전남사학』 7, 1993.

정청주, 「신라 말·고려 초 지배세력의 사회적 성격-후삼국 건국자와 호족」『전남사학』 9, 1995.

정청주, 『신라말 고려초 호족연구』, 일조각, 1996.

채수환, 「고려광종대 개혁의 주도세력에 대한 고찰」『논문집』 1, 원광대 대학원, 1987.

채수환, 「고려태조 왕건의 세력실태에 관한 고찰」『역사와 사회』 14, 채문연구소(이리), 1995.

이재범, 「궁예정권의 정치적 성격에 관한 고찰-신라와의 관계를 중심으로」『계촌 문병하교수 정년기념 사학논총』, 1988.

이재범, 『슬픈 궁예』, 푸른역사, 2000.

이재범, 「후삼국시대 궁예정권의 연구 - 지명설화로 본 궁예정권의 최후」『군사』 62, 국방부군사편찬연구소, 2007.

이재범, 『후삼국시대 궁예정권 연구』, 혜안, 2007.

이재범, 『고려 건국기 사회동향 연구』, 경인문화사, 2010.

문수진, 「고려 태조 왕건의 외교에 대하여 - 후백제 왕복 외교문서를 중심으로」『계촌 민병하교수 정년기념 사학논총』, 1988.

문수진, 「고려의 건국과 후삼국 통일과정 연구」, 성균관대 박사학위논문, 2000.

최근영, 「고려 건국이념의 국계적 성격 - 왕건의 성장과정을 중심으로」『한국사론』 18, 국사편찬위원회, 1988.

한기두, 「고려 선종의 사상적 전통」『전통과 사상』 3, 한국정신문화연구원, 1988.

황선영, 『고려초기 왕권연구』, 동아대학교출판부, 1988.

황선영, 「고려 광종대 정치개혁의 방향」『동의사학』 11 · 12합집, 1997.

황선영, 「경순왕의 귀부와 고려초기 신라계 세력의 기반」『한국중세사연구』 14, 2002.

황선영, 『나말여초 정치제도사 연구』, 국학자료원, 2002.

신호철, 「신라의 멸망과 견훤 - 견훤이 신라멸망에 끼친 영향」『충북사학』 2, 1989.

신호철, 『후백제 견훤정권연구』, 일조각, 1993.

신호철, 「궁예와 왕건과 청주호족 - 고려 건국기 청주호족의 정치적 성격」『중원문화논총』 2 · 3합집, 1999.

신호철, 「후백제 견훤 왕의 역사적 평가와 그 의미 - 고려 태조와의 정치 이념 및 호족 · 대외정책 등의 비교를 중심으로」『후백제와 견훤』, 백제연구소, 2000.

신호철, 「궁예의 대외정책과 대외인식」『호서사학』 45, 2006.

신호철, 「후삼국기 명주장군 왕순식의 정치적 위상과 궁예 · 왕건과의 관계」『강릉학보』 2, 강릉학회, 2008.

신호철, 『후삼국사』, 도서출판 개신, 2008.

조인성, 「궁예의 출생과 성장」『동아연구』 17, 서강대 동아연구소, 1989.

조인성, 「미륵신앙과 신라사회 - 진표의 미륵신앙과 신라 말 농민봉기와의 관련성을 중심으로」『진단학보』 82, 1996.

조인성, 「태봉」『한국사 11(신라의 쇠퇴와 후삼국)』, 국사편찬위원회, 1996.

조인성, 「궁예정권의 대외관계」『강좌한국고대사』 4, 가락국사적개발연구원, 2003.

조인성, 「궁예의 세력형성과 건국」 『월곡 이명식교수 정년기념 신라정치사논문선집』, 2007.

홍승기, 「후삼국의 분열과 왕건에 의한 통일」 『한국사시민강좌』 5, 일조각, 1989.

홍승기, 「고려 태조 왕건의 집권」 『진단학보』 71 · 72합집, 1991.

홍승기, 『고려정치사연구』, 일조각, 2001.

유경아, 「왕건의 세력성장과 대궁예관계(對弓裔關係)」 『고고역사학지』 7, 동아대 박물관, 1991.

안영근, 「나말여초 청주세력의 동향」 『수촌 박영석교수 화갑기념 한국사학논총』 상, 1992.

김갑동, 「왕권의 확립과정과 호족」 『한국사』 12(고려왕조의 성립과 발전), 국사편찬위원회, 1993.

김갑동, 「신라의 멸망과 경주세력의 동향」 『신라문화』 10 · 11합집, 1994.

김기덕, 「고려 광종대 왕권강화와 태자책봉」 『수촌박영석화갑기념한국사학논총』 상, 1992.

김기덕, 「고려 전기의 왕위계승」 『건대사학』 9, 1997.

국사편찬위원회 편, 『한국사』 12(고려 왕조의 성립과 발전), 1993.

국사편찬위원회 편, 『한국사』 16(고려 전기의 종교와 사상), 1994.

김용선, 「광종 -개혁의 좌절과 계승-」 『한국사시민강좌』 13, 일조각, 1993.

조익래, 「고려초 청주호족세력의 존재형태」 『북악사론』 창간호, 1993.

허중권, 「고려초기 유교정치사상의 형성과정에 관한 일고찰」 『사학지』 26, 1993.

김현묵, 「신라 말기의 반란-궁예의 반란 등 호족들의 신국가 건설 투쟁」 『반역의 한국사』 상, 계백, 1994.

김창겸, 「고려 태조의 왕위 부자계승 의식」 『교남사학』 6, 1994.

김창겸, 『신라 하대 왕위계승 연구』, 경인문화사, 2003.

김효기, 「경순왕의 이궁(離宮)과 보령(保寧)과의 관계」 『대보문화(大保文化)』 4, 1994.

조범환, 「신라말 박씨왕의 등장과 그 정치적 성격」 『역사학보』 129, 1991.

조범환, 「신라말 경순왕의 고려 귀부」 『이기백선생고희기념한국사학논총』, 1994.

조범환, 「신라말 화랑세력과 왕위계승 -(김)효종과 김부의 활동을 중심으로-」 『사학연구』 57, 1999.

김부대왕 연구

조범환, 「고려태조 왕건의 대신라정책」『고문화』55(호불 정영호교수 정년퇴임기념특집), 2000.

조범환, 「혼이 되어서도 경주로 돌아가지 못하다; 천년왕국 신라의 마지막 왕, 경순왕」『왕조의 마지막 풍경』, 사람으로 읽는 한국사 기획위원회, 동녘, 2008.

김성균, 「궁예 - 좌절된 태봉왕의 꿈」『인물한국사』1, 인물한국사편찬회, 1995.

유병기, 「광종대의 왕권강화와 통치체제에 대한 일고」『전주사학』3, 1995.

윤형준, 「김부리 대왕당 동제의 신격과 역사적 인물의 수용」『인제문화』10, 1995.

유병기, 「광종 경종대 통치체제의 성격」『전주사학』6, 1998.

음선혁, 「고려 태조 왕건 연구」, 전남대 사학과 박사논문, 1995.

음선혁, 「신라 경순왕의 즉위와 고려 귀부의 정치적 성격」『전남사학』11, 1997.

김재일, 「미륵 - 포천 궁예미륵」『우리민속 아흔아홉마당』, 한림미디어, 1997.

박현, 「불교역사인물 재발견시리즈 - 2.궁예(섣부른 미륵신앙의 좌절)」『불교와 문화』22, 대한불교진흥원, 1997.

김일우, 「고려초기 국가의 지방지배 연구」, 고려대 박사논문, 1997.

강옥엽, 「고려 전기 서경세력의 연구」, 이화여대 박사논문, 1998.

젊은 역사연구모임 편, 『(영화처럼 읽는) 한국사』, 명진출판, 1999.

박신정, 「동신신앙의 일고찰: 김부대왕 신격화를 중심으로」, 이화여대 사학과 석사논문, 1999.

이순근, 「힘인가? 지략인가? 민심인가? - 궁예·견훤, 그리고 왕건」『삼국시대부터 해방공간까지 전환기의 인물들; 역사의 길목에 선 31인의 선택』, 푸른역사, 1999.

채희숙, 「고려 광종의 과거제 실시와 최승로」『역사학보』164, 1999.

최연식, 「균여화엄사상연구 -교판론을 중심으로-」, 서울대 박사논문, 1999.

이도학, 『궁예 진훤 왕건과 열정의 시대』, 김영사, 2000.

이도학, 「궁예의 북원경 점령과 그 의의」『동국사학』43, 2007.

김용덕, 「경순왕 설화의 형성 배경과 의미 연구」『설화와 역사』, 집문당, 2000.

김인호, 『우리가 정말 몰랐던 고려이야기』, 자작, 2001.

백남혁, 「고려초기 정치의 개혁과 사상연구 - 위민정치를 중심으로」, 상명대 박사논문, 2002.

장학근,「장보고 해상세력과 고려 건국의 연계성」『Strategy 21』8, 한국해양전략연구소, 2002.

최성은,「나말여초 중부지역 석불조각에 대한 고찰 - 궁예 태봉(901~918)지역 미술에 대한 시고」『역사와 현실』44, 2002.

윤성재,「고려 광종의 정치기반」『한국사학보』13, 2002.

김창현,『광종의 제국』, 푸른역사, 2003.

신형식,『신라통사』, 주류성, 2004.

김창현,「고려초기 정국과 서경」『사학연구』80, 2005.

김창현,『광종의 제국 - 오백년의 리더십』, 푸른역사, 2008.

김창현,『천추태후 역사 그대로』, 푸른역사, 2009.

최규성,『고려 태조 왕건 연구』, 주류성, 2005.

전신재,「김부대왕 전설의 형성과 변모」『강원민속학』19, 2005.

신성재,「궁예정권의 군사정책과 후삼국전쟁의 전개」, 연세대 박사논문, 2006.

이기동,「후삼국시대의 전개와 신라의 종언(終焉) - 내란기 신라조정의 내부사정」『신라문화』27, 2006.

노용필,『신라고려초 정치사 연구』, 한국사학, 2007.

정성권,「고려 광종대 석불(石佛)의 특성과 영향」『문화사학』27, 2007.

최인표,『나말려초 선종정책 연구』, 한국학술정보, 2007.

김정환,『한국사 오디세이』1(신화와 삼국시대), 바다출판사, 2008.

문안식,『후백제 전쟁사 연구』, 혜안, 2008.

이한 · 조진옥 그림,『다시 발견하는 한국사 - 단군신화부터 고려시대까지』, 뜨인출판사, 2008.

김대식,「고려 광종대의 대외관계」『사림』29, 2008.

김명진,「태조 왕건의 나주 공략과 압해도 능창 제압」『도서문화』32, 2008.

신종원,『한국 대왕신앙의 역사와 현장』, 일지사, 2008.

조철제,「숭혜전(崇惠殿)과 경순왕(敬順王) 영정의 역사」『경주문화논총』11, 2008.

최영기,「숭혜전 건축특성과 제례의식 고찰」『경주문화논총』11, 2008.

김복순,「나말여초 전환기와 경순왕」『석문이기동교수정년기념논총; 한국고대사연구의 현단계』, 주류성, 2009.

김영미, 「고려 여성들의 불교 신앙과 수행」 『고려 시대의 일상 문화』, 이화여자대학교출판부, 2009.

김진곤, 「경순왕과 관련된 울산의 지명과 전설에 나타난 민중의식」 『울산문화연구』 2, 2009.

박성수, 『단군문화기행』, 석필, 2009.

이성무, 『조선시대 사상사연구』 1, 지식산업사, 2009.

한국중세사학회편, 『고려중앙정치제도사의 신연구』, 혜안, 2009.

정선용, 「고려 태조의 대신라정책 수립과 그 성격」 『한국중세사연구』 27, 2009.

정선용, 「고려태조의 신라정책 연구」, 서강대 박사논문, 2010.

김당택, 『고려 양반국가의 성립과 전개』, 전남대학교출판부, 2010.

경주시 · 동국대 신라문화연구소, 『논저목록으로 보는 경주 · 신라의 역사와 문화』, 2010.

이인재, 「나말여초 사회변동과 후삼국」 『한국중세사연구』 29, 2010.

남무희, 『동아시아 신삼론 사상의 개척자; 고구려 승랑 연구』, 서경문화사, 2011.

남무희, 『한국 계율 불교의 완성자; 신라 자장 연구』, 서경문화사, 2012.

권영오, 『신라하대 정치사 연구』, 혜안, 2011.

권영오, 「후백제군의 포석정 습격과 경순왕 옹립」, 한국고대사탐구학회 제28차 월례발표회(2012년 10월 27일) 발표문.

찾아보기